JUDE

유다서 강해

영적 전투를 위한
분별력, 전략과 전술

노천상

JUDE

유다서 강해

영적 전투를 위한
분별력, 전략과 전술

초판 1쇄 발행   2022년 7월 30일

지은이	노천상
펴낸이	김진우
펴낸곳	생명나무
전화	02) 977-2780
등록일	2016. 10. 20.
등록번호	318-93-00280
주소	서울특별시 노원구 수락산로(상계동) 258, 502호
홈페이지	www.rcw.kr
총판	(주)비전북출판유통 경기도 고양시 일산서구 덕이동 1347-7 전화: 031) 907-3927 팩스: 031) 905-3297
디자인	토라디자인(010-9492-3951)
ISBN	979-1-19593-066-1 03230
가격	13,000원

생명나무 출판사는

위대한 종교개혁의 정신을 계승하고, 개혁신앙의 유산을 이 시대에 적용하고 확산시키며 후손들에게 상속하기 위해 설립되었습니다. 이러한 거룩한 도전과 모험을 통해서 주께서 영광을 받으시고 주의 백성들이 새롭게 되며, 교회가 참된 권능을 회복하도록 최선을 다하겠습니다.

JUDE

유다서 강해

영적 전투를 위한
분별력, 전략과 전술

저자 서문

하나님의 백성은 진리의 울타리 안에서 참 기쁨을 누릴 수 있습니다. 그리스도인이라면 누구나 아는 이야기입니다. 하지만 그 진리의 울타리 안에서 진리를 구현하면서 기쁨을 계속 누리는 일은 쉽지 않습니다. 이는 진리를 따라 살고자 분투하는 교회와 성도들이 이구동성으로 증언하는 안타까운 현실입니다. 교회는 처음 시작될 때부터 유무형의 수많은 도전을 받았고, 때로는 그 도전에 크게 흔들리기도 했으나 하나님의 은혜로 다시 진리의 말씀에 집중하여 승리하였고 성장하였습니다. 우리 개인의 신앙도 마찬가지입니다. 처음 믿는 순간부터 유혹과 도전이 시작됩니다. 그것은 우리가 주님의 사람이 되었기 때문에 피할 수 없는 일입니다(요 15:19).

외부에서 공격해 오는 물리적인 도전은 비교적 쉽게 분별할 수 있기에 대응하기가 쉬울 수 있습니다. 그러나 교회 내부에서 시작된 도전은 분별하기 어려울 뿐만 아니라, 그 도전을 극복하는 과정에서도 큰 상처와 후유증을 남깁니다. 어쩌면 교회가 가장 피하고 싶은 일이 있다면 바로 이런 상황일 것입니다. 우리 개혁파 후손들은 초대교회와 개혁자들이 가르친 대로 교회를 세우기 위해 노력하고 있습니다. 성경대로 예전(禮典)과 직분(職分)을 개혁하고, 바른 교회 질서를 세우기 위해 오랫동안 노력하고 있습니다. 동시에 상호목회의 원리를 실현하기 위해 모든 성도가 목회자라는 마음으로 서로를 섬기려고 노력합니다. 많은 시행착오를 거듭하지만 흉금을 터놓고 교제하는 교회, 가족처럼 서로 보살피는 성도의 교통을 이루기 위해 힘쓰고 있습니다.

하지만, 개혁이 순탄하게 이루어졌던 적은 한 번도 없었습니다. 역대상 13~15장은 다윗의 실패와 극복과정을 보여줍니다. 개혁에 모두가 동의했더라도, 성경적으로 싸우지 않으면 실패한다는 것을 보여줍니다. 요시야 왕은 거의 70년 동안 우상의 소굴로 타락했던 성전을 개혁했습니다. 요시야 왕의 개혁으로 예배와 예전이 말씀대로 개혁되었지만(왕하 23:25), 그 개혁은 마음의 할례를 만들어 내지 못했습니다. 백성들은 예배는 흠없이 하였지만, 삶은 과거의 방식을 따라 살았습니다. 예레미야 선지자는 이를 크게 책망하면서 마음과 삶의 개혁을 위해 헌신하라고 선포했습니다(렘 7장). 오늘날도 마찬가지입니다. 우리의 개혁 작업은 수많은 장애물과 싸우면서 큰 힘을 소모하게 하지만, 외적인 개혁이 내적인 부흥을 만들어 낼 수 없습니다. 오직 말씀을 통해 우리 안에 역사하시는 성령 하나님의 은혜가 간절합니다.

유다서는 위기에 처한 교회에 경보음을 울려 줍니다. "선악을 분별하라!", "누가 적군이고, 누가 아군이지를 분별하라!", "영적 전쟁에 나갈 때 하나님의 전략(戰略)을 숙지하라!", "치열한 전투에 나가려면 하나님의 전술(戰術)을 마스터하라!" 우리는 그리스도의 군사로 부름을 받았습니다. 우리는 전쟁터에 나가기 전에 충분한 훈련을 받아야 합니다. 우리가 완전히 무장되고, 훈련되었다 해도 실패할 수 있습니다. 그런데 훈련되지 않은 군사라면 얼마나 위험하겠습니까? 유다서는 우리가 어느 지점에서 실패할 수 있고, 적들은 어떤 틈을 노리고 들어오는지를 잘 보여줍니다. 동시에 적들에 맞서 싸울 수 있도록 하나님의 전략과 전술을 구체적으로 가르쳐줍니다. 우리는 그 전략과 전술을 언제든지 적용할 수 있도록 훈련되어야 합니다. 자비로우신 하나님은 유다서 말씀을 통해서 교회의 영적 상황을 점검하게 하시고 우리가 치열한 전투 상황에서 승리할 수 있도록 훈련하게 하셨습니다.

『유다서 강해-영적 전투를 위한 분별력, 전략과 전술』은 2018년 8월부터 2019년 2월까지 예림개혁 교회에서 함께 받았던 말씀입니다. 우리는 최근에 유다서를 복습하면서 다시 그리스도의 군사로 훈련받는 은혜를 누렸습니다. 훈련과정은 힘든 수고가 동반되었지만, 그 과정을 거치면서 우리는 영적으로 회복되었고 강해졌습니다. 많은 도전에 직면한 보편 교회들에도 도움이 되길 바라는 마음으로 이 말씀을 책으로 출판합니다. 주께서 이 책을 통해 교회와 성도들에게 은혜 주시길 기도합니다.

힘든 시대에 바른 교회를 이루기 위해 힘쓰는 분들과 예림개혁교회 성도님들, 그리고 기독교세계관학교 사역에 동역해 주신 교수님들과 목사님들, 기도와 후원으로 지지해 주시는 성도님들께 이 책을 바칩니다. 성삼위 하나님께서 영광 받으시길 기도합니다.

2022. 7. 21.
노천상 목사

저자 서문　　　　　　　　　　　　　　　　　　　　　　4

1강 믿음의 도를 위하여 힘써 싸우라　　　　　　　13
　원플러스 원(1+1) 신앙?　　　　　　　　　　　　　15
　정체성을 알라! (1~2절)　　　　　　　　　　　　　18
　믿음의 도를 위하여 힘써 싸우라!(3절)　　　　　　27
　진리의 군사로 부름 받은 교회　　　　　　　　　　33

2강 가만히 들어온 자들을 분별하라　　　　　　　39
　영적인 경보장치　　　　　　　　　　　　　　　　41
　교회에 가만히 들어온 사람　　　　　　　　　　　43
　분별의 기준 : 경건　　　　　　　　　　　　　　　46
　참 지혜는 결코 악용될 수 없다!　　　　　　　　　62

3강 꿈꾸는 이 사람들　　　　　　　　　　　　　　69
　기억하라!　　　　　　　　　　　　　　　　　　　71
　출애굽한 백성들의 거울(5절)　　　　　　　　　　75
　타락한 천사들의 거울(6절)　　　　　　　　　　　81
　소돔과 고모라의 거울(7절)　　　　　　　　　　　84
　꿈꾸는 자들과 참 신자(8절)　　　　　　　　　　　87

4강 하지만 심지어(But even)　　　　　　　　　　99
　한 놈만 패라?　　　　　　　　　　　　　　　　　101
　율법주의의 오류(9~10a)　　　　　　　　　　　　104
　무율법주의자들(10b절)　　　　　　　　　　　　　118
　율법과 복음을 분리하지 말라.　　　　　　　　　　123

5강 종교인인가? 신앙인인가? 화 있을진저! 이 사람들이여!   129
- 스타벅스와 글로벌리즘?   131
- 가만히 들어온 자들의 길을 보라! (11절)   135
- 열매로 분별하라! (12~13절)   147
- 신앙인인가? 종교인인가?   153

6강 주께서 그 수만의 거룩한 자와 함께 임하셨나니   161
- 듣기만 한 것은 죄가 없다?   163
- 이 사람들의 심판은 확정되었다! (14~15절)   166
- 이 사람들에 대한 심판의 증거들을 보라! (16절)   171
- '네 말'이 심판의 근거가 될 것이다.   181

7강 시대의 표적   191
- 말세에 …   193
- 기억하라! (17~18절)   197
- 이 사람들을 주의하라! (19절)   206
- 사도들의 가르침에 집중하자!   215

8강 어떻게 싸울 것인가?(1)   219
- ~을 ○○보다 중요시하는 인간은 우리의 밥이나 다름없어!   221
- 지극히 거룩한 믿음 위에 건축하라.   225
- 성령으로 기도하라.   230
- 하나님의 사랑 안에서 지키라.   233
- 우리 주 예수 그리스도의 긍휼을 기다리라.   237
- 힘과 진리, 어느 편에 설 것인가?   241

9강 어떻게 싸울 것인가?(2)   249
    덩케르크 정신   251
    의심하는 자들을 구조하라!   259
    불에 들어간 자들을 구원하라!   264
    옷을 더럽힌 자들도 긍휼히 여기라!   266
    우리 마음과 공동체에 CCTV를 달자.   272

10강 어떻게 싸울 것인가?(3)   281
    두려움 Vs 확신   283
    우리를 보호하사 거침이 없게 하실 주님(24a)   287
    우리를 능히 그 영광 앞에 흠이 없이 서게 하실 주님(24b)   294
    영광과 위엄과 권력과 권세가 오직 하나님께 있다(25절)   299
    하나님의 기쁨, 하나님의 노래!   303

J U D E

유다서 강해

영적 전투를 위한
분별력, 전략과 전술

JUDE

1강

믿음의 도를 위하여
힘써 싸우라

유다서 1:1~3

1강

믿음의 도를 위하여 힘써 싸우라

유다서 1:1~3
설교 동영상

1강 구조

들어가며: 원 플러스 원(1+1) 신앙?

1. 정체성을 알라!(1~2절)
    1) 유다서의 저자 : 예수 그리스도의 종이요 야고보의 형제 유다
    2) 유다서의 수신자
    3) 인사말

2. 믿음의 도를 위하여 힘써 싸우라!(3절)
    1) 편지의 내용이 바뀜
    2) "믿음의 도"
    3) 힘써 싸우라

나가며: 진리의 군사로 부름 받은 교회

믿음의 도를 위하여 힘써 싸우라

유다서 1:1~3

1 예수 그리스도의 종이요 야고보의 형제인 유다는 부르심을 입은 자 곧 하나님 아버지 안에서 사랑을 얻고 예수 그리스도를 위하여 지키심을 입은 자들에게 편지하노라
2 긍휼과 평강과 사랑이 너희에게 더욱 많을찌어다
3 사랑하는 자들아 내가 우리의 일반으로 얻은 구원을 들어 너희에게 편지하려는 뜻이 간절하던 차에 성도에게 단번에 주신 믿음의 도를 위하여 힘써 싸우라는 편지로 너희를 권하여야 할 필요를 느꼈노니

원플러스 원(1+1) 신앙?

대형마트에서 보이는 할인된 가격 중에 우리 눈길을 사로잡는 것은 하나 가격에 하나를 더 준다는 것이다. 소비자들은 "원플러스 원(1+1)"이라는 광고를 더 유심히 살펴보게 된다. 마찬가지로 교회에서도 "원플러스 원(1+1)" 신앙이 사람들의 이목을 집중시킨다. 천국도 가고 이 땅에서도 자기 야망을 이루는 것, 이 두 가지를 함께 준다면 마다할 사람 하나 없이 다 좋아한다. 어떤 사람들은 이를 다른 종교에서 흉내 낼 수 없는 기독교만의 특화된 상품처럼 선전한다.

진리를 소유한 교회는 어느 시대, 어느 곳에 있든지 수많은 도전을 받아 왔다. 그 도전은 두 가지 방향으로 정리할 수 있다. 첫 번째는 진리에서 무엇인가를 빼는 것이다. '오직 성경'(Sola Scriptura)은 '전체(모든) 성경'(Tota Scriptura)을 의미하는 것인데도, 진리를 전하더라도 모든 진리를 전하지 않는다. 즉 사람들이 듣기에 거북한 것은 빼고 사람들의 이성과 구미에 맞는 것만 전한다. 초대교회 당시 말시온 이단은 구약의 하나님은 진노하시는 하나님이시고 신약에 계시된 사랑의 하나님과는 다르다고 하면서 구약을 성경에서 제외시켰다.

두 번째 도전은 진리에 무엇인가를 더하는 것이다. 영지주의자들은 그리스 철학으로 신학과 교리를 설명하면서 다른 복음으로 변질시켰다. 또 로마교회는 성경을 다 믿는다고 고백하면서도 외경과 교회의 전통을 덧붙인다. 예수님을 믿는다고 하면서도 마리아 신앙을 덧붙인다. 예수님을 유일한 구주와 왕으로 모신다고 하면서도 교황이 그분의 왕권을 대리한다고 덧붙인다. 은사주의자들도 성경을 믿는다고 하면서도 또 다른 직통 계시를 덧붙인다. 예수님이 세우신 사도를 믿지만 지금도 사도가 있다고 믿는다. 이렇게 대중적 기독교는 원플러스 원(1+1)으로 무엇이든 더 많은 것을 주는 할인 마케팅을 선교 전략으로 이용하고 있다.

참 교회는 언제 어디서든 도전을 받는다. 그 공격의 주된 표적은 교회가 소유한 진리이다. 교회가 소유한 완전한 진리에서 무엇을 빼거나, 거기에 무엇을 더하면 진리가 아니다. 이것은 창세기 3

장에 나온 유혹과 비슷하다. 하나님의 통치가 이루어지는 에덴동산에 사단이 들어와서 진리를 왜곡하여 첫 사람을 타락으로 이끌었다. 마찬가지로 하나님의 통치를 받는 교회에 거짓 교사들이 들어와서 잘못된 가르침으로 유혹한다. 성도와 교회를 진리에서 떠나게 함으로써 멸망으로 이끄는 일들이 계속되고 있다. 만약 그것을 방치한다면 교회는 외형은 남아 있을지 모르지만, 본질은 크게 훼손되어 무너지게 된다. 반쪽짜리 진리는 진리가 아니다. 2천 년 동안 교회는 이 진리를 지키기 위한 싸움을 계속해 왔다. 어떤 시기에는 빼는 자들이 많았고, 어떤 시기에는 더하는 자들이 많았다. 하지만 빼는 자들이나 더하는 자들 모두 진리를 훼손하는 자들이다. 이런 자들은 성경을 순전하게 믿지 않기에 결국 진리에서 떠나게 된다. 순전한 교회는 진리의 기둥과 터로서 진리를 높이 받들고, 그 진리를 온전하게 보전하는 교회이다.

AD 60년 전후에 기록된 유다서는 이렇게 진리를 왜곡하면서 교회를 무너뜨리려고 가만히 들어온 자들을 어떻게 분별하고, 어떻게 진리 안에서 교회를 지킬 것인지를 가르친다. 유다서는 가만히 들어온 자들의 오류를 폭로하여 무너뜨릴 뿐만 아니라 성도들이 서로를 세워주고, 교회를 지키며 사명을 감당하도록 가르친다. 우리는 유다서를 통해서 우리 교회를 어떻게 지키고, 우리 후손들에게 복음 진리를 어떻게 상속해야 하는지를 배우게 된다.

1. 정체성을 알라! (1~2절)

　　3세기경 교부였던 오리겐(Origen)은 유다서를 "짧지만, 하늘의 은혜로 가득한 서신"이라고 말했다. 그만큼 이 짧은 유다서는 하나님의 사랑을 특징적으로 강조한다. 유다서는 베드로후서와 함께 거짓 교사들에 대한 고발과 그들이 직면하게 될 저주와 심판, 그리고 교회에 강력한 경고를 발한다. 유다서는 '하나님의 사랑과 예수 그리스도 안에서 지켜짐'이라는 주제가 전체를 관통한다.[1)]

　　먼저 대략적인 구조를 살펴보자.

> 1~2절 발신자와 수신자, 인사말
>
> 3~4절 편지를 쓰게 된 동기와 주제
> 　　3절 권면-믿음의 도를 위해 힘써 싸우라.
> 　　4절 권면의 배경- 가만히 들어온 자들로 인해 교회가 위기에 처함
>
> 5~19절 가만히 들어 온 자들에 대한 심판 예언과 해석(미드라쉬)
> 　　5~7절 구약성경의 세 가지 모형_ 출애굽 백성들
> 　　　　　　　　　　　타락한 천사
> 　　　　　　　　　　　소돔과 고모라
> 　　8~10절 세 모형에 대한 해석(9절 미가엘과 마귀)과 적용

---

1) 1절과 21절, 24~25절을 보라. 그리고 3, 17, 20절의 "사랑하는 자들아".

> 11절 구약성경의 또 다른 세 가지 모형_ 가인,
> 　　　　　　　　　　　　　　　　발람,
> 　　　　　　　　　　　　　　　　　고라 자손
> 　　　12~13절 해석과 적용
> 　14~15절 에녹의 예언_ 종말 예언
> 　　　　　　　불경건한 자들의 심판
> 　　　　　　　불경건한 일과 완악한 말
> 　　　16절 해석과 적용
> 　17~18절 사도들의 예언_ 종말 예언
> 　　　　　　　불경건한 자들의 심판
> 　　　　　　　불경건한 일과 조롱
> 　　　19절 해석과 적용
>
> 20~23절 '힘써 싸우라'(3절)라는 권면의 실제
>
> 24~25절 결론적인 송영

1) 유다서의 저자 : 예수 그리스도의 종이요 야고보의 형제 유다

예수님의 육신의 형제들에 대한 기록이 복음서와 사도행전, 그리고 서신서 등에서 몇 차례 언급되고 있다. 마가복음에는 귀신을 쫓아내고 기적을 행하며 가르치시는 예수님을 잡아가려고 하는 가족들에 대한 기사가 나온다. "예수의 친속들이 듣고 붙들러 나오니 이는 그가 미쳤다 함일러라"(막 3:21). 예수님의 친속들 중에는 육신의 형제들이 포함되어 있었다. 이는 마가복음 3장 31~35절에 나타난다.

당시까지 육신의 형제들도 예수님의 사역을 이해하지 못하고 있었다. 그래서 당시 다른 유대인들처럼 예수님이 귀신 들려 귀신의 힘으로 귀신을 쫓아내고 있다고 오해하였다.

요한은 형제들의 또 다른 요구를 보여줌으로써 그들이 예수님을 얼마나 오해하고 있었는지를 보여준다. "그 형제들이 예수께 이르되 '당신의 행하는 일을 제자들도 보게 여기를 떠나 유대로 가소서. 스스로 나타나기를 구하면서 묻혀서 일하는 사람이 없나니 이 일을 행하려 하거든 자신을 세상에 나타내소서' 하니 이는 그 형제들이라도 예수를 믿지 아니함이러라"(요 7:3~5). 예수님의 동생들은 자신들의 경제적 필요를 위해서라도 예수님이 이스라엘 신앙의 중심부인 예루살렘과 성전에서 사역하기를 요구했다.

이런 형제들의 요구는 앞선 요한복음 6장의 문맥과 연결해서 보면 더 명확하게 나타난다. 요한복음 6장에는 오병이어로 5천 명을 먹이신 사건이 나온다. 이를 직접 경험한 사람들은 예수님이 '그 선지자'(메시야)라고 생각하고 억지로 임금을 삼고자 했다(요 6:15). 유대인들은 기적을 경험한 후에 당장 유다가 독립 국가를 세우고, 정치 경제적으로 강력한 나라를 세울 왕이라고 기대했다. 그들은 예수님이 다윗 왕처럼 주변의 국가들을 정복한 후에 부강한 나라를 만들어 줄 메시야로 생각한 것이다. 유대인들은 예수님을 자신들의 현실적인 필요를 채워줄 메시야로 여기며 흥분했다. 하지만 예수님은 그들을 피하여 혼자 산으로 가셨다. 이튿날 많은 무리가 예수님께 다시 나왔다. 예수님은 그들에게 자기는 그들이 기대하는 필요와 양식을 채워주는 메시야가 아니라고 선언하셨다. 오히려 자신은 죄인들을 위해서 죽어야 하는 메시야임을 선언하셨다. 예수님은 자기는 대속적 죽음을 통해 죄인을 구원하시는 생명의 떡이라는 사실을 말씀하시고, 그런 메시야와 구주로 받아들이는 믿음을 가진 사람만이 구원을 얻는다고 가르치셨다. 그것이 없이 예수님께 호감을 표하며 열정적으로 따른다 해도 그것은 구원 얻는 믿음이 아니라고 하셨다. 이 말씀을 들은 사람들은 거의 다 예수님을 떠났다(요 6:66).

'그 형제들이라도 예수님을 믿지 않았다'(요 7:5)라는 요한의 해석은 동생들도 예수님이 주신 떡을 먹었던 사람들이 기대한 메시야가 되기를 기대했음을 보여준다. 유다를 비롯한 동생들도 현실적인 필요를 채워 달라고 요구한 것이다. 그들은 예수님이 누구신지를 몰랐기 때문에 사람에게 진정으로 필요한 것이 무엇인지를 분별하지 못했다. 그들도 당시 유대인들과 같은 영적인 무지 가운데 있었다. 오늘날도 많은 사람이 이런 목적으로 예수님을 열정적으로 따르고 있다. 오랫동안 교회에 나오기는 했으나 아직도 오병이어의 기적을 통해 빵을 먹었던 사람들처럼, 예수님을 물리적인 면에서 자신의 필요(세상적인 성공, 평안 등)를 채워줄 분으로 믿는 사람들이 많다. 사도 요한은 이런 믿음은 구원 얻는 믿음이 아니라고 선언한다. 예수님이 그런 목적으로 자신을 따랐던 사람들을 돌려보내신 것은 우리에게 시사(示唆)하는 바가 크다. 즉 처음에 교회에 나올 때는 이런저런 필요와 절박함 때문에 교회에 나왔다 할지라도, 시간이 흐르면 예수님을 자기 죄를 위한 구주로 영접하도록 복음을 전해야 한다. 교회는 지속적으로 복음 진리를 가르침으로써 영적인 원심분리가 일어나도록 해야 한다. 듣고 청종하는 사람들은 복음 안으로 더 깊이 들어오고, 육신적 욕망을 따라 살려는 사람은 복음에서 멀어지도록 하는 것이 양심적인 사역이다. 말씀 사역자는 정직하게 말씀을 전해서 예수님을 죄에서 구원하시는 구주로 영접하여, 죄를 버리고 생명의 삶을 살도록 인도해야 한다.

유다서를 기록한 유다는 예수님의 공생애 기간 동안 예수님께서 행하신 수많은 기적을 직접 보았고 예수님의 가르침을 직접 들었다. 하지만 그도 당시 유대인들과 동일한 세계관을 가지고 있었다. 유다는 직접 보고 들었지만, 그 의미를 잘못 해석한 것이다. 그는 예수님이 현실적인 문제를 해결해 주는 분이어야 한다고 주장했다. 그는 예수님의 유명세를 통해서 돈과 명예를 얻고, 예루살렘에서 유력한 종교 세력을 형성하여 자기와 가족들의 현실적 필요(물질적인 부와 세상의 명예 등)를 채워주길 기대하였다.

그랬던 유다가 부활하신 예수님을 목격했다. 그는 비로소 예수님의 사역이 이 세상 나라가 아니라 하나님 나라를 위한 것임을 깨닫게 되었다. 성령 강림 후에 유다는 예수님을 자기 죄를 위해 대신 돌아가신 메시야로 믿게 되었다(행 1:14; 고전 9:5). 성령께서 그에게 은혜를 베푸셔서 참된 믿음을 갖게 하셨다. 그는 참 믿음 안에서 바르게 성장하여 새롭게 탄생한 교회의 말씀 사역자로 신실하게 사역했다. 그는 한동안 팔레스타인 지역에서 사역하다가 여러 지역

교회를 돌보는 순회 사역을 감당했다(참고. 고전 9:5). 믿음의 성장은 예수님을 어떻게 알고 믿느냐에서 시작된다. 그리스도인의 성장은 예수님을 바르게 알고 그분의 성품을 닮고 그분께 순종할 때 지속된다. 그렇게 성장하여 지·정·의가 균형 있게고 조화로운 사람이 주님이 쓰시는 도구가 될 수 있다.

우리는 유다가 자신을 '예수 그리스도의 형제'라고 하지 않고 **'예수 그리스도의 종'**이라고 소개한 것을 주목해야 한다. 이는 두 가지 의미를 내포하고 있다. 첫째로 그는 그리스도를 만유의 주재이실 뿐만 아니라 자신의 주인으로 고백한 것이다. 참된 회심은 예수님을 육신으로 보던 과거 세계관에서 완전히 방향을 전환하고 떠나는 것이다. 바울도 예수님을 육신으로 보았을 때는 나사렛 이단 괴수로 여겼다. 그래서 교회를 핍박하고 없애버리는 것이 자신의 사명이라고 생각했다(행 22:4). 하지만 그가 회심했을 때, 예수님은 단지 인간이 아니라, 하나님의 아들이시라는 것을 깨달았다. 바울은 자기가 의인이 아니라 죄인 중의 괴수라는 사실을 깨닫게 되었다. 성경대로 하나님의 아들이 자신을 죄 가운데서 구원하기 위해서 십자가에 달리셨음을 믿었다. 바울은 나중에 이렇게 고백한다. "그러므로 우리가 이제부터는 아무 사람도 육체대로 알지 아니하노라. 비록 우리가 그리스도도 육체대로 알았으나 이제부터는 이같이 알지 아니하노라"(고후 5:16).

회심한 사람의 특징은 사람을 외모로 보지 않는 것이다. 그리스도를 외모로 보지 않는 사람은 다른 사람들도 외모로 보지 않는다. 그러면 사람을 무엇으로 보는가? 그 사람 속에 그리스도의 생명이 있느냐 없느냐를 본다. 회심하여 생명이 있는 사람은 형제를 하나님의 가족으로서 존귀하게 보고 사랑한다. 불신자들은 하나님의 긍휼한 마음으로 본다. 그래서 그에게도 하나님의 은혜가 임할 수 있도록 전도한다. 우리는 이렇게 두 가지 방식으로 사람을 대한다. 예수님을 생명의 구주로 영접했다면, 예수님이 우리를 사망과 죄 가운데서 구해 내셨음을 믿는다면, 우리는 육체대로 교회생활을 하거나 육체대로 사람을 보지 않는다. 생명의 주 예수 그리스도를 왕으로 모시는 사람은 교회와 사람들을 그리스도의 눈으로 바라본다. 세계관의 대 전환이 된 것이다. 이것이 지금 유다가 자신을 소개하는 '예수 그리스도의 종 야고보의 형제'라는 말에 담긴 의미이다.

유다가 자신을 "예수 그리스도의 종"이라고 밝힌 것에 담긴 두 번째 함의는 자기 사역(편지)은 자기가 아니라 주님으로부터 온 권위 있는 말씀이라는 사실을 밝힌 것이다. 자신이 전하는 메시지는 개인적인 의견이나 사상이 아니라 주님의 말씀이라는 것이다. 따라서 자신이 보낸 이 편지를 주님께서 보내신 것으로 알고 받아들이라는 의미이다. "주 예수 그리스도의 종"이라는 표현은 메시지의 권위를 말한다.

또한 유다는 자신을 예루살렘 교회의 지도자 '야고보의 형제'라고 소개한다. 야고보는 당시 대부분의 교회에 알려져 있었을 것이다. 유다가 이것을 밝히는 것은 자신의 권위를 주장하려는 의도가 아니라 자신의 신분을 나타내기 위함이다.

2) 유다서의 수신자 : 팔레스타인이나 그 주변의 유대인 그리스도인이 많았던 교회.

유다서의 수신자들은 구약 뿐만 아니라 중간기 문헌인 외경도 잘 알고 있었음이 이 편지에 전제되어 있다. 유다는 편지의 수신자들을 어떻게 부르고 있는지를 보자. 첫째는 '부르심을 입은 자'이다. 그들은 하나님의 부르심을 받은 자들이다. 하나님께서 초청하셨을 때 거부하지 않고 나와서 예수님을 믿고 교회 공동체에 참여한 사람들이다. 그들은 효력 있는 부르심을 받은 하나님의 택하신 백성들이다. 하나님이 주권적으로 그들을 부르셨기에 거부할 수 없는 은혜로 주께로 나온 사람들이다(참고. 롬 1:7).

둘째로 그들은 '하나님 아버지 안에서 사랑을 얻은' 사람들이다. 그들은 부르심을 받은 이후 교회의 지체가 되어 하나님의 사랑을 체험하는 사람들이다. 셋째로 그들은 '예수 그리스도를 위하여 지키심을 입은 자들'이다. 우리는 그리스도를 위하여 지켜지는 자들이다. 바울 사도는 이렇게 말씀했다. "평강의 하나님이 친히 너희로 온전히 거룩하게 하시고 또 너희 온 영과 혼과 몸이 우리 주 예수 그리스도 강림하실 때에 흠 없게 보전되기를 원하노라"(살전 5:23). "예수 그리스도를 위해 지키심"이란 하나님이 그리스도인들을 현세로부터 예수 그리스도의 강림시까지 온전히 지키고 보존하시기 위해 권능을 사용하실 것을 의미한다.

3) 인사말 : "긍휼(헷세드)과 평강(샬롬)과 사랑(예수님 안에 있는 사랑)이 더욱 많을지어다"

그리스도인은 "부르심을 받고", "사랑받으며", "지킴을 받는" 자들이다. 유다는 이런 성도에게 인사한다. 신약의 서신은 인사말이 전체 주제를 관통하는 경우가 많다. 유다서도 마찬가지다. 유다서도 인사말에 나온 하나님의 사랑과 긍휼, 평강이 우리 가운데 어떻게 더 많아질 수 있는지를 가르치고 있다. 그래서 오리겐 교부는 이 짧은 서신에 하늘의 보화가 가득 담겨있다고 했다.

우리는 자신이 누구인지를 확증해야 한다. 또한 우리가 받은 복이 얼마나 놀라운 것인지를 알아야 한다. 우리는 부르심을 받았고, 사랑을 얻고, 그리스도 안에서 지키심을 입은 자들이다. 이런 정체성을 항상 인식하면서 살아야 한다. 그런 다음 우리는 우리 안에 긍휼과 평강, 사랑이 더욱 많아져야 한다. 이 인사말이 유다서 전체 주제를 관통하고 있다. 이는 송영과도 연결되어 있다.

"능히 너희를 보호하사 거침이 없게 하시고 너희로 그 영광 앞에 흠이 없이 즐거움으로 서게 하실 자 곧 우리 구주 홀로 하나이신 하나님께 우리 주 예수 그리스도로 말미암아 영광과 위엄과 권력과 권세가 만고 전부터 이제와 세세에 있을지어다. 아멘"(1:24~25).

2. 믿음의 도를 위하여 힘써 싸우라! (3절)

3절을 보자. "사랑하는 자들아, 내가 우리의 일반으로 얻은 구원을 들어 너희에게 편지하려는 뜻이 간절하던 차에 성도에게 단번에 주신 믿음의 도를 위하여 힘써 싸우라는 편지로 너희를 권하여야 할 필요를 느꼈노니,"(3절)

1) 편지의 내용이 바뀜

유다는 처음에 "우리의 일반으로 얻은 구원" 즉 우리에게 주어진 구원이 어떤 것인지, 구원의 서정은 어떻게 연결되고, 또 구원의 열매와 복은 무엇이며, 구원받은 사람은 어떻게 사는지에 관한 내용으로 편지를 쓰고자 간절히 열망했었다. 하지만 가만히 들어온 자들로 인해 교회가 위기에 빠졌기 때문에 "성도에게 단번에 주신 믿음의 도를 위해 힘써 싸우라"라는 내용으로 편지를 하게 되었다. 여기서 "필요를 느꼈다"라는 말은 "강한 압력을 받았다"라는 의미다. 성령께서 그를 압박하여 이 편지 내용을 바꿔서 쓰도록 하셨음을 말한다.

사도행전 20장 22~24절을 보자.

"보라. 이제 나는 심령에 매임을 받아 예루살렘으로 가는데 저기서 무슨 일을 만날는지 알지 못하노라. 오직 성령이 각 성에서 내게 증거하여 결박과 환난이 나를 기다린다 하시나 나의 달려갈 길과 주 예수께 받은 사명

곧 하나님의 은혜의 복음 증거하는 일을 마치려 함에는 나의 생명을 조금도 귀한 것으로 여기지 아니하노라."

바울이 심령에 매임을 받았다는 말은 원문에는 "성령에 매임을 받았다"라는 말이다. 바울은 예루살렘으로 가면 핍박과 환난이 기다리고 있다는 것을 알고 있었다. 하지만 성령 하나님의 강한 압박으로 그 길을 포기하지 않고 사명을 감당하기 위해서 생명도 걸었다고 말한다. 지금 유다도 바울과 같은 마음의 압박을 느끼고 있다.

"일반으로 얻은 구원"이란 "우리 모든 그리스도인이 공동으로 소유한 구원"을 의미한다. 구원의 내용과 방법, 그 결과가 모든 사람들에게 동일하다. 유대인의 구원의 방법이 다르고, 이방인의 구원의 방법이 다른 것이 아니다. 바울도 로마서 11장 25~26절에서 이방인들이 구원받은 것과 동일한 방법("그리하여"는 "그와 같은 방법으로")으로 유대인들도 동일한 구원에 참여할 것이라고 가르친다. 어떤 사람은 기적을 보아야 믿고, 어떤 사람은 방언이나 예언 때문에 믿는 것이 아니다. 어떤 사람들은 꿈꾸다가 구원받고, 어떤 사람은 계시받아 구원받고, 어떤 사람은 기적을 보고 구원받는 것이 아니다. 모든 사람은 말씀을 통해 역사하시는 성령님의 은혜로 믿고 구원을 받는다(벧전 1:23; 약 1:18). 우리는 같은 방법으로 구원받고, 같은 구원의 내용에 참여하는 보편적인 신앙 안에 있다. 오늘날 많은 사람이 세대주의적 종말론을 신뢰하고 있다. 세대주의는 각 세대마다 하나님이 구원하시는 방법이 다르다고 주장한다. 유대인의 구원 방법이 다르고, 이방인의 구원 방법이 다르다고 주장한다. 그들은 '백 투 예루살렘 운동(back to Jerusalem Movement)'을 하는데, 예수님이 예루살렘으로 재림하실 것이라고 믿기 때문이다. 그런 사람 중에는 믿지 않는 유대인들을 설득해서 예루살렘과 이스라엘에 정착하는 것을 돕는 일까지 한다. 세대주의를 신봉하는 중국 교회의 어떤 돈 많은 사람이 예루살렘에 집을 사고 있기에 예루살렘 집값이 오르고 있다는 말까지 나온다. 중국에 간 선교사들과 목회자들이 그렇게 가르쳤기 때문이다. 우리는 웃어넘길 이야기일지 모르지만, 그 사람들은 굉장히 심각하게 여기고 목숨까지 걸고 그 일을 하고 있다. 왜 그런 일이 발생하는 것일까? 일반으로 얻은 구원에 대해서 모르기 때문이다.

"너희가 거듭난 것이 썩어질 씨로 된 것이 아니요 썩지 아니할 씨로 된 것이니 하나님의 살아 있고 항상 있는 말씀으로 되었느니라"(벧전 1:23). 주님은 말씀으로 부르시고, 회개케 하셔서 믿음으로 구원을 얻게 하신다. 그리스도인의 구원에 나타난 보편적 성격은 교회 안에서 교제를 통해서 더 분명하게 드러난다. 각 사람의 구원체험은 주관적이지만, 공동체 가운데서 객관화된다. 모든 사람이 죄를 발견하고 애통하며 회개하는 과정을 거쳐 죄 사함의 기쁨을 맛본다. 말할 수 없는 기쁨으로 그리스도를 보지 못하나 사랑하게 된다. 이는 하나님의 사람이라면 보편적으로 경험하는 일이다.

2) "믿음의 도"는 교회에서 바른 교리로 받아들여진 구원하는 믿음의 메시지, 곧 사도적 복음이다(요일 2:44).

교회는 이 "믿음의 도"인 사도적 복음과 진리를 지키기 위해 싸워야 한다. 이미 싸울 수밖에 없는 상황이 된 것이다. 대충 싸우는 것이 아니라 힘써 싸워야 한다. "힘써 싸우라"라는 명령은 치열하면서도 오랫동안 지속되는 싸움에서 강력한 의지로 싸움을 계속해야 한다는 말씀이다. 육신의 힘으로 싸우는 것이 아니다. 바울은 이렇게 말씀했다.

"우리가 육체에 있어 행하나 육체대로 싸우지 아니하노니, 우리의 싸우는 병기는 육체에 속한 것이 아니요 오직 하나님 앞에서 견고한 진을 파하는 강력이라. 모든 이론을 파하며 하나님 아는 것을 대적하여 높아진 것을 다 파하고 모든 생각을 사로잡아 그리스도에게 복종케 하니"(고후 10:3~5).

우리의 무기는 물리적 힘이 아니라 말씀이다. 바울이 복음을 전할 때 가졌던 무기는 창과 칼이나 세상적인 방법이 아니었다. 또한 그가 가진 많은 학문이나 어릴 때부터 연마한 지혜나 열심, 대학의 학위 같은 것이 아니었다. 그것으로 싸우려는 사람들이 많다. '견고한 진'은 오만한 인간의 이성으로 쌓아 올린 것들이다. 그것을 파괴할 수 있는 것은 오직 하나님의 말씀뿐이다. "성령의 검 곧 하나님의 말씀을 가지라"(엡 6:17). 우리의 싸움은 진리의 싸움, 세계관의 싸움이지 육신의 싸움이 아니다.

3) 힘써 싸우라

유다는 모든 성도들이 믿음의 도를 위해 힘써 싸우라고 명령한다. 사도들이 활동하던 시대에도 믿음의 도에 대한 공격은 은밀하게 진행되고 있었다. 유다는 이 편지가 **하나님이 자신에게 강력한 압박을 가하시므로 전하는 메시지라고 했다. 믿음의 도를 위해 싸우는 일은 치열한 전쟁을 치르는 것처럼 고된 수고가 동반된다.** 그래서 어떤 사람은 "내 신앙도 지키기 힘든데 진리를 위해 수고해야 하는가?"라고 반문할 수 있다. 하지만 이 편지를 받는 성도와 교회가 누구인가? "부르심을 입은 자 곧 하나님 아버지 안에서 사랑을 얻고 예수 그리스도를 위하여 지키심을 입은 자들"(1절)이다. 다시 말해 구원받은 성도라면 모두 그리스도의 군사로 부르심을 받았기 때문에 이 전쟁에 참여해야 한다. 누구도 예외가 없다. 우리가 받은 구원의 진리를 파괴하려는 자들에 대항하여 각자에게 주어진 임무를 힘써 행해야 한다.

힘써 싸우려면 전제조건이 있다. 군대 훈련소에 가면 훈련병들이 받는 첫 번째 훈련은 제식(制式)훈련이다. "차렷, 열중 쉬어, 차렷, 열중 쉬어, 앞으로 갓, 좌향좌, 우향우," 이런 제식훈련을 가장 먼저 하는 이유는 군말 없이, 토(吐)달지 말고, 무조건 명령에 복종하는 훈련이 된 후에야 군인으로서 필요한 다른 자질을 구비할 수 있기 때문이다. 제식훈련을 받아야 다른 훈련도 받을 수 있다. 우리가 그리스도의 군사로서 자격을 갖추기 위해서는 먼저 하나님의 말씀에 절대 복종하겠다는 자세가 되어 있어야 한다. 하나님의 말씀이 가는 데까지 가고, 멈추는 데서 멈추는 것이다. 하나님 말씀대로 순종하겠다고 하는 자세가 되어 있어야 한다. 군인이 제식훈련이 되어 있어야 고(高) 난이도의 기술을 연마하여 실전에서 승리할 수 있는 것처럼, 우리도 말씀대로 순종하겠다고 하는 자세가 반드시 필요하다.

유다는 우리에게 진리를 위해 선한 싸움을 하라고 명령한다. 하나님은 진리를 위해 피까지 흘릴 자세로 힘써 싸우라고 명령하셨다. 이렇게 치열한 전쟁에서 누가 힘써 싸울 수 있는가? 그것은 부르심을 입고, 하나님 아버지 안에서 사랑을 얻은 자, 예수 그리스도 안에서 지키심을 입은 진정한 성도들이다. 그들은 용감하게 말씀에 따라 나서는 자들이다. 많은 사람이 쉽고 편한 넓은 길로 갈지라도, 효력 있는 부르심을 입은 자들은 담대하게 나아간다. 적들의 숫자가 많고, 그들의 무기는 상상을 초월할 정도로 강력하지만 거룩한 전쟁에서 사람의 숫자나 무기는 문제가 되지 않는다(참고. 삼상 17:47). 중요한 것은 우리가 하나님 편에 서 있느냐 그렇지 않으냐이다. 하나님이 내 편인가를 묻지 말고 내가 하나님 편에 서 있는가? 내가 진리의 편에 서 있는가? 내가 진리를 사랑하고 지키는 데 힘쓰고 있는가를 생각해야 한다.

미국의 남북전쟁 당시 링컨 대통령의 일화이다. 어느 여인이 링컨 대통령에게 물었다. "하나님이 당신 편입니까?" 그러자 링컨 대통령이 대답했다. "나의 관심은 하나님이 우리 편인지가 아니라, 내가 하나님 편인가이다." 하나님은 언제나 진리의 편에 계신다. 진리는 하나님으로부터 나왔다. 우리가 진리를 위해 힘써 싸우는 것은 하나님의 거룩한 교회를 위해 힘써 싸우는 것이다. 우리는 교회 안에서부터 진리를 보존하고, 온전하게 전하기 위해 전쟁에 나서야 한다.

진리를 지키는 일에 관심이 없는 사람은 하나님의 명령을 가볍게 여기는 것이다. 뿐만 아니라 자신과 가정, 그리고 교회의 생명이 위협받도록 방치하는 무책임한 일이다. 진리를 위해 힘써 싸우는 것은 하나님의 영광뿐만 아니라 우리의 행복과 안전을 위해서도 반드시 지켜야 할 명령이다. 우리 자신을 위해 힘써 싸워야 한다는 것을 명심하자. 싸우기를 회피하는 군인들은 결국 적의 포로가 되든지, 생명을 잃어버릴 것이다(참고. 고후 11:20).

진리의 군사로 부름 받은 교회

데이비드 웰즈는 초대교회가 수많은 미신과 다종교 사회에 둘러싸여 있었고, 로마 권력의 위협 속에서도 절대 진리를 선포했다고 말한다. 그는 이 진리를 온전하게 선포할 때 기독교가 놀라운 속도로 퍼져나갔고, 성장했음을 지적한다. 이어서 그는 이렇게 말한다.

"신앙은 곧 '진리에 순종하는' 것이다(갈 5:7; 벧전 1:22). 정죄를 받은 자들은 '그 진리'를 믿지 않은 고로 정죄를 받은 것이다(살후 2:12). 마음이 부패한 자들은 '진리를 잃어버려서' 부패한 것이다(딤전 6:5). 이 신앙, 곧 하나님이 우리에게 주신 모든 진리를 믿는 믿음이 하나님의 진리를 통해 전달되었고(고후 4:2), 진리의 영이신 성령으로 활성화된다(요 15:26). 기독교는 요컨대 철두철미 진리에 대한 종교다! 기독교는 길이요 진리요 생명이 되신 그리스도에 대한 종교다."

우리는 "진리를 위해 힘써 싸우라"라는 명령을 받은 그리스도의 군사들이다. 교회를 대적하는 원수들이 우리가 지키고 보존하며, 전해야 할 진리를 공격하기 위해 몰려 오고 있다. 더 위험한 것은 "가만히 들어온 자들"이 은밀하게 활동하는데 교회가 그것을 잘 모르는 것이다. 우리는 그런 사람들을 분별할 수 있어야 한다. 그래서 그들의 오류를 밝히 드러내고 자신과 교회를 지켜내야 한다. 유다서는 원수들의 정체성과 활동을 폭로하면서 우리가 그들에게 속지 않아야 하고, 더 나아가 그들을 교회에서 추방하라고 가르친다. 그래서 교회가 그리스도 안에서 더 견고하게 서도록 가르친다.

칼빈 선생님은 제네바에 도착했을 때 받은 첫 인상을 이렇게 말했다.

"내가 처음 이 교회에 도착했을 때는 거의 아무것도 없었다. 사람들이 설교를 하고 있었는데, 그것이 전부였다. 그들은 우상을 찾아내 불태우는 일에는 능숙했으나, 그곳에 종교개혁은 없었다. 모든 것이 혼란스러웠다."

당시 많은 개혁교회들은 로마교회의 외적인 형식을 버리는 것을 경건으로 여기고 있었다. 하지만 무엇인가를 해체하는 것은 비교적 쉽다. 어려운 일은 세우는 것이다. 칼빈 선생님은 소란스러웠던 사역 기간 내내 교회를 개혁하기 위해 힘써 싸웠다. 그는 교리의 개혁을 통해 예배를 개혁하였고, 예배를 개혁하기 위해 직분을 성경적으로 개혁했다. 칼빈 선생님은 평생동안 성경대로 바른 교회를 세우기 위해 힘써 싸우셨다. 우리는 그런 개혁자들의 수고로 인해 이렇게 큰 복을 누리고 있다.

종교개혁 시대처럼 오늘날 우리 시대에도 진리를 왜곡하는 자들과 새로운 계시를 받았다고 떠벌리는 자들로 넘쳐난다. 원플러스 원(1+1)의 신앙이 대세를 이루며 주인행세를 하고 있다. 그들이 주류인 것처럼 보인다. 그렇게 넓은 길로 가는 자들의 숫자가 많다. 그들에게는 세상의 자원이 많고 물리적인 무기도 강력하다. 타락한 교회와 목회자들의 규모만 본다면 우리는 싸울 엄두를 내지 못할 것이다. 하지만 우리에게는 하나님이 함께하시고, 믿음의 도(道)가 있다. 우리는 전쟁이 여호와께 속한 것임을 안다. 그래서 소년 다윗처럼 싸울 수 있는 용기와 지혜를 갖고 전투에 임한다. 전쟁의 승리는 사람의 숫자나 자원의 규모에 달린 것이 아니다. 홀로 하나이신 주재 예수님과 함께하는 사람(교회)이 승리한다. 일반으로 얻은 구원을 소유한 사람은 견고한 진을 파하는 하나님의 진리를 들고 나아가서 싸운다. 우리는 진리를 위해, 진리의 방식으로 수많은 오류와 대적들과 싸운다.

우리는 일의 효율성보다 그 일을 통해 우리 신학적 목표가 구현되도록 싸워야 한다. 우리 구원의 궁극적인 목표는 하나님의 영광이다. 그래서 믿음의 도를 위한 싸움은 하나님의 영광을 위한 싸움이다. 그래서 우리는 결코 거부할 수 없는 전쟁을 지금 시작해야 한다.

배교한 교회들의 잘못된 예배를 비판하기는 쉽다. 하지만 세상적으로 성공하여 큰 힘을 소유한 그들의 성을 무너뜨리기는 어렵다. 우리는 그들의 견고한 성을 허물기 위한 싸움이 아니라 우리 교회를 바르게 세우는 싸움을 해야 한다. 우리 교회가 가진 진리를 공격하고, 우리 교회를 허물고자 하여 가만히 들어오는 자들을 색출해 내고, 그들이 교회에 잘못된 영향을 미치지 못하도록 맞서 싸워야 한다. 견고한 성이 되어 버린 장로교회의 전통 역시 바꿀 수 없다. 우리는 그것을 바꾸기 위해 싸우는 것이 아니라, 성경적인 개혁교회를 세우기 위해 싸워야 한다. 유다서는 그것을 우리에게 가르쳐 준다.

유다서는 우리가 어떻게 바른 교회를 세우며 우리 삶과 예배를 무엇으로 개혁해야 하는지를 가르친다. 이는 우리의 정체성을 분명히 하면서 명령(말씀)에 따라 힘써 싸워야만 할 수 있는 일이다. 참된 경건은 하루아침에 이루어지지 않는다. 성경 몇 장 읽고, 매일 가정 예배를 드린다고 자동으로 되는 것도 아니다. 자기부정은 자기 십자가를 지고 주님을 따르기 위해 죄와 더불어 피 흘리기까지 싸울 때 가능하다. 자신과의 싸움에서 지는 사람에게 다른 것을 기대할 수 없다. 자신의 영적 실상을 보고 자신에게 속지 않는 사람이 참된 분별력을 소유한 사람이다. 분별력을 키우는 첫 번째 훈련은 자기 실상을 더 깊이 발견하는 것이다. 자신과 인간의 진정한 실상을 본 사람, 곧 심령이 가난한 자만이 교회에 '가만히 들어온 사람'들을 분별할 수 있다. 우리가 경건하다면, 불경건한 사람들과 은혜를 탐욕의 기회로 삼는 자들, 주재이신 예수님을 부인하는 자들을 찾아낼 수 있을 것이다.

여기서 우리가 주의할 점은 사람에게 보이려고 경건을 추구하면 안 된다는 것이다(마 6:1). 우리가 더 열심히 공부하고, 자녀들이 말씀에 잘 순종하게 하는 것 때문에, 좀 더 순수한 교회 안에 있는 것으로 자부심을 갖는다면, 또 다른 오류에 빠지게 된다. 우리가 처음 부르심을 받은 것부터 은혜였다. 지금도 우리는 하나님의 사랑 안에서 살고 있다. 우리가 무엇인가 선한 일을 하고 있다면 그것은 하나님의 은혜로 인한 결과이다. 우리는 모든 일을 통해 자고(自高)하거나 자부심(自負心)을 품지 말고 은혜의 영광을 찬양하자. 우리가 그렇게 할 때 성삼위 하나님의 긍휼과 평강과 사랑을 더 많이 누릴 것이다.

2018. 08. 12.

JUDE

2강

가만히 들어온 자들을 분별하라

유다서 1:4

2강

가만히 들어온 자들을 분별하라

유다서 1:4
설교 동영상

2강 구조

들어가며: 영적인 경보장치

1. 교회에 가만히 들어온 사람

2. 분별의 기준 : 경건

    1) 불경건한 자들의 첫 번째 특징: 하나님의 은혜를 색욕 거리로 바꿈

    2) 불경건한 자들의 두 번째 특징: 그리스도의 주권을 부인

나가며: "참 지혜는 결코 악용될 수 없다!"

가만히 들어온 자들을 분별하라

유다서 1:4

4   이는 가만히 들어온 사람 몇이 있음이라 저희는 옛적부터 이 판결을 받기로 미리 기록된 자니 경건치 아니하여 우리 하나님의 은혜를 도리어 색욕거리로 바꾸고 홀로 하나이신 주 재 곧 우리 주 예수 그리스도를 부인하는 자니라

영적인 경보장치

평소에 우리는 화재 경보장치에 대해서 별로 신경을 쓰지 않는다. 하지만 경보장치에서 경보음이 울리면 무슨 문제가 있는지 재빨리 확인해야 한다. 만약 경보음이 울리는데도 그것을 무시한다면, 큰 재난을 당하게 될 것이다. 우리의 안전을 위해 경보장치와 대피훈련이 필수적인 것처럼 하나님 나라에도 위험 요소를 감지하고 위험에 대해 경고음을 울려 주는 사람이 있어야 한다. 하나님께서는 구약시대에는 선지자들(암 3:7~8; 렘 7:13, 25; 겔 3:16~21)을, 신약시대에는 직분자들(행 20:29; 고전 11:18~19; 고후 2:12~17; 11:13~15)을 파수꾼으

로 세우셨다. 하나님은 그들이 위험을 예방하고, 위기 상황이 발생했을 때 경보음을 울려서 교회가 적절히 대처하도록 하셨다.

교회 직분자들은 화재 경보장치처럼 다른 사람들이 쉬는 동안에도 영적인 불침번을 서서 교회의 안전을 지켜야 한다. 평소에 소방시설을 점검하고 소방 안전에 돈을 들이는 것은 낭비처럼 보인다. 그렇다고 해서 그것을 소홀히 한다면, 재산 피해뿐만 아니라 많은 인명피해까지 당할 수 있다.

유다서는 교회에 위험이 닥쳤다는 경보음을 울리고 있다. 교회는 이 경보음을 어떻게 해석하고, 적용하느냐에 따라 위기를 극복할 수도 있고, 위기에 안일하게 대처함으로써 무너질 수도 있다. 하지만 더 중요한 것은 선제적 대응이다. 위기를 발생시킬 수 있는 요소가 있는지를 미리 점검하고, 적절한 대비를 해야 한다. 일제 식민 통치를 경험한 우리는 또다시 강대국들의 먹잇감이 되지 않을까 두려워한다. 우리는 외세를 의존하여 안전과 생존권을 보장받을 수 없다. 우리가 해야 할 일은 주변의 위협 세력들에 대해 아는 것이다.

그래서 어떤 학자는 우리가 일본 역사를 배워야 한다고 강조한다. 우리는 일본에 대해서 너무 모른다는 것이다. 그러면서 다시 일본에게 먹히지 않으려면 그들의 역사를 알아서 일본 민족의 민족성과 그들의 장단점을 잘 파악하여 그에 맞게 대처해야 한다는 것이다. 지피지기면 백전백승이다. 맞는 말이다. **유다가 교회에 "가만히 들어온 사람들"의 정체를 폭로하는 이유는, 이미 들어온 대적**

과 힘써 싸워야 할 뿐만 아니라, 언제든지 은밀하게 들어올 수 있는 대적들을 미리 알고 대비하도록 하기 위함이다.

1. 교회에 가만히 들어온 사람

4절을 보자. "이는 가만히 들어온 사람 몇이 있음이라. 저희는 옛적부터 이 판결을 받기로 미리 기록된 자니 경건치 아니하여 우리 하나님의 은혜를 도리어 색욕 거리로 바꾸고 홀로 하나이신 주재 곧 우리 주 예수 그리스도를 부인하는 자니라"(4절).

교회에 "가만히 들어온 사람"들이 있다. 성도들을 노리고, 교회를 파괴하는 대적이 교회 밖에만 있는 것이 아니라, 교회 안에 있음을 경고한다. 에덴동산에 사단이 은밀하게 들어온 것처럼, 하나님 나라의 복을 누리는 하나님의 동산인 교회에 은밀하게 적들이 들어왔다. **유다는 이런 상황에서 경고의 사이렌을 울리라는 성령 하나님의 강한 압박을 받았다**(필요를 느꼈다). 대적이 교회에 들어와서 성도인 척, 지도자인 척하면서 사람들과 친밀하게 교제하고 있지만, 쉽게 드러나지 않고 있다. 그들은 성도들과 거리낌 없이 식탁 교제를 하고 있었다. 하지만 그들은 "애찬의 암초"다(12절). 바다에서 잘 보이지 않는 암초가 항해하는 배를 좌초시키는 것처럼, 거짓 성도와 거짓 교사들도 분별하기 힘들지만, 그 위험은 배가 침몰하는 것처럼 치명적이다.

우리는 사단을 따르는 거짓 교사들은 늑대나 뿔 달린 짐승처럼 사악한 모양을 하고 있을 것이라고 순진하게 생각한다. 하지만 거짓교사들은 "양의 옷을 입은 이리들"(마 7:15), "회칠한 무덤"(마 23:27)처럼 외모가 뛰어나고 화려하다. 좋은 대학, 점잖은 매너, 친절하고 재치있는 화술로 진리의 사람처럼 위장하고 다가온다. 참 성도보다 더 아름다운 외모를 보일 수도 있다. 그들은 경건을 가장하는 위장술에 뛰어난 사람들이다. 그들은 인간적인 매력이 있고, 순결하게 보이고 친절하고 활달하여 사람들에게 호감을 느끼게 하는 능력이 있다.

바울 사도는 그런 자들의 속임수를 이렇게 폭로한다.

"저런 사람들은 거짓 사도요 궤휼의 역군이니 자기를 그리스도의 사도로 가장하는 자들이니라. 이것이 이상한 일이 아니라, 사단도 자기를 광명의 천사로 가장하나니, 그러므로 사단의 일군들도 자기를 의의 일군으로 가장하는 것이 또한 큰 일이 아니라. 저희의 결국은 그 행위대로 되리라"(고후 11:13~15).

이렇게 교묘하게 위장한 사람들을 한 번에 알아보는 방법은 거의 없다. 함께 생활하면서 겪어 보지 않고서 외모만으로 그런 자들을 파악하기란 쉽지 않다. 그래서 예수님도 열매로 그들을 알 수 있다고 하셨다. 나무가 심어진 후에 꽃이 피고 열매가 맺히기까지 시간이 오래 걸리는 것처럼, 그런 자들을 교회가 식별하기까지 상당한 시간이 걸린다는 것을 가르치셨다.

더 큰 문제는 교회 가운데 그런 자들을 따르는 사람들이 항상 있다는 것이다. 거짓 선생이나 거짓 성도에게 동조하는 사람들이 있기 때문에 문제가 커진다. 그런 자들에게 동조하는 사람들은 보통 순진하고 착한 사람들이다. 그들은 진리보다 감정적인 판단을 한다. 그런 사람들은 진리에 근거한 지식이 아니라, 자신에게 누가 잘해 주었는가, 자신의 감정을 누가 위로해 주는가에 근거해서 좋은 사람과 나쁜 사람을 구분한다. 가만히 들어온 자들은 이렇게 어리석고 순진한 사람들을 끌어들여 당을 짓는다(19절).

가만히 들어온 자들은 자신들의 속마음을 열지 않는다. 흉금을 터놓고 자기 허물과 죄를 고백하고, 그것에서 돌이킨 사실에 대해서는 거의 말하지 않는다. 자신의 약점보다 강점, 자신의 깨달음이나 자기가 칭찬받을 만한 일에 관해서 주로 이야기한다. 그들은 사람을 높여주고 칭찬한다. 물론 그들도 성령의 열매를 흉내 내고, 자신들이 의의 사람인 것처럼 가장한다. 그들도 말과 행동에서 경건하게 보이도록 애쓴다. 그들은 성경을 열심히 공부하고, 성경으로 상담해주면서 사람들에게 신뢰를 얻는다. 그들은 진리의 사람처럼 자신을 포장하고, 겸손을 가장하여 다른 사람들의 호감을 산다. 순진한 사람들은 그것을 모르기 때문에 그들을 하나님의 천사처럼 받들고 추종한다. 그런 자들을 추종하는 자들은 결국 위기에 직면하게 된다.

이렇게 교활하고 심각한 위험이 교회 내부로부터 시작된다. 교회 밖에서 그런 사람이 접근하면 경계심을 갖고 살피지만, 교회 안에서 형제라고 하고, 목사라고 하니까 믿어준다. 믿는 사람들은 다 착한 사람이겠거니 하면서 경계하지 않고 기탄없이 교제한다. 그래서 그런 자들이 교묘하게 진리를 왜곡하고, 하나님의 은혜를 색욕 거리로 만들고, 주님의 권위를 부인하는 데도 좋게 여기면서 의심 없이 따른다. 사단은 교회가 세워지는 곳 어디에나 가라지를 뿌리고 다닌다. 그래서 교회가 세워지는 곳에는 진리의 전쟁이 벌어지는데, 그 첫 번째 장소가 교회 안이다. 유다는 바로 그것을 명심하라고 가르친다. 이천년 교회사는 이것을 잘 보여준다. 유다는 이렇게 교회에 가만히 들어온 사람들을 가려내는 분별법을 가르쳐 주고, 그들이 믿음의 도를 왜곡하여 교회를 허물지 못하도록 예방하라고 명령한다.

2. 분별의 기준 : 경건

경건을 가장 쉽게 표현하면, 하나님의 뜻대로 행하여 하나님을 기쁘시게 하는 삶이다(요 9:31). 경건은 하나님을 사랑하고 존경하며 두려움으로 그분께 순종하는 것이다. 경건한 사람은 하나님의 뜻을 무엇보다 존중히 여기고 하나님을 예배하며 그분의 영광을 추구한다. 경건치 않은 자들도 하나님을 노골적으로 대적하거나 경건 자체를 부인하지는 않는다. 그러면 자신들의 정체성이 쉽게 드러날 것이다. 그들은 경건한 말로 진짜처럼 행동한다. 얼핏 보면 가짜가 더 진짜 같다. 바울 사도는 그래서 다양한 시금석을 가르쳐주었다.

디모데후서 3장 4~5절을 보자.

"사람들은 자기를 사랑하며 돈을 사랑하며 자긍하며 교만하며 훼방하며 부모를 거역하며 감사치 아니하며 거룩하지 아니하며 무정하며 원통함을 풀지 아니하며 참소하며 절제하지 못하며 사나우며 선한 것을 좋아 아니하며, 배반하여 팔며 조급하며 자고하며 쾌락을 사랑하기를 하나님 사랑하는 것보다 더하며 경건의 모양은 있으나 경건의 능력은 부인하는 자니 이 같은 자들에게서 네가 돌아서라."

가만히 들어온 자들의 특징은 경건의 모양은 탁월하다는 것이다. 그래서 대단한 사람으로 보이기까지 한다. 하지만 그들은 경건을 삶의 가장 중요한 본분으로 삼지 않는다. 그들은 '하나님보다 자기 사랑이 앞서고, 하나님보다 돈을 사랑하며 자긍하고 교만하고 훼방하며 … 무정(無情)하며 원통함을 풀지 않고, 참소하고, 절제하지 못하고 … 자고(自高)하며 쾌락을 하나님보다 더 사랑한다.'

우리 주변에는 열심히 신앙생활을 하는 사람들이 있다. 그런데 그들 중에는 경건을 신앙의 목적이 아니라 자기 유익을 위한 수단으로 여기는 사람이 있다. 그들이 경건한 일에 열심인 이유는 그것이 자신에게 이익이 되기 때문이다. 디모데전서 6장 5~6절을 보자.

"마음이 부패하여지고 진리를 잃어버려 경건을 이익의 재료로 생각하는 자들의 다툼이 일어나느니라. 그러나 자족하는 마음이 있으면 경건이 큰 이익이 되느니라."

경건은 그 자체가 성도의 목표이고 삶의 방식이다. 하지만 거짓된 자들은 다른 이익을 얻기 위한 방편으로 경건을 이용한다. 그렇게 해서 자기가 얻는 이익이 하나님을 기쁘시게 하는 것보다 더 요긴하다고 생각하기 때문이다. 그런 사람은 하나님을 경외하고 예배하는 자로 사는 것을 자기 이익을 위한 방편으로 여긴다. 사람들을 자기 편으로 만들기 위해 사람의 영광과 정욕을 부추긴다. 그런 사람들은 성경을 열심히 공부하여 신앙 지식이 늘어나도, 그 지식으로 온유하고 겸손해지지 않는다. 오히려 그 지식으로 자기를 높이고, 다른 사람을 정죄하며, 성도를 자기 야심을 펼칠 도구나 수단 정도로 여긴다. 이런 자들을 용납하는 것은 적은 누룩을 용납하는 것과 같다. 적은 누룩이 온 덩이에 퍼지는 것처럼, 그런 사람들이 주도하는 교회는 경건의 모양만 남고 경건의 능력을 상실하여 생명력을 잃게 된다.

사무엘상 2~4장에 나오는 엘리 제사장의 두 아들 홉니와 비느하스를 생각해 보자. 그들은 이스라엘의 제사장이라는 엄청난 특권을 가졌고, 하나님을 예배하는 제사를 주관하던 자들이었다. 그러나 그들은 직분과 특권을 자기 이익을 위해 오용하였다. 그들은 여호와의 제사를 멸시하였고, 여호와를 이용하고자 언약궤를 들고 전쟁에 나갔다. 성경은 하나님을 멸시한 자들이 받는 심판과 멸망을 다양한 방식으로 보여준다(에덴의 동쪽은 심판의 장소이다. 인류는 하나님의 임재가 있는 에덴으로 돌아가는 광야의 여정 속에 있다). 인류 역사는 하나님께서 주신 직분과 특권을 자기 영광을 위한 도구로 사용하는 불경건한 자들이 멸망당하는 모습을 생생하게 보여주고 있다. 유다는 **"저희는 옛적부터 이 판결을 받기로 미리 기록된 자"라고 선언한다.** 우리가 어떤 직분으로 섬기는지, 어떤 특권을 받았는지는 중요하지 않다. 우리 각자에게 주어진 은사와 특권을 통해 경건을 이루고 있는지가 더 중요하다.

우리는 어떤 사람도 외모로 보지 않는다. 그가 어떤 대학을 나왔는지, 어떤 직업을 가졌는지, 얼마나 많은 연봉을 받는지, 교회에서 얼마나 열심히 봉사하는지, 얼마나 성경을 많이 알고 있는지, 얼마나 헌금을 많이 하는지, 이 모든 것들이 외모일 수 있다. **하나님의 사람이라는 진정한 표지는 경건이다.** 어떤 직분으로 봉사하는지, 얼마나 많이 섬기는지가 중요한 것이 아니다. 우리의 지식과 열심과 소유와 활동이 하나님을 기쁘시게 하는가 아니면 자신을 기쁘게 하는가를 통해 정체성이 드러난다. 경건한 사람은 하나님 자체가 목표가 되지만 경건하지 않은 사람은 하나님을 수단으로 해서 자기 이익과 자기 영광을 추구한다.

1) 불경건한 자들의 첫 번째 특징: 하나님의 은혜를 색욕 거리로 바꿈

이런 자들의 첫 번째 특징은 하나님의 은혜를 정욕 추구의 도구로 전락시킨다. 그들은 은혜를 남용하는 "은혜 지상주의자"들이다. 늘 은혜를 강조하니까 좋은 것처럼 보인다. 하지만 우리는 그 미묘한 차이를 볼 수 있어야 한다. 그들은 "은혜로 구원받았으니, 그렇게 죄를 버리려고 노력하지 않아도 된다. 죄 없이 살 수 있는가? 그것은 불가능하다. 그러니 너무 열심히 하지 마라. 평생 공부해도 말씀을 다 알 수 없고, 그 말씀을 알아도 그대로 살 수 없다. 적당히 해라. 그렇지 않으면 율법주의자가 된다. 그렇게 힘들게 신앙생활하지 말라!" 거짓교사들은 자기중심적인 세계관과 죄악 된 문화에서 떠나라고 말하지 않는다. 믿기 전 과거의 세계관을 따라 살아도 아무 문제가 없는 것처럼 가르친다.

방탕하고 방종한 삶을 사는 사람에게도 "은혜로 구원받았으니 걱정하지 마라"고 위로한다. 거룩함이 없어도 행복할 수 있다고 하면서 거짓된 평강을 남발한다. 하나님의 은혜를 부도덕한 행동에 대한 면죄부처럼 사용하여 사람들의 양심을 무마시키고 환심을 산다. 그들은 입만 열면 은혜와 그리스도인의 자유를 이야기하지만 실제로는 하나님의 은혜를 조롱하며 색욕 거리로 만드는 자들이다. 그들이 말하는 은혜는 사람들을 미혹하는 수단이다.

그래서 베드로 사도는 이렇게 말씀한다. "저희가 허탄한 자랑의 말을 토하여 미혹한 데 행하는 사람들에게서 겨우 피한 자들을 음란으로써 육체의 정욕 중에서 유혹하여"(벧후 2:18). 가만히 들어온 자들은 복음에 합당한 길이 아니라 육체의 정욕을 부추기면서 잘못된 길로 이끈다. 값싼 은혜를 조장하여 하나님보다 더 인심 좋게 구원을 선포한다. 말씀을 사람들의 구미에 맞게 요리하여 거짓된 평화를 전한다. 세례와 성찬도 남발하고, 권징은 아주 잘못된 것처럼 오도한다. 그들은 "은혜로 구원을 받았으니 어떻게 살아도 천국은 간다. 죄책감일랑 던져 버려라. 더 이상 율법에 매이지 말고 자유를 누려라"라고 말한다. 그런 사람들은 율법을 따라 의롭게 살아야 한다고 하면 복음을 약화시킨다고 발끈한다. 이처럼 은혜를 말하면서 사람들의 종교적 욕망, 세속적 욕망을 자극하고 부추기는 전문가들이 오늘날 교회에서 성공시대를 구가하고 있다.

유다서는 **마케팅으로 정욕을 부추기면서 사람들을 끌어 모으는 일부 대형교회는 성공한 모델 교회가 아니라, 하나님의 은혜를 색욕 거리로 바꾸는 불경건한 자들이라고 선언한다.** 문제는 이것을 보면서도 분별하지 못하고, 그들을 추종하는 사람들이 있다는 것이다. 비린내 나는 생선구이 식당에 들어갈 때 처음에는 냄새가 고약하게 느껴지지만, 생선을 먹다 보면 냄새가 구수하게 느껴지는 것처럼, 많은 사람이 그런 불경건한 설교와 삶에 익숙해져서 그것이 죄인지도 모르게 된다. 오히려 그런 설교자들과 교회에 사람들은 열광하며 몰린다. 왜냐하면 "원 플러스 원(1+1)"을 약속하기 때문이다. 어떤 목사는 그런 사람이 자기에게 장학금을 주고 도와주었기 때문에 좋은 사람이라고 말한다.

하나님의 은혜는 죄 사함에 감사할 뿐만 아니라 거룩을 열망하게 한다. J. I. 패커는 이렇게 말했다. "건강한 그리스도인에게는 '성결'이 '섹스'와 유사하게 전기가 오는 단어다. 왜? 하나님께서 모든 거듭난 심령 안에 성결에 대한 열망을 깊이 심어 놓으셨기 때문이다." 하나님의 은혜는 하나님의 뜻에 합당한 거룩한 삶을 살도록 힘을 준다. 로마서 5장 20~21절을 보자.

"율법이 가입한 것은 범죄를 더하게 하려 함이라. 그러나 죄가 더한 곳에 은혜가 더욱 넘쳤나니, 이는 죄가 사망 안에서 왕 노릇 한 것같이 은혜도 또한 의로 말미암아 왕 노릇 하여 우리 주 예수 그리스도로 말미암아 영생에 이르게 하려 함이니라."

물에 빠져서 죽을 뻔한 사람을 구해준 것은 다시는 그런 물에 빠지지 말고 깨끗하고 건강하게 살라는 것이다. 그런데 거짓교사들은 "다시 구원해 주실 것이니 계속 그 더러운 물에 빠져 살아도 된다"라고 말하는 것이나 다름없다. 거듭난 사람에게 거룩을 향한 열망이 심겨 있는데, 어떻게 이전처럼 살 수 있겠는가? 그것은 불가능한 일이다.

그런데 **가만히 들어온 자들은 항상 하나님의 은혜와 사랑을 이야기하지만, 그것을 통해 육신의 정욕을 제어하는 것이 아니라 오히려 정욕을 추구할 기회로 삼게 한다.** 예수님을 믿었으니 육신이 원하는 것(가령 삼중축복)을 마음껏 구하라고 한다. 그들은 기독교의 복을 거룩과 분리한다. 그러면서도 그리스도 안에 있는 은혜와 자유에 대해 강조한다. 그들은 탁월한 언변으로 사람들의 마음을 사로잡는다. 그들은 죄에 대해서는 너무 걱정하지 말고, 주님이 주시는 축복을 누리라고 말한다. 그들은 죄가 없는 사람이 없으니 죄를 버리지 않아도 좋은 신앙인(독실한 신앙인)이 될 수 있다고 착각하게 한다. 그러나 그것은 불가능하다.

"생명을 사모하고 장수하여 복 받기를 원하는 사람이 누구뇨? 네 혀를 악에서 금하며 네 입술을 궤사한 말에서 금할지어다. 악을 버리고 선을 행하며 화평을 찾아 따를지어다. 여호와의 눈은 의인을 향하시고 그 귀는 저희 부르짖음에 기울이시는도다. 여호와의 얼굴은 행악하는 자를 대하사 저희의 자취를 땅에서 끊으려 하시는도다. 의인이 외치매 여호와께서 들으시고 저희의 모든 환난에서 건지셨도다"(시 34:12~17).

거짓교사들은 하나님의 말씀을 대놓고 부인하거나 하나님의 은혜를 노골적으로 반대하거나 색욕 거리로 바꾸지 않는다. 그것은 하수들이 하는 짓이다. 가만히 들어온 자들은 말씀을 교묘하게 해석하고, 수많은 감동적인 예화를 사용하여 사람들의 정욕에 불을 지핀다. 그들은 사람들이 듣기 원하는 것을 황금으로 포장하여 내놓는다. 하지만 그들이 말하지 않는 것이 있다. 바로 자기를 부인하고 거룩하게 살라고 설교하지 않는다. (어떤 교회는 1년이 지나도 죄를 버려야 한다는 내용이나 자기를 부정하라는 설교가 한 번도 없었다.) 그들은 은혜와 사랑만을 강조하여 육체의 정욕, 안목의 정욕, 이 세상의 자랑을 선망하도록 불을 지핀다. 더 나아가 그것을 얻기 위해 자신이 가르치는 대로(성공 세미나 같은 처세술) 하면 된다고 말한다. 그들은 자신들만의 특별한 비법이 있는 것처럼 사람들을 미혹한다. 결과적으로 그들은 사람들을 하나님이 아닌 자기에게 이끌어 이익의 재료로 삼는다.

그들은 은밀하게 공동체 안으로 들어와서 겸손을 가장하여 사람들에게 친절을 베풀고 마음을 얻기 위해 노력한다. **압살롬이 백성들의 마음을 도적질하여 다윗이 아니라 자신을 따르게 한 것과 같다**(삼하 15:1~6). 그들도 사람들의 마음을 도둑질하여 예수님이 아니라 자신을 따르게 한다. 그래서 우리를 과도하게 칭찬하는 사람들을 경계해야 한다. 하나님 앞에서, 말씀 안에서 정직하게 서로를 존중하고 세워주는 말이면 족하다. 가만히 들어온 자들은 은근히 자신을 높이고 사람들이 좋아하는 것을 얻을 수 있는 비법을 가진 것처럼 접근한다. 그러나 그들은 비 없는 구름이고, 물 없는 샘일 뿐이다. 근래 뉴스에 회자되고 있는 목사와 교인들을 생각해 보라. 피지나 브라질로 떠난 사람들이 일자무식(一字無識)의 바보라서 그런 것이 아니다. 그들이 한국을 떠나기 전에 은행에서 최대한도까지 대출을 받아 떠났다. 목사들이 허탄한 자랑의 말로 교묘히 사람들의 정욕을 부추기며 유혹했기 때문이다. 사람들이 그런 선택을 한 것은 편하게 즐기면서 살고 싶은 정욕을 부추기자 자원하여 몰려 간 것이다. 하나님의 은혜를 정욕 추구의 도구로 사용하면 순진하고 어리석은 사람들이 더 잘 속게 된다.

그런 자들도 정규 신학교를 나왔고, 박사학위도 있고, 글도 잘 쓰고 말도 잘하기 때문에 많은 사람이 믿고 따른다. 그들은 배에 정식 선원으로 승선(乘船)하였다. 하지만 배가 항구를 떠나 바다 가운데에 있을 때 배 밑창에 작은 구멍을 뚫어서 침몰하게 하거나, 배의 심장과 같은 엔진에 꼭 필요한 부품을 빼거나 망가트려 배가 진행할 수 없게 하거나, 배의 방향(方向) 키(조타 핸들)를 바꿔놓아서 제 방향으로 가지 못하도록 한다. 은밀하게 들어온 자들은 이처럼 위험하다.

데이비즈 웰즈는 『용기 있는 기독교』라는 책에서 오늘날도 그런 거짓 선생들이 큰 교회에서 활동하고, 신학교를 세우고, 베스트셀러 작가가 되기도 한다고 말한다. 거짓교사들도 많은 사람에게 존경을 받고, 큰 힘을 소유한다. 따라서 우리는 하나님의 은혜를 말하면서 은밀하게 부패한 정욕을 부추기는 자들을 주의해야 한다. 순진하여 그런 자들을 따르는 사람은 영적인 파산에 직면할 것이다. 하나님의 생명도 없고, 사명 의식도 없이 직업적으로 목회하는 사람들이 많다. 그런 사람들이 "꾼"이 되는 것이다. "삯꾼"이 되거나 "사기꾼"이 된다. 물론 그들이 악한 의도로 그런 짓을 하는 것은 아닐 수도 있다. 하지만 소경 된 자로서 선생 노릇을 한 것에 대해서 책임을 면키 어려울 것이다(마 23:16~22). 따라서 우리는 순진하기만 해서는 안 되고 지혜로워야 한다. "뱀처럼 지혜롭고, 비둘기처럼 순결해야 한다." 우리가 타고 있는 배가 암초에 걸려서 파선(破船)되지 않도록 힘써 싸워야 한다. 이것이 우리와 교회의 안전을 지키는 일이다. 이는 부르심을 받은 그리스도의 군사가 거역해서는 안 되는 하나님의 명령이다.

2) 불경건한 자들의 두 번째 특징: 그리스도의 주권을 부인

가만히 들어온 자들은 "홀로 하나이신 주재 곧 우리 주 예수 그리스도를 부인하는 자"다. 그들이 예수님을 주님이라고 부르지 않는다거나 예수님이 만왕의 왕이시라는 것을 부인한다는 말이 아니다. 오히려 그들은 입만 열면 "주 예수는 우리의 왕이시다"라고 말할 수 있다. 그들은 하나님이 온 세상의 주인이라고 말은 하지만, 실제 삶에서 하나님의 주권을 인정하지는 않는다. 고난과 어려움에 직면할 때 정말 주님의 뜻대로 대처하는가를 살펴보면 알 수 있다. 그런 사람은 일시적으로 제자처럼 흉내 낼 수 있을지 몰라도 지속성이 없고 쉽게 그 자리를 포기하고 만다. 이사야 29장 13~14절을 보자.

"주께서 가라사대 '이 백성이 입으로는 나를 가까이하며 입술로는 나를 존경하나 그 마음은 내게서 멀리 떠났나니 그들이 나를 경외함은 사람의 계명으로 가르침을 받았을 뿐이라. 그러므로 내가 이 백성 중에 기이한 일 곧 기이하고 가장 기이한 일을 다시 행하리니 그들 중의 지혜자의 지혜가 없어지고 명철자의 총명이 가리워지리라.'"

경건치 않은 자들은 말로는 '주여, 주여!' 하지만 실제 삶에서는 주님이 자신과 세상의 주인이라는 것을 부인한다. 다시 말해 삶에서 주님의 주인 되심을 인정하지 않고, 오히려 자기가 주인이고, 예수님은 자신을 위한 도우미 정도로 생각한다. '왕의 재정학교'를 들먹이면서 예수님을 왕으로 말하지만, 자기가 왕이기 때문에 예수님은 자기를 위한 알라딘의 램프의 종처럼 여긴다.

예수님을 홀로 하나이신 주재로 인정하는 것은 어떤 특정한 분야나 시간만이 아니라, 모든 상황(모든 시간과 장소)에서 주님의 주권을 인정하는 것이다. 욥과 같이 극심한 고통 속에서도 하나님의 주권을 인정하는 것이다. 순경이나 역경에서 모두 하나님을 인정하고, 그 하나님의 주권에 순복하는 것이 참된 신앙이다. 누가복음 6장 46절을 보자. "너희는 나를 불러 '주여 주여' 하면서도 어찌하여 나의 말하는 것을 행치 아니하느냐?" 주를 부르고 존경한다고 하면서도 주님의 주인 되심을 인정하지 않는다. 주님의 말씀을 행하지 않는 것이 입으로는 시인하나 행위로 부인하는 것이다.

마태복음 7장 21~27절에 나오는 사람들처럼, 주님의 이름으로 온갖 일들을 기획하고, 하는 일마다 성공할 수 있다. 그들은 선지자 노릇을 하고, 많은 권능을 행하였다. 그런데 주님은 그들을 모른다고 하시고, 불법을 행하는 자들이라고 하셨다. 불법을 행하는 것은 하나님의 은혜를 남용하면서, 주님의 방식이 아니라 인간적인 방법으로 교회의 일을 하고, 그 일을 통해 자기 영광을 추구하는 것을 말한다.

우리는 많은 일을 하는 것보다 작은 일이라도 주님의 뜻과 방식대로 해서 주께서 영광을 받으시도록 해야 한다. 또한 우리는 주님께서 세우신 질서를 존중하고, 그 질서에 따라 섬겨야 한다. 하이델베르크 요리문답은 제 5계명을 이렇게 설명한다.

제104문: 제5계명에서 하나님께서 요구하시는 것은 무엇입니까?
답: 아버지와 어머니,
그리고 나를 다스리는 권세를 가진 모든 사람에게
모든 존경과 사랑과 신실함을 보이며,
그분들의 선한 가르침과 권징에
마땅한 순종으로 나 자신을 복종시키며,
그리고 그분들의 연약함과 단점에 대하여서도
인내하는 것입니다.
왜냐하면 그들의 손을 통하여 우리를 다스리시는 것이
하나님의 뜻이기 때문입니다.

그런데 불경건한 자들은 자신의 이익이 되는 일에는 하나님의 주권과 질서를 존중하는 것처럼 하다가도 자기 이익을 포기해야 하거나 손해를 봐야 할 경우에는 슬며시 빠져나간다. 말씀을 따라 사는 것이 진정한 복이지만, 이들은 자기 지혜를 따라 살기 위해 교묘하게 변명하면서 말씀이 아니라 자기 뜻대로 한다. 이렇게 주님을 부르면서도 하나님의 주권을 인정하지 않는 사람이 실천적인 무신론자이다. 시편 14편이 고발하는 것처럼 그들은 자기 삶의 영역에서는 하나님이 없는 것처럼 행동한다. 그러나 그것은 어리석음을 드러낼 뿐 이다. 주님의 말씀을 듣고, 순종하는 것이 우리에게 가장 복된 삶이다. 하나님을 나의 주인으로 모시는 것보다 영광스러운 일은 없다.

또한 자기부정, 곧 자기 십자가를 지고 주님을 따르라고 가르치지 않는 것이 바로 홀로 하나이신 주재 예수 그리스도를 부정하는 죄이다. 예수 그리스도께서 세우신 질서와 권위에 순복하지 않고 자기 주장을 하면서 완고하게 행하는 것 역시 주님의 주권을 거부하는 것이다. **이것이 5~19절에서 반복되고 있는 가르침이다.** 하지만 그런 자들도 하나님의 은혜와 주권을 말한다. 그들도 하나님은 초월적인 능력으로 믿는 자들을 돕는 분이시라고 강조한다. 문제는 그들이 성도들에게 그리스도의 뜻을 따라 살아야 한다는 것을 거의 가르치지 않는 것이다. 언약의 축복은 반복해서 말하지만, 언약의 의무에 신실하게 살도록 가르치지 않는다. 그러나 언약의 축복은 언약의 의무를 행하면서 누리는 복이다.

오늘날 많은 사람이 예수님을 주님이라고 부르고 '예수님은 나의 주'라고 고백하며, 예수님은 모든 좋은 것을 주시는 분이라고 인정한다. 예수님이 자기 생명의 주라고 외치며 찬양한다. 하지만 그분이 삶의 모든 영역에서 주인이 되셔야 한다는 말은 싫어한다. 그들은 '거룩하라. 낮은 자세로 섬겨라. 하나님을 사랑하여 그 계명을 지켜라'와 같은 말씀은 성경에 없는 것처럼 생소하게 여긴다.

거짓 선생들은 이런 점을 생략하거나, 가르치더라도 강조하지 않는다. 예수님에 대해서도 사람들이 좋아할 수 있는 부분을 자주 강조하지만, 사람들이 부담스러워하는 것에 대해서는 말하지 않는다. 예수님을 홀로 하나이신 온 우주의 주재이시라고 강조할지라도 우리 삶의 주인으로 섬겨야 한다는 것은 말하지 않는다. 말을 하더라도 지나가는 말처럼, 양념처럼 슬쩍 뿌리고 지나간다. 하나님의 속성에 대해서도 사람들이 좋아할 성품(사랑, 은혜, 전능성 등)은 강조하여 말하지만, 사람들이 거북하게 여기는 성품(거룩, 공의, 통일성 등)은 슬쩍 넘어간다. 우리가 주님의 종으로 살아야 한다는 것은 거의 가르치지 않는다. 하나님의 사랑을 강조하지만 그분의 주권에 순복해야 한다는 것에 대해서는 아주 희미하게 말한다.

그런 자들은 교인들을 예수님의 종이 아니라 자신의 종으로 삼는다. 그들은 샤먼(shaman)[1]처럼, 자기들이 예수님과 특별한 관계를 맺고 있는 것처럼 마케팅한다. 그들은 예수님의 자리에 앉아서 자기가 섬김을 받고, 영광을 취한다. 주님의 교회가 아니라 자기 교회로 만들고, 주님의 형상을 닮게 하는 것이 아니라 자기 형상을 닮게 한다. 개혁신학을 가르치면서도 사람들의 양심과 믿음을 주관하려고 교묘하게 조작하는 사람들이 있다. 이런 사람들 역시 예수님의 주재이심을 거부하는 훼방자들이다.

우리는 목사를 통해 하나님의 말씀으로 양육을 받지만, 목사에게 의존하지 않아야 한다. 각자 하나님 앞에서 말씀과 양심에 따라 신앙적인 독립을 해야 한다. 다시 말해 자기 신학을 해야 한다. 신

---

1) 신령·정령 등과 영적으로 교류하는 능력을 가진 사람. 곧, 박수·무당 따위, 영매

학을 뜻하는 헬라어는 "데올로기아"인데 '하나님을 말하다'라는 의미이다. 목사는 하나님께서 교회를 섬기도록 교회에 선물로 주신 직분자일 뿐이다. 남편도 부모도 마찬가지다. 하나님 앞에서 독립적인 개체로서 신학을 해야 한다. 우리는 각자 신앙생활에서 독립해야 한다. 그렇지 않으면 서로에게 나쁜 결과를 낳게 된다. 목사는 공적으로 하나님께서 세우신 직분자이기에 공적인 관계로 대하면 된다. 다른 성도들도 마찬가지다. 서로 주님의 사랑 안에서 존경하고 섬기면서 함께 성장해 가는 것이다. 그에 합당한 존경과 사랑으로 대하면 된다. 사적으로 다른 성도의 믿음과 양심을 주관하려는 사람들을 조심해야 한다.

군대에서는 사제 말(일반 사회에서 하는 어법)을 쓰지 말라고 주의를 준다. 군대용어를 쓰라는 것이다. 왜냐하면 군기가 빠져서 군대의 사기를 저하시키고, 명령에 복종하지 않게 되기 때문이다. 우리도 세상 나라에 속한 사람들처럼 말하고 행동하면 안 된다(직장에서든, 가정에서든). 하나님 나라에 속한 군사답게 말하고 행동해야 한다. 그것은 딱딱하고 경직된 것이 아니다. 오히려 자유롭고 자연스러우면서도 신령한 모습으로 나타난다. 우리는 이렇게 하나님 안에서 자라가기 위해 노력해야 한다. 우리는 이전에 불경건한 자들이었는데, 하나님께서 은혜로 구원해 주셨다. 그렇다면, 은혜로 구원받았다는 사실이 우리가 경건치 않게 살아도 되는 면죄부가 아니다. 오히려 우리가 더욱더 거룩함을 향한 열망을 품도록 만드는 촉진제로 작용한다. 신자로서 우리의 책무는 작은 일에서부터 주님의 주인

되심을 인정하는 경건을 실천 해야 한다.

"참 지혜는 결코 악용될 수 없다!"

에스겔서 34장에는 악한 목자들뿐만 아니라 악한 양들의 죄와 그에 대한 심판이 선언된다. 어느 시대나 교회에는 이런 종류의 목사와 교인들이 있다(요삼 1:10). 이들은 자기 이익을 위해 경건을 이익의 재료로 삼는다. 어느 시대나 악한 목자와 악한 양들은 당대의 주류 기득권 세력이었다. 그들은 외형적으로는 누가 봐도 성공한 사람들이었고 정통을 자처하면서 사람들에게 큰 영향력을 행사했다. 많은 사람이 그런 자들의 성공을 하나님의 축복으로 여기면서 따랐다. 그런 자들은 자신들의 성공에 취해서 자신들의 구원을 확신했다. 하지만 성경의 기준에서 그들이 정말 주류일까? 정말 하나님이 그들의 편에 계실까? 우리의 판단 기준은 세상의 성공이 아니라 성경이다.

성경은 참 목사와 성도는 주님의 영광과 교회의 유익을 위해서 일하는 사람이라고 가르친다. 예수님이 보내신 자들은 자신에게 맡겨진 양(성도)들의 이름(인격과 삶)을 알고, 그들에게 풍성한 꼴(말씀)을 공급하기 위해 최선을 다한다. 또한 악한 자들이 양들을 해치지 못하도록 수고하며 싸우는 사람이다(행 20:28~29). 그런 목자와 양들은 예수님처럼 겸손하고 온유한 사람이다. 참 목자는 양들을 지키고 보호하기 위해서 막대기와 지팡이를 들고 있다. 그 막대기와 지팡이는 성령의 검, 곧 하나님의 말씀이다(엡 6:17). 진리의 푸른 초장으로 인도할 뿐만 아니라, 진리의 막대기로 도둑을 막아내고 간교하게 미혹하는 자들을 막아내기 위해 동분서주한다. **바울은 이것을 항상 의식하였기 때문에 에베소에서 삼 년이나 밤낮 쉬지 않고 눈물로 각 사람을 훈계하였다**(행 20:31).

오늘날 교회에서 목자로서 목사의 이미지는 점점 더 사라지고 있다. 현대 교회는 지도력에 대한 모델을 기업경영에서 차용한다. 목사를 "목자"로 생각하기보다는 기업의 최고 경영자(CEO)나 거대한 축산 농장의 "농장주인"과 같이 여긴다. 그런 대형교회들로 사람들이 모이기 때문에 그런 교회만이 효율(效率)을 극대화하여 더 많은 일을 할 수 있고, 생존할 수 있다고 생각한다.

교회가 영적인 기관이 아니라 종교적 기업이 되고, 목사가 목자 아닌 전문 경영인이 됨으로써 영혼을 돌보고 지키는 목자의 책임은 사라져 버린다. 선한 목자는 자기 양 무리 중에 있는 각각의 양들의 이름(인격과 삶)을 안다. 목자는 자신에게 맡겨진 성도들의 강점과 약점을 알고, 그들의 슬픔과 기쁨에 동참한다. 하지만 경영자는 그렇게 사소한 일을 하는 사람이 아니다. 그것은 관리자에게 맡기고, 효율적으로 사업을 진행하여 최대의 수익을 남기는 일을 해야 한다. 교회가 대형화되면 각 사람의 영혼을 돌보는 일은 불가능하게 된다.

대형교회의 목사는 목자가 아니라 경영자이다. 그들에게 양들의 상처를 싸매고 병든 자를 치료하는 일은(겔 34:16) 수지가 맞지 않는 일이다. 수지가 맞지 않는 일에 시간을 보내는 사람은 무능한 경영자가 아니겠는가? 그들이 자선사업을 하고, 선교를 하지만 그것도 또 다른 마케팅 전략이다. 그들의 이름을 내고, 사람들에게 자신을 포장하는 효과적인 광고 수단이다. 한 사람의 영혼을 보살피고, 그 사람 안에 그리스도의 형상이 이루어지기까지 수고하는 일은 안중(眼中)에도 없다. 더 많은 이익을 창출하고 대량생산으로 인한 효율성이 우선적인 고려사항이다. 저임금의 부교역자들은 최저임금을 주지 않아도 얼마든지 구할 수 있다. 그렇게 수익이 나지 않으면서 힘든 일들은 부교역자들에게 맡기면 된다.

그런 교회에서 교인들은 양육(養育) 받는 것이 아니라, 집단농장에 있는 동물처럼 사육(飼育)당하게 된다. 하지만 사람들은 그런 교회에 더 많이 모인다. 마케팅이 먹히기 때문이다.

"이 땅에 기괴하고 놀라운 일이 있도다. 선지자들은 거짓을 예언하며 제사장들은 자기 권력으로 다스리며 내 백성은 그것을 좋게 여기니 그 결국에는 너희가 어찌하려느냐?"(렘 5:30~31)

그렇다면 목사(牧師)가 목자(牧者)라는 말은 무엇을 의미일까? 그것은 세상의 힘을 믿고 안일한 삶을 사는 자들에게는 고통을 주더라도 말씀으로 깨우고, 고난당하는 자들을 위로하는 사역의 결합이다. 악한 목자들은 죄 가운데서 평안을 추구하는 사람들에게 경고하지 않는다. 그들은 약한 양들의 아픔도 모른 체한다. 힘 있는 자(살찐 양)들은 대개 헌금을 많이 하는 자들이다. 악한 목사들은 힘 있는(돈 많은) 교인들의 기호(嗜好)에 맞추어 평강과 축복을 남발한다. 그들은 세상의 영광을 추구하여 자기 이익을 챙긴다.

약하고 소외된 양들을 돌보는 일은 많은 수고와 인내를 동반하는 힘겨운 일이다. 당장 어떤 보상을 기대할 수 없다. 계산적으로 따지면 손해 보는 어리석은 장사이다. 그뿐만 아니다. 상처받은 영혼들은 여러 면에서 민감하다. 그래서 매우 조심해서 접근해도 무시당하고 거부당하기 일쑤다. 또한 목자는 마음이 강퍅하여 거역하는 영혼들에게도 인내하며 온유함으로 가르쳐야 하고(딤후 2:25), 자신이 그 죄에 대해서 하나님 앞에 회계(會計)할 자인 것처럼 두려움으로 주님께 기도한다. 목자는 짓밟히면서도 축복 한다. 목자는 자기 십자가를 진 사람이다. 먼저 자기가 죽어야 할 수 있는 일이 목회다. 그래서 목사들이 어렵고 힘든 목자가 아니라, 힘 있고 폼 나는 경영인(CEO)이 되고자 한다.

예수님의 사람은 자기를 위해서 공적인 직분을 이용하지 않는다. 경건한 사람은 살아도 주를 위해 살고, 죽어도 주를 위해 죽는다(롬 14:8). 자기 영광을 위해 복음을 사적으로 유용하는 사람이 있는데, 이들은 복음을 부인하는 사람이다. 칼빈 선생님은 이렇게 말했다. "목사들이 어떤 선을 행하고자 한다면, 청중들 안에 그들 자신의 형상을 이루는 것이 아니라 예수님의 형상을 이루도록 수고하라." 어떤 사람(목사, 성도)이 자기 이익을 위해 사역하거나 성도들을 자기 형상으로 만들려고 하거나, 자기 명성과 지위에 야심을 드러낸다면 경고음을 울려야 한다. 참 목사와 성도는 다른 성도에게 그리스도의 형상이 이루어지기까지 사랑의 수고를 계속하는 사람이다.

목자와 양들을 분별하는 기준은 경건이다. 경건한 사람은 권력(힘)이 아니라 선(하나님께서 기뻐하시는 것)을 추구한다. 어느 시대나 세상은 전문지식은 높게 쳐주지만, 의(義)를 따라 선하게 사는 것은 중요하게 여기지 않는다. 대학에서 교수를 뽑을 때도 그 분야의 전문성은 중요하게 보지만 도덕성은 따지지 않는다. 미국의 여러 신학교에서 재직했던 어떤 신학자는 자신이 교수로 채용될 때도 그랬고, 자신이 교수를 채용하는 면접관으로 있을 때도 단 한 번도 교수 후보의 도덕성은 검증의 주제가 되지 않았다고 말한다. 한국도 별반 다르지 않을 것이다. 이런 이유로 미국의 신학교에는 동성애자가 교수가 되기도 한다. 한국의 신학교에는 불신자보다 수준 낮은 교수들도 있다. 백번 양보해서 일반대학에서 세상 학문을 연구하고 가르치는 교수는 그럴 수도 있다고 생각한다. 하지만 성경을 가르치는 신학교 교수와 교회의 목사는 앎과 삶을 분리할 수 없다. 그 이유는 성경의 진리는 경건함으로 이끌기 때문이다(딤전 3:14~16; 딛 1:1).

그래서 **어거스틴은 "참 지혜는 결코 악용될 수 없다"고 말했다.** 진정으로 성경 진리를 가진 사람은 자기 영광을 추구하지 않는다. 참 진리를 아는 사람이라면 그 지식으로 자기 영광(권력)을 추구하지 않는다는 말이다. 성경에서 나온 지식과 지혜는 경건으로 이끈다.

잠언은 처음부터 끝까지 지혜를 가르친다. 잠언의 마지막 부분인 30장에 아굴의 잠언이 나온다. 아굴은 참된 지혜를 발견한 사람이며 지혜의 교사다. 그런데 그는 놀라운 고백을 한다. "나는 다른 사람에게 비하면 짐승이라. 내게는 사람의 총명이 있지 아니하니라"(잠 30:2). 히브리 본문을 직역하면 이렇다. **"나는 흉포하고, 인간 이하(以下)다. 나에게는 인간의 통찰이 없다."** 아굴은 잠언에서 가르치는 스승의 가르침을 잘 받은 사람이었다. 그는 훈계와 징계를 받으면서 하나님의 지혜를 배웠다. 하지만 그는 지혜를 깨달을수록 자신의 상태를 발견하게 되었다. 물론 이는 자신의 무지를 과장하여 겸손하게 표현한 것이지만, 아무리 지혜로운 사람이라도 하나님의 오묘한 일을 알 수 없고, 자기 생명을 조금도 연장할 수 없다는 것을 가르친다. 이렇게 자기 실상을 볼 수 있는 사람이 지혜자이다.

    자신을 발견한 지혜로운 성도만이 어떤 사람이 하나님께 속한 목사인지, 가만히 들어온 목사인지를 분별할 수 있을 것이다.

2018. 08. 19.

JUDE

3강

꿈꾸는 이 사람들

유다서 1:5~8

3강

꿈꾸는 이 사람들

유다서 1:5~8
설교 동영상

3강 구조

들어가며: 기억하라.

1. 출애굽 한 백성들의 거울(5절)

2. 타락한 천사들의 거울(6절)

3. 소돔과 고모라의 거울(7절)

나가며: 꿈꾸는 자들과 참 신자(8절)

꿈꾸는 이 사람들

유다서 1:5~8

5   너희가 본래 범사를 알았으나 내가 너희로 다시 생각나게 하고자 하노라 주께서 백성을 애굽에서 구원하여 내시고 후에 믿지 아니하는 자들을 멸하셨으며
6   또 자기 지위를 지키지 아니하고 자기 처소를 떠난 천사들을 큰 날의 심판까지 영원한 결박으로 흑암에 가두셨으며
7   소돔과 고모라와 그 이웃 도시들도 저희와 같은 모양으로 간음을 행하며 다른 색을 따라가다가 영원한 불의 형벌을 받음으로 거울이 되었느니라
8   그러한데 꿈꾸는 이 사람들도 그와 같이 육체를 더럽히며 권위를 업신여기며 영광을 훼방하는도다

기억하라!

구약시대 이스라엘 백성들은 아침저녁으로 세 군데 성경을 암송했다.

신명기 6장 4~9절, "이스라엘아 들으라! 우리 하나님 여호와는 오직 하나인 여호와시니 너는 마음을 다하고 성품을 다하고 힘을 다하여 네 하나님 여호와를 사랑하라. 오늘날 내가 네게 명하는 이 말씀을 너는 마음에 새기고 네 자녀에게 부지런히 가르치며 집에 앉았을 때에든지 길에 행할 때에든지 누웠을 때에든지 일어날 때에든지 이 말씀을 강론할 것이

며 너는 또 그것을 네 손목에 매어 기호를 삼으며 네 미간에 붙여 표를 삼고 또 네 집 문설주와 바깥 문에 기록할지니라."

신명기 11장 13~21절, "내가 오늘날 너희에게 명하는 나의 명령을 너희가 만일 청종하고 너희의 하나님 여호와를 사랑하여 마음을 다하고 성품을 다하여 섬기면 여호와께서 너희 땅에 이른 비, 늦은 비를 적당한 때에 내리시리니 너희가 곡식과 포도주와 기름을 얻을 것이요, 또 육축을 위하여 들에 풀이 나게 하시리니 네가 먹고 배부를 것이라. 너희는 스스로 삼가라. 두렵건대 마음에 미혹하여 돌이켜 다른 신들을 섬기며 그것에게 절하므로 여호와께서 너희에게 진노하사 하늘을 닫아 비를 내리지 아니하여 땅으로 소산을 내지 않게 하시므로 너희가 여호와의 주신 아름다운 땅에서 속히 멸망할까 하노라. 이러므로 너희는 나의 이 말을 너희 마음과 뜻에 두고 또 그것으로 너희 손목에 매어 기호를 삼고 너희 미간에 붙여 표를 삼으며 또 그것을 너희의 자녀에게 가르치며 집에 앉았을 때에든지, 길에 행할 때에든지, 누웠을 때에든지, 일어날 때에든지 이 말씀을 강론하고 또 네 집 문설주와 바깥 문에 기록하라. 그리하면 여호와께서 너희 열조에게 주리라고 맹세하신 땅에서 너희의 날과 너희 자녀의 날이 많아서 하늘이 땅을 덮는 날의 장구함 같으리라."

그리고 민수기 15장 37~41절이다. "여호와께서 모세에게 일러 가라사대 이스라엘 자손에게 명하여 그들의 대대로 그 옷단 귀에 술을 만들고 청색 끈을 그 귀의 술에 더하라. 이 술은 너희로 보고 여호와의 모든 계명을 기억하여 준행하고 너희로 방종케 하는 자기의 마음과 눈의 욕심을 좇지 않게 하기 위함이라. 그리하면 너희가 나의 모든 계명을 기억하고 준행하여 너희의 하나님 앞에 거룩하리라. 나는 너희의 하나님이 되려 하여 너희를 애굽 땅에서 인도하여 낸 여호와 너희 하나님이니라. 나는 여호와 너희 하나님이니라."

구약 백성들이 이 말씀들을 암송한 이유가 무엇일까? 말씀 암송이 어린이들의 지능지수를 높여주거나 노인들의 치매 예방에 도움이 되었기 때문이었을까? 아니면 당시 사회적 문화적인 압력에 굴복하지 않고 정말 하나님 말씀대로 살고자 하는 의도였을까? 이스라엘은 이 말씀들을 아침저녁으로 암송하면서 자신이 누구인지를 기억했다. 그리고 자신을 부르신 하나님이 어떤 분이신지를 기억했다. 그들은 이 말씀을 암송함으로써 자신이 어디에 소속된 사람인지를 기억했다. 그들은 자기 정체성에 맞게 살기 위해서 매일 이 말씀을 암송하며 기억했다. 또한 자신의 소망(행복)이 어디에서 오는지를 기억하기 위해 암송하였다.

성경은 "기억하라"라는 명령으로 가득 차 있다. 그것은 우리가 잘 잊어버리는 습성이 있어서 그런 것만은 아니다. 또한 우리가 이 시대의 압력에 굴복하여 하나님보다 다른 것을 소중하게 여기도록 유혹받고 있기 때문만은 아니다. 성경에서 '기억하는 것'은 하나의 의무이며 의지적 행동이다. 기억은 지적인 운동을 위한 것이 아니라 언약을 통해 현재를 해석하고 언약 안에서 신실하게 행하는 원

동력이다(시편 77편, 105편 등을 보라). 성경에서 "기억하라"라는 명령은 현재 능동적으로 행동하라는 요구다(민 15:38). 우리의 기억은 하나님의 언약에 근거한다. 아브라함이나 그 후손들이 모두 하나님의 언약을 기억하고 행동해야 했다. 이스라엘의 절기, 안식일의 예배, 매일의 일상에서 하나님의 언약과 구속적 행위를 기억하고, 그것에 근거해서 행동하라는 명령이다.

누가는 마리아의 송가에서 동일한 진리를 전달한다. 누가복음 1장에서 천사의 수태고지를 들은 후 마리아가 찬송한다. 마리아는 그리스도의 오심을 하나님께서 언약을 기억하신 사건이라고 찬송한다. "그 종 이스라엘을 도우사 긍휼히 여기시고 기억하시되." 이를 직역하면 '긍휼히 여기시는 것을 기억하신'(눅 1:54)이라는 말씀이다. 우리가 성찬을 행하는 것도 주 예수님의 사역을 '기념하여'(in remembrance : 기억하여) 하는 행동이다. 우리가 예수님의 죽음을 잊어버릴 위험은 없을 것이다. 하지만 예수님의 구속 사건의 의미를 기억하고, 그분이 다시 오실 것을 기억하면서, 그것에 근거해서 현재 우리가 어떻게 행해야 할 것인지를 지혜롭게 분별해야 한다.

우리는 진리(교리)를 기억은 하지만 그 진리에 근거하여 적용하지 못하는 경우가 많다. 말씀을 '기억' 하지만 일상에서 어떤 문제에 부딪히면 영적인 기억상실증에 걸린 것처럼 말씀과 상관없이 행동한다. 말씀(교리)의 인도를 따르는 것이 아니라 자기 방식대로 정욕에 따라 행동한다. 이는 우리뿐 아니라 모든 시대 사람들의 문제였다. 그래서 한편으로는 위로가 되기도 하지만, 거기에 머물러서는 안 된다. 우리는 계속 말씀을 기억하면서 그 말씀을 따라 적용하기 위해 싸워야 한다. 이런 점에서 말씀 사역자들의 임무는 교중들에게 하나님 말씀을 반복해서 들려줌으로써 말씀을 따라 적용하여 복을 누리도록 기억하게 하는 일이다.

1. 출애굽한 백성들의 거울(5절)

"너희가 본래 범사를 알았으나 내가 너희로 다시 생각나게 하고자 하노라." 유다는 좋은 교사로서 교회에 새로운 계시를 더하는 것이 아니라 이미 교회가 알고 있는 계시와 교리들을 다시 더 분명히 생각나게 하고자 한다고 말씀한다. 17절에서도 "사랑하는 자들아, 너희는 우리 주 예수 그리스도 사도들의 미리 한 말을 기억하라"라고 한다. 교회는 이미 "일반으로 얻은 구원"에 대해 알고 있었다. 신약의 서신들은 이미 진리를 알고 있음을 전제하면서 그것을 기억하게 하려 한다는 표현을 자주 사용한다(롬 15:14; 살전 4:9; 벧후 1:12; 요일 2:21, 27).

그들은 "본래(hapags) 범사(panta)"를 알고 있었다. 여기서 "범사"는 "내가 너희에게 말하고자 하는 모든 것"을 의미할 수도 있다. 하지만 "너희가 회심할 때 사도가 너희에게 가르친 신앙의 기본 교리들"을 의미하는 것으로 보는 것이 자연스럽다. 문제는 그들이 삶에서 그 진리를 기억하지 못하고 있는 것처럼 보인다는 것이다. 그래서 저자는 다시 생각나게 해서 진리의 견고한 토대를 붙잡도록 인도하려고 한다.

유다서는 당시 교회가 직면한 문제는 모든 시대 하나님의 백성들이 직면한 문제였음을 보여준다. 구약의 세 사건은 교회가 항상 기억하고 각성해야 함을 가르쳐준다. 유다는 세 사건을 연대기적 순서와 상관이 없이 배열했다. 연대기적 순서로 했다면 타락한 천사가 먼저 나오고 그 다음에 소돔과 고모라, 출애굽의 순으로 나와야 하지만, 순서를 바꿨다. 당시 문화에서는 세 번째 나오는 사건(말)이 중요함을 강조하는 방법이었다. 그런데 8절에서는 이 순서를 바꾸어서 적용한다. 다시 말해서 역순으로 적용하면서 '육체를 더럽히는 것'이 먼저 나오고 '권위를 업신여기는 것', '영광을 훼방하는 것'이 차례로 뒤따라오면서 전체가 수미쌍관(首尾雙關) 구조를 이룬다. 저자는 이런 구조를 통해서 세 사건 모두 중대한 본보기로 우리 앞에 있음을 보여준다.

이 세 사건은 모두 경건치 않은 자들의 구체적인 행동과 그 멸망을 보여준다. 특별히 세 사건은 모두 큰 특권을 가졌던 자들이 왜 넘어졌고, 그 결과가 어떻게 되었는지를 명확하게 보여준다. 출애굽 한 이스라엘은 구원의 축복과 자유를 경험하였다. 천사들은 가장 가까이에서 하나님을 섬기는 엄청난 특권을 소유하고 있었다. 소돔과 고모라는 에덴동산과 같은 물질적인 풍요를 누리고 있었다. 하지만 그들이 가진 특권이 자동으로 안전을 보장하는 것은 아니었다. 하나님의 은혜와 특권을 향유하면서도 경건치 않은 삶을 산다면, 반드시 심판을 받게 될 것을 경고한 것이다.

첫 번째 사례는 출애굽 한 백성들이다. "주께서 백성을 애굽에서 (단번에) 구원하여 내시고 후에 믿지 아니하는 자들을 멸하셨으며"(5b절). 이스라엘은 애굽에서 노예로 신음하다가, 하나님의 놀라운 은혜로 구원을 받았다. 그들은 애굽이 열 가지 재앙으로 망하는 것을 직접 목격했다. 그들은 홍해 바다가 갈라져서 마른 길로 건넜고, 애굽 사람들이 수장되는 것을 목도했다. 그들은 매일 불 기둥과 구름 기둥으로 인도하심을 받았고, 하늘에서 내리는 신령한 음식인 만나를 먹었고, 반석에서 물이 나오는 것 등등의 초자연적인 기적을 반복해서 경험했다. 그뿐만 아니라 시내 산에서 하나님 나라의 헌장인 율법을 받았고, 하나님의 임재를 상징하는 언약궤와 함께 지내는 큰 은혜와 특권을 누렸다.

그럼에도 불구하고 그들은 광야에서 불평하고 원망하다가 20세 이상으로는 여호수아와 갈렙을 제외하고는 아무도 약속의 땅에 들어가지 못했다. 민수기 14장은 그들이 왜 광야에서 죽었는지를 보여준다. 정탐꾼들의 잘못된 보고를 듣고서 하나님의 약속을 믿지 않고, 불평한 자들은 광야에서 죽었다. 하나님의 초자연적인 보호와 인도하심을 경험한 사람들이 심판을 받아 광야에서 엎드러져 죽었다. 하나님의 구원하시는 능력을 경험하고도 하나님의 백성으로 사는 특권을 가볍게 여기고, 다시 세상(애굽)으로 돌아가고자 했던 자들은 모두 심판을 받아 멸망했다. 20세 이상 남자가 60만 명이 넘었고, 여자들도 동일한 숫자라고 가정한다면, 광야에서 120만 명의 사람들이 죽어간 것이다. 하나님의 기적과 은혜를 체험하고, 하나님의 백성이라는 특권을 소유했다 할지라도 믿지 아니하는 자들은 멸망했다. 이 사실은 구약 내내 되풀이되는 메아리와 같은 울림이다.

"나의 영광과 애굽과 광야에서 행한 나의 이적을 보고도 이같이 열 번이나 나를 시험하고 내 목소리를 청종치 아니한 그 사람들은 내가 그 조상들에게 맹세한 땅을 결단코 보지 못할 것이요, 또 나를 멸시하는 사람은 하나라도 그것을 보지 못하리라"(민 14:22~23).

"**주께서 백성을 애굽에서** (단번에) **구원하여 내시고 후에 믿지 아니하는 자들을 멸하셨으며**"(5b). 유다는 하나님의 "**구원**"을 "**단번에**"('하팍스':우리 말 번역에 빠졌다.)로 한정하고, "**멸하다**"를 "**후에**"('듀테로스')로 한정함으로써 이 비극적인 사건에서 독자들이 배워야 한다고 강조한다. 하나님이 자기 백성들을 구원하신 것은 결정적인 것으로 보이지만, 또한 하나님은 그들의 불신앙 때문에 그들을 "멸하신다." 이 패턴은 구약백성에게 반복적인 경고로 사용되었다. 하나님이 너희를 죄악에서 구원하셨기 때문에, 너희가 어떻게 살아도 안전하다고 생각하지 말라는 경고다. 이렇게 경고하는 이유는 가만히 들어온 거짓 교사들의 가르침을 염두에 두었기 때문이다. 유다는 성도들이 거짓 교사들의 무율법주의적인 선동에 빠져들어 간다면 광야의 백성들처럼 멸망할 수 있음을 경고한다.

우리에게 주어진 구원은 다양하게 묘사할 수 있다. 하나님의 임재 가운데로 들어감, 에덴의 회복, 하나님 형상의 회복, 하나님의 가족이 되는 것 등등. 우리가 하나님의 형상을 회복했다는 것은 하나님의 영광을 반영하는 자가 되었음을 의미한다. **구원을 받고 하나님의 형상을 회복한 사람은 율법의 본의(本意)를 따라 사는 것으로 하나님의 영광을 반영한다.** 하나님의 영광을 반영하는 것은 그냥 가만히 있어도 되는 것이 아니다. 성령을 의지하여 말씀에 순종할 때 하나님의 영광을 반영할 수 있다. 하지만 아직 구원의 완성에 이르지 못한 우리가 하나님의 영광을 구현하려면 치열한 영적 전투가 불가피하다. 우리 안의 부패성과 세상의 악한 유혹, 사단의 시험이 있기 때문이다. 따라서 평화의 시대라 할지라도 안일하게 산다면 하나님의 영광을 구현할 수 없다. 그런데 거짓 교사들은 힘들이지 않고 복을 누리게 해 준다고 자랑한다. 그들은 세상과 육체의 정욕을 부추기면서 그것을 따라 사는 것이 마치 기독교의 자유라고 포장한다. 사람들은 그것이 정욕과 코드가 맞기 때문에 기뻐하며 따른다. 하지만 그것은 속는 것이다.

하나님 백성은 그분의 주권을 인정하며, 그분의 뜻을 따라 살 때, 진정한 안식과 평안, 자유와 기쁨을 누린다. 꿈꾸는 자들은 그것을 가르치지 않는다. 따라서 그들은 참된 기독교 사역자가 아니다. 물론 출애굽 1세대의 멸망은 하나님이 구원하신 백성들을 중간에 버리신다는 본보기가 아니다. 하나님의 은혜와 기적을 체험했다 할지라도 믿지 않고 하나님의 영광을 멸시한 자들은 멸망한다는 말씀이다. 출애굽 1세대가 불신앙의 죄 때문에 광야에서 죽었듯이,

불경건한 자들의 가르침을 따라 하나님의 은혜를 색욕거리로 바꾸고, 홀로 하나이신 예수 그리스도의 주권을 부인하는 자들은 멸망을 피할 수 없음을 경고한다.

광야에서 멸망한 출애굽 1세대는 모든 시대 하나님의 백성들에게 거울과 같다. 거울은 우리를 보여준다. 만약 우리의 얼굴과 몸에 더러운 것이 묻어 있는 것을 거울로 본다면, 재빨리 그것을 씻어 내려고 할 것이다. 만약 그렇게 더러운 것이 묻어 있는 것을 보았으면서도 그것을 무시하는 사람이 있다면, 어리석고 불쌍한 사람일 것이다. 그래서 구약시대에도 이스라엘 백성들은 이 사건을 기억하면서 불신과 배교(背教)에 빠지지 않도록 자신을 살피라고 계속 가르침을 받았다. 그 대표적인 사례가 시편 95편, 78편 등에 나타난다.

유다는 이런 광야 세대에 비추어 우리 안에 있는 불신앙과 불경건의 요소들을 주의하여 제거하라고 가르친다. 우리가 거울을 통해서 더러움을 제거하듯이 우리 영혼에 달라붙어 있는 불신앙과 불경건의 오염들을 보고, 그것을 제거하라고 한다. 또한 신앙인의 외모는 있으나 원망과 불평의 말을 토하여 불경건을 조장하는 자들을 분별하라고 말씀한다. 우리는 하나님의 말씀을 사람의 사욕에 맞추고, 세상을 얻기 위한 수단으로 사용하는 자들을 분별해야 한다. 그런 자들을 교회가 인정해 주거나 동조하지 말고 거룩한 전쟁을 해야 한다. 우리의 부패성과 싸우고, 거짓 교사들의 가르침에 진리로 맞서 싸워야 한다. 교회가 진리 안에 순전하게 세워지려면, 거짓 교사들이 활동하지 못하게 해야 한다. 아무것도 하지 않으면서 하나님이 심판하실 때까지 기다리기만 해서는 안 된다.

2. 타락한 천사들의 거울(6절)

두 번째 사례는 타의 추종을 불허할 정도의 특권을 지녔던 천사들이다. "또 자기 지위를 지키지 아니하고 자기 처소를 떠난 천사들을 큰 날의 심판까지 영원한 결박으로 흑암에 가두셨으며." 타락한 천사가 누구인지에 대해 학자들 사이에서는 다양한 의견이 제시되었다. 많은 주석가들은 타락한 천사가 사단이 되었다고 주장한다(사 14:12~15; 겔 28:11~19). 이런 해석은 존 밀턴의 『실락원』이라는 작품을 통해서 진리처럼 굳어졌다. 1세기 당시와 오늘날 많은 해석자들은 외경인 『에녹 1서』의 이야기(파수꾼들의 타락을 다루는 악의 기원을 설명하는 신화였다. 에녹 1서 6~19장)를 바탕으로 창세기 6장의 하나님의 아들들을 천사들과 동일시한다. 교회사 전통에서 보면 이 해석은 주후 3세기까지 많은 사람에게 받아들여졌고, 주후 5세기경에 와서는 거의 사라졌다. 하지만 오늘날의 학자들 중에는 에녹 1서와 유다서 8절에 나오는 육체를 더럽힌 것에 대한 유사성을 근거로 그런 해석을 채택하는 사람들도 있다.

하지만 여기서 유다가 강조하는 것은 타락한 천사가 언제 타락했는지, 구체적으로 어떤 일을 했기 때문에 타락했는지를 묘사하는 것이 아니다. 유다가 강조하는 것은 자기 지위를 지키지 아니하고 자기 처소를 떠난 천사들이 영원한 결박으로 흑암에 갇히는 심판을 받았다는 것이다. 하나님을 가장 가까이에서 섬기는 영광의 자리에 있었던 천사들이 그 지위와 능력으로 하나님보다 자기를 더 높이려고 한 것이다. 하지만 그들은 원하는 것을 얻지 못했다. 유다는 워드 플레이(word play)로 그들의 죄악을 조롱한다. 천사들은 자기 욕망에 격동되어 자기 지위를 '지킬(keep)' 수 없었다. 하지만 하나님은 바로 그런 천사들을 '가두셨다(kept).' 둘 다 헬라어 "테레오"(τηρέω)가 동일하게 사용되었다. 하나님이 정해 주신 지위를 떠나 자기 욕망을 따라간 자들은 영원한 결박으로 흑암에 갇혔다. 이렇게 "테레오" 동사를 사용한 것은 죄와 벌이 서로 상응함을 묘사하는 일반적인 방식이었다(동해복수, 탈리오의 법칙: 고전 3:17; 계 16:6). 반면 참 신자들은 1절에서 "예수 그리스도를 위하여 지키심(τηρέω)을 입은 자들"이고, 21절에서는 "하나님의 사랑 안에서 자기를 지키는(τηρέω)" 사람들이다.

여기서 요점은 분명하다. **하나님을 가장 가까운 거리에서 보좌하는 영광스러운 지위를 가지고 있다 할지라도 자신에게 주어진 직분에 만족하며 감사하지 않고, 탐욕으로 자기 지위를 뛰어넘어 하나님의 권위를 찬탈하려는 자는 천사라도 심판을 받았다.** 그렇다면 교회에서 홀로 주재이신 예수님의 자리에 앉아서 교회의 주인 노릇을 하는 자들이 받을 심판은 어떠하겠는가? 교회에서 말씀을 순전하게 전하지 않고 혼잡하게 하여 잘못된 길로 인도하는 거짓 교사들이 받게 될 심판은 얼마나 무서운 것이겠는가? 오늘날 교리는 최소한만 공유하고 세상의 변화를 위해 연합하자는 복음주의 운동의 폐해가 온 세상 교회에 영향을 미치고 있다. 복음 교리를 흐릿하게 하여 사람들이 자기 정욕에 따라 살게 하고, 자기 지위를 떠나 교만하게 분수에 넘는 일을 하도록 하는 자들도 영원한 심판을 받게 될 것이다. 교회를 교리적으로 오염시키고, 그리스도의 몸인 교회를 허무는 자들과 하나님의 권위에 도전하는 자들은 그냥 나쁜 사람들이 아니다. 그들은 하나님께 반역하는 패도(霸道)의 무리이다. 유다는 주님의 교회를 자기 이익(영광)을 위한 수단으로 삼는 자들에 대해 준엄하게 경고한다. 천사들도 이처럼 심각한 심판을 받았다면, 인간 반역자들은 어떠하겠는가를 생각해 보라는 것이다. 그리스도의 종으로 자부하면서 교회와 성도들 위에 군림하려는 자들은 이런 위험에 노출되어 있다. 1세기 당시 교회를 어지럽힌 자들에 대한 적용은 8절에 더 자세히 나온다.

성도들은 그런 자들을 분별해야 한다. 영적 전투가 모든 곳에서 전방위적으로 벌어지는 상황에서는 먼저 피아(彼我)를 구분해야 한다. 누가 적군인지 아군인지도 모르는 상황에서 아군의 군사 기밀을 다 말하는 사람들도 있다. 가령 히스기야 왕이 바벨론에서 온 사신들에게 성전과 국가의 보물을 다 보여주었던 것을 생각해 보라 (사 39장). 우리가 영적 전쟁에서 패하는 원인 중 하나는 적군과 아군을 분별하지 못하는 것에서 기인한다. 우리는 누구든 무조건 감싸주고 편들어주어서는 안 되고, 피아(彼我)를 잘 분별해서 상황에 맞게 대응할 수 있어야 한다. 따라서 유다는 우리에게 적들을 분별하는 능력에서 자라가라고 가르친다. 그래야만 그런 자들에게 속지 않고 분별하여 교회에서 쫓아낼 수 있기 때문이다.

3. 소돔과 고모라의 거울(7절)

세 번째는 소돔과 고모라와 그 이웃 도시들이다. "소돔과 고모라와 그 이웃 도시들도 저희와 같은 모양으로 간음을 행하며 다른 색을 따라 가다가 영원한 불의 형벌을 받음으로 거울이 되었느니라." 가나안 남쪽의 평지의 다섯 성읍들은 소돔, 고모라, 아드마, 스보임, 소알이었다. 하지만 소알은 롯이 피난처로 삼았기에 심판을 면했다(창 19:20~22). 소돔과 고모라를 비롯한 다섯 개의 성읍은 에덴동산과 견줄 정도로 땅이 비옥하고 물이 넉넉하여 풍요롭고 살기 좋은 곳이었다. 창세기 13장 10절을 보자.

"이에 롯이 눈을 들어 요단 들을 바라본즉 소알까지 온 땅에 물이 넉넉하니 여호와께서 소돔과 고모라를 멸하시기 전이었는 고로 여호와의 동산 같고 애굽 땅과 같았더라."

그렇게 살기 좋은 곳에 사는 사람들이 하나님께 감사하지 않았고 오히려 가장 타락한 삶을 살았다.

에스겔 선지자는 그들이 "교만함과 음식물의 풍족함과 태평함이 있음이며 또 그가 가난하고 궁핍한 자를 도와주지 아니하며 거만하여 가증한 일을 내 앞에서 행하였다"(겔 16:49~50)고 고발한다. 이런 일은 오늘날에도 많이 나타나고 있다. 부와 능력을 주신 하나님의 주권을 인정하지 않고 가난한 자들을 외면하고 자기만을 위해 사는 사람들이 얼마나 많은가? 힘을 가진 자들은 교만할 뿐만 아니라 육신의 쾌락에 탐닉하여 중독의 늪에 빠져 있다. 오늘날의 타락과 불의도 소돔과 고모라보다 모자라지 않아 보인다.

소돔과 고모라의 더 큰 죄는 하나님의 창조 질서마저 무너뜨리는 것이었다. 간음은 일상화된 일이었고, 동성애가 창궐했다. 그들은 천사와 롯이 전한 하나님의 심판에 대한 경고를 조롱하였다. 그들은 정욕을 위해 하나님의 영광마저 훼방했다. 그런 자들에게 하나님은 하늘에서 유황불을 내려서 심판하셨다. 창세기 19장 24~25절을 보자.

"여호와께서 하늘 곧 여호와에게로서 유황과 불을 비같이 소돔과 고모라에 내리사 그 성들과 온 들과 성에 거하는 모든 백성과 땅에 난 것을 다 엎어 멸하셨더라."

유황과 불이 비처럼 내려 멸망한 소돔과 고모라 성(城)은 인간 중심의 화려한 도성이 얼마나 허무하게 무너질 것인지를 보여주는 본보기다. 이는 종말의 심판에 불타버릴 교만한 인간 왕국의 실체와

최후를 보여준다. 소돔과 고모라는 그때 멸망한 이후로 지금까지 도시가 존재했었다는 흔적만 남아 있을 뿐이다. 1세기 유대인 역사가 요세푸스는 그 도시들은 역청의 증기, 유황의 뜨거운 분출과 침전물에 의해서 황량하게 되어서, 마치 그 성읍들을 다 태워버리고 '지금도 계속하여 타고 있는' 영원한 불을 증명하는 것 같았다고 기록하였다. 이 사건은 죄악에 대해 경종을 울리는 심판의 흔적이자 종말에 불타 버릴 바벨론(인간 왕국)의 최후를 보여준다.

유다는 소돔과 고모라의 심판이 우리에게 '거울'(데이그마 δεῖγμα)이 '되었다'라는 현재형을 썼다. 이는 그런 일들은 역사 가운데 항상 있을 것이고, 그에 대한 심판도 동일하게 이루어질 것을 강조한다. 출애굽한 이스라엘 백성들은 하나님의 임재의 복을 누렸고, 천사들은 하늘에서 하나님을 섬기는 특권적인 복을 누렸다. 소돔은 번영과 물질적인 복을 누렸다. 그런데 출애굽한 이스라엘은 하나님의 영광을 멸시하고 불평하다가 가나안에 들어가지 못하고 광야에서 죽었다. 하늘에서 하나님을 섬겼던 천사들은 자기 지위를 뛰어넘는 권위를 가지려 했다가 영원한 결박으로 흑암에 갇혔다. 소돔은 에덴동산과 같은 풍요를 누렸지만, 하나님의 질서(규례)를 멸시하고 정욕을 추구하다가 불태워졌다. 이 사건들은 단지 과거의 거울에 그치는 것만이 아니다. 현재 우리와 우리 시대를 비추는 거울이고, 미래에 있을 최종 심판을 미리 경고해 주는 거울이다.

이렇게 영원한 심판을 미리 보여주는 이유는 교회 안에 거짓 교사들이 활동하지 못하도록 깨어 있으라고 경고하시는 것이다. 참된 신자는 불경건(출애굽 백성들)과 방종(소돔과 고모라 사람들), 교만(타락한 천사)으로 교회를 자기 욕망을 위한 도구로 이용하려는 자들로부터 떠나야 한다. 참 신자라도 거짓 교사들의 교훈과 삶을 분별하지 못하면 그들에게 휩쓸려가게 된다.

꿈꾸는 자들과 참 신자(8절)

유다는 8절에서 당시 교회 안에 가만히 들어온 사람들에게 직접 적용한다. "그러한데 꿈꾸는 이 사람들도 그와 같이 육체를 더럽히며 권위를 업신여기며 영광을 훼방하는도다"(8절). 유다는 가만히 들어온 자들을 "꿈꾸는 이 사람들"이라고 말한다. 구약에서 꿈은 계시 전달의 한 방편이었다(창 37장, 41장, 단 2장, 욜 2:28 등). 하지만 거짓 선지자도 꿈을 꾸는 자들이었다(신 13:1, 렘 23:16, 32, 슥 10:2 등). 꿈꾸는 자들은 자신들이 꿈과 환상을 통해 하나님으로부터 직접 계시를 받았다고 주장하면서 자기를 과시했다. 그들은 자기가 특별한 영적 능력을 소유했다고 선전하여 사람들을 현혹하였고, 육체의 정욕을 부추겼다. 그들은 능력과 자유를 강조하였지만, 거룩하게 살라는 말은 하지 않았다(벧후 2:18~19). 그들 중 어떤 자들은 환상을 보며 초자연적인 기적까지 행하면서 사람들을 속였을 것이다. 어떤 자들은 수사학을 사용하여 탁월한 언변으로 사람들을 미혹하였다. 분별력이 약한 신자들은 화려한 커리어(career)를 가진 거짓 교사들이 예수님의 이름으로 예언하고 이적을 행하는 것에 미혹되었을 것이다. 어린 신자들은 큰 능력과 화려한 경력을 가진 사람들이 거짓 교사일 것이라고는 꿈에도 생각하지 않는다. "하나님께서 함께하시지 않으면 어떻게 저런 일이 일어날 수 있겠는가? 하나님이 함께하지 않는다면 어찌하여 저렇게 많은 사람이 따를 수 있겠는가?" 오늘날도 많은 사람이 거짓 교사들에게 자기 영혼과 재산을 바쳐 헌신하고 있다.

유다는 앞의 세 가지 사례에서 나온 교훈을 역순(逆順)으로 적용하면서 가만히 들어온 자들의 정체를 폭로한다. **첫째, 꿈꾸는 이 사람들은 소돔 사람들처럼 자신의 육체를 더럽힌다.** 소돔이 물질적인 풍요로 인해 사치하면서 쾌락에 탐닉했던 것처럼, 거짓 선생(신자)들이 갈망하는 것은 결국 돈과 육체의 쾌락이다. "배반하여 팔며 조급하며 자고하며 쾌락을 사랑하기를 하나님 사랑하는 것보다 더하며"(딤후 3:4). 경건한 사람은 하나님을 기쁘시게 하는 것을 인생의 목표로 삼는다. 하지만 꿈꾸는 자들은 하나님을 빙자하여 세상의 성공과 쾌락을 추구한다. 입술로는 하나님을 사랑한다는 말을 달고 살지만 실제로는 하나님보다 자기 성공을 앞세운다. 그들에게 성공의 기준은 돈과 권력, 명성이다. 그 성공의 최종 목적은 자기 행복이다. 하지만 그것은 진정한 만족과 행복을 주지 못한다. 결국 그들은 허무 가운데서 육체적 쾌락에 탐닉하게 된다. 꿈꾸는 자들은 정욕을 부추겨서 돈을 끌어모으고, 그 돈으로 쾌락을 탐닉하고 중독된다. 그래서 자기뿐만 아니라 자신을 따르는 사람들까지 더럽힌다. 이단들과 일부 대형교회 목사들의 성적인 일탈과 도착(倒錯)

은 어쩌면 필연적인 귀결이다. 그들은 하나님만이 주실 수 있는 행복과 만족을 자기 힘으로 얻으려다 더러워진 것이다.

그렇다면 우리는 이런 죄들을 어떻게 대처해야 할까? 바울 사도는 이렇게 가르친다.

"누구든지 다른 교훈을 하며 바른 말 곧 우리 주 예수 그리스도의 말씀과 경건에 관한 교훈에 착념치 아니하면, 저는 교만하여 아무것도 알지 못하고 변론과 언쟁을 좋아하는 자니 이로써 투기와 분쟁과 훼방과 악한 생각이 나며 마음이 부패하여지고 진리를 잃어버려 경건을 이익의 재료로 생각하는 자들의 다툼이 일어나느니라. 그러나 지족하는 마음이 있으면 경건이 큰 이익이 되느니라"(딤전 6:3~6).

우리는 바른 교리, 곧 그리스도의 말씀과 경건에 관한 교훈에 착념해야 한다. 말씀을 공부하지 않는 사람들은 교만하여져서, 마음이 강퍅함으로 온갖 분쟁과 훼방을 만들어 낸다. 말씀을 열심히 공부하는 자들도 은혜가 없으면 경건을 이익의 재료로 삼는다. 그래서 실제 생활에서는 말씀(진리)이 아니라 자기 이익(힘)을 따라간다. 우리에게도 이런 성향이 있다. 어떻게 이런 강력한 유혹과 사단의 시험을 이길 수 있을까? 그것은 우리 믿음이 강해지는 것이다(요일 5:4). 우리 믿음은 말씀이 잘 공급될 때 유지되고 자랄 수 있다. 은혜의 말씀에 붙어 있어야 넘어지지 않는다(참고. 행 20:32). 그래서 말씀을 순하게 받지 않는 사람에게는 아무것도 기대할 것이 없다.

꿈꾸는 이 사람들의 두 번째 특징은 권위를 업신여기는 것이다.
"권위를 업신여긴다"라는 말은 홀로 하나이신 주재 예수 그리스도의 권위를 업신여기는 것을 말한다. 천사들이 자기 지위를 떠나 하나님의 권위를 찬탈하고자 한 것처럼, 이들은 주님의 교회에서 자기가 주인처럼 행세한다. 교황처럼 하나님의 자리에 앉아서 경배를 받고, 사람들을 자기 이익을 위해 이용한다. 그들은 하나님께서 세우신 교회의 권위와 질서를 무시한다. 참 교회는 사도적 권위(신약성경) 아래 있는 교회이다. 참된 사역자는 사도적 권위 아래서 교회를 섬긴다. 성도는 말씀 사역자가 전하는 말씀이 사도들이 전한 것과 같은 선상에 있는 것인지를 확인한 후에 그 말씀을 권위 있는 말씀으로 받고 행해야 한다(참고. 살전 2:13; 행 17:11). 하나님의 말씀으로 강설을 받지 못한다면, 주님의 권위를 업신여기는 것이 될 수 있다. 그런 행동이 별일 아닌 것처럼 보일 수 있지만, 유다는 하나님의 권위를 업신여기는 중대한 죄라고 경고한다.

하나님이 세운 질서와 지도자를 거부하는 것은 하나님의 권위를 업신여기는 것이다(삼상 8:7). 예수님이 파송한 사역자를 받아들이는 것은 예수님을 받아들이는 것이다(마 10장). 왜냐하면 사역자는 자기 말을 하는 것이 아니라 주님의 말씀을 전하기 때문이다. 참된 성도는 강설을 하나님의 말씀으로 받고, 그 말씀이 정말 그러한가 하여 상고(相考)한다(행 17:11). 하지만 꿈꾸는 자들은 자신이 알고 있는 어설픈 지식으로 강설을 판단하고서 이런저런 이유를 갖다붙이며 하나님의 말씀으로 받지 않는다. 꿈꾸는 자들은 새로운 지식을 추구하지만, 그 진리에 따라 살려고 하지 않는다. 그들은 그 지식으로 자기를 높이며 다른 사람들을 가르치려고 한다. 조금 더 아는 것으로 말씀의 교사로 자처하며 사람들을 유혹하여 자기 영광을 추구한다. 그런 자들은 하나님의 말씀을 전하는 일, 즉 설교를 우습게 생각한다. 자기가 묵상한 것이나, 주석에 나온 것에 예화를 적당히 섞어서 전하는 것을 설교라고 생각한다. 그런 자들은 설교가 얼마나 중대한 일인지 생각하지 않는다. '그까짓 것 대충' 본문을 인용하고 사람들의 성공담을 감동적으로 각색하여 사람들을 위로하면 된다고 생각한다.

참된 교회에도 꿈꾸는 자들이 들어오기도 하고, 내부에서 자라기도 한다. 그들은 처음부터 노골적으로 강설을 비판하거나 거부하지 않는다. 사단이 간교한(지혜로운) 것처럼, 사단의 사자들도 의의 일꾼처럼 가장한다. 그들은 사람들의 환심을 얻고 추종자들을 확보하면 무소불위의 권위를 행사하려고 한다. 그래서 분쟁이 일어나고 교회가 큰 혼란에 빠진다. 이런 자들은 추종자들을 규합하여 당(黨)을 짓고 교회(교단)의 질서와 말씀의 권위를 업신여긴다(고전 11:18~19). 이런저런 명분을 만들어서 하나님 자리에 자기를 세우려고 한다.

우리는 이런 위험에서 어떻게 자신과 교회를 지킬 수 있을까? 먼저 베드로 사도의 권면을 들어야 한다.

"젊은 자들아, 이와 같이 장로들에게 순복하고 다 서로 겸손으로 허리를 동이라. 하나님이 교만한 자를 대적하시되 겸손한 자들에게는 은혜를 주시느니라. 그러므로 하나님의 능하신 손 아래서 겸손하라. 때가 되면 너희를 높이시리라"(벧전 5:5~6).

하나님의 말씀은 겸손한 자들만 깨달을 수 있다(마 11:25~26). 복음의 비밀은 자기가 죄인인 것을 깨닫는 자에게만 열려 있다. 그래서 복음은 교만한 사람들에게는 감추어진 비밀이다. 지적으로는 알 수 있어도, 삶으로는 결코 경험할 수 없는 비밀이다. 하지만 예수님의 사람은 으뜸이 되려는 마음을 진멸(헤렘)하면서 겸손히 말씀을 따라 섬기려 한다(마 20:20~28).

바울 사도는 교회가 서로 화합하면서 자라가야 한다고 말씀한다.

"하나님의 나라는 먹는 것과 마시는 것이 아니요 오직 성령 안에서 의와 평강과 희락이라. 이로써 그리스도를 섬기는 자는 하나님께 기뻐하심을 받으며 사람에게도 칭찬을 받느니라. 이러므로 우리가 화평의 일과 서로 덕을 세우는 일을 힘쓰나니"(롬 14:17~19).

자기가 먼저 말씀을 잘 받고 섬기는 사람이 하나님의 나라의 복을 누린다. 잠언 18장 12절을 보자. "사람의 마음의 교만은 멸망의 선봉이요 겸손은 존귀의 앞잡이니라."

꿈꾸는 이 사람들의 세 번째 특징은 영광을 훼방하는 것이다.

출애굽한 이스라엘 백성들은 열 명의 정탐꾼들의 보고를 듣고 모세와 아론을 원망했고, 정탐한 내용을 바르게 보고한 여호수아와 갈렙까지 돌로 치려고 했다. "온 회중이 그들을 돌로 치려하는 동시에 여호와의 영광이 회막에서 이스라엘 모든 자손에게 나타나시니라"(민 14:10). 여호와께서 자기 사역자들을 구원하기 위해서 영광중에 임하셨다. 이스라엘 백성들이 지도자들에게 원망하며, 그들을 죽이려고 한 것은 하나님의 영광을 멸시하고 훼방하는 짓이었다.

베드로 사도 역시 동일한 가르침을 주면서 모세를 비롯한 말씀 사역자를 영광 있는 자라고 말한다.

"육체를 따라 더러운 정욕 가운데서 행하며 주관하는 이를 멸시하는 자들에게 특별히 형벌하실 줄을 아시느니라. 이들은 담대하고 고집하여 떨지 않고 영광 있는 자를 훼방하거니와 … 그러나 이 사람들은 본래 잡혀 죽기 위하여 난 이성 없는 짐승 같아서 그 알지 못한 것을 훼방하고 저희 멸망 가운데서 멸망을 당하며"(벧후 2:10, 12).

이것이 하나님의 행사를 외적으로 보았으나 인격적으로 경험하지 못한 자들의 특징이다. 그들은 그리스도와 깊은 교제와 연합을 경험하지 못했기 때문에 알지 못하고 훼방한다.

바울 사도는 디도와 그의 조력자들을 그리스도의 영광이라고 말한다.

"디도로 말하면 나의 동무요 너희를 위한 나의 동역자요 우리 형제들로 말하면 여러 교회의 사자들이요 그리스도의 영광이니라. 그러므로 너희는 여러 교회 앞에서 너희의 사랑과 너희를 대한 우리 자랑의 증거를 저희에게 보이라"(고후 8:23~24).

디도와 조력자들의 사역이 그리스도의 영광을 나타내는 사역을 하였기 때문에 이렇게 표현했다. 하지만 더 주목해야 할 점은 바울 사도는 그들이 그리스도의 영광을 직접 나타내는 것처럼 표현하고 있다는 것이다. 이처럼 교회를 위해 일하는 무명의 사역자들도 그리스도의 영광을 담지하고 있다. 더 나아가 모든 신자도 성령과 말씀 안에서 그리스도의 영광의 형상이다(고후 3:18). 지금은 어설프게 보일지 모르지만, 그들은 말씀 안에서 점점 더 그리스도의 영광의 형상으로 변화되어 가는 중이다.

그리스도의 말씀을 전하여 그리스도의 영광을 나타내는 사역자들뿐만 아니라 말씀에 순종하는 모든 참 신자는 그리스도의 영광을 지녔다(참고. 갈 6:17). 주님의 형상이 그들 안에서 나타나고 있기 때문이다. 그리스도의 사역자와 참 신자를 훼방하는 것은 그리스도의 영광을 멸시하고 훼방하는 것이다. 그런 자들은 말씀을 거부하기 위한 명분을 만들기 위해서 목사의 말을 왜곡하기도 하고, 목사의 작은 실수를 침소봉대하여 마치 큰 죄를 범한 것처럼 뒷공론을 퍼뜨려서 목사(성도)를 쫓아내기도 한다. 그들은 하나님께서 정해 주신 자신의 한계를 넘어서 다른 사람의 일에 간섭하거나 자기 뜻대로 교회와 성도들을 주관하려고 한다(고후 1:24; 고후 11:19~20).

하지만 그런 모든 일의 결말은 구약의 세 가지 사건을 통해서 명백하게 드러났다. 그런 자들은 당장 심판받지 않는다고 할지라도 결국에는 영원한 결박으로 흑암에 던져질 것이다.

"어떤 사람들의 죄는 밝히 드러나 먼저 심판에 나아가고 어떤 사람들의 죄는 그 뒤를 좇나니, 이와 같이 선행도 밝히 드러나고 그렇지 아니한 것도 숨길 수 없느니라"(딤전 5:24~25).

우리는 구약성경뿐만 아니라 신약성경의 거울도 가지고 있다.

"그런 일은 우리의 거울이 되어 우리로 하여금 저희가 악을 즐겨한 것같이 즐겨하는 자가 되지 않게 하려 함이니"(고전 10:6).

성경의 거울은 우리가 오점(汚點)을 속히 발견하고 그것을 제거하여 거룩하게 살게 하시는 하나님이 주신 은혜의 방편이다. 우리가 거룩해져서 행복하고, 아름다운 삶을 살게 하기 때문이다. 성경의 거울은 우리에게 교훈을 주면서 동시에 책망도 한다(딤후 3:16; 딛 2:15). 그래서 어떤 청교도 목사님은 책망하는 설교를 하지 않는 목사는 거짓 목사일 가능성이 크다고 했다.

책망하고 경고하는 말씀을 들을 때 우리는 자신의 부족함을 발견하면서 자기 신앙을 점검하게 된다. 때로 우리는 참된 신자가 아닌 것처럼 느끼기까지 한다. 벨직 신앙고백서는 참된 교회를 고백하면서 참된 그리스도인의 표지에 대해 이렇게 말한다. 29항을 보자.

"… 교회에 속한 사람들은 그리스도인의 표지들로 알 수 있습니다. 그들은 예수 그리스도를 유일하신 구주로 믿고, 죄를 피하며, 의로움을 추구하고, 좌로나 우로 치우침 없이 참 하나님과 이웃을 사랑하며, 그 육신과 육신의 일을 십자가에 못 박습니다. 비록 큰 연약함이 그들 안에 남아 있다 해도, 교회에 속한 사람들은 일평생 동안 성령으로 그 연약함에 대항하여 싸웁니다. 그들은 끊임없이 그리스도의 피와 고난과 죽음과 순종에 호소하며, 그리스도 안에서 그분을 믿음으로 죄 용서함을 받습니다.

거짓 교회는 하나님의 말씀보다도 교회 자체나 교회의 법령에 더 많은 권위를 부여합니다. 거짓 교회는 그리스도의 멍에에 자신을 복종시키기를 원치 않습니다. 거짓 교회는 그리스도께서 말씀에서 명하신 대로 성례를 집행하지 않으며, 자신들이 좋아하는 대로 성례에 무엇을 더하거나 뺍니다. 거짓 교회는 그리스도보다 사람들 위에 자신의 기초를 둡니다. 거짓 교회는 하나님의 말씀에 따라 거룩한 삶을 살고 거짓 교회의 범죄와 탐욕과 우상 숭배에 대하여 책망하는 사람들을 핍박합니다. 참 교회와 거짓 교회는 쉽게 식별되며, 서로 구별됩니다."

교회의 표지는 사람이나 건물 등과 같이 외적인 것에 있는 것이 아니라 말씀과 성례와 권징이 바르게 시행되는 것에 있다. 말씀이 바르게 전파되었을 때 그 열매가 참된 신자이다. 나무를 열매로 아는 것처럼 참된 그리스도인이 말씀에 의해서 인격이 형성되고, 그 인격의 아름다움이 생활에서 나타날 때 참 교회의 모습은 더 명확하게 나타난다. 여기서 중요한 것은 **참된 신자는 완전한 신자를 말하는 것이 아니라는 것이다.** 참 신자는 자기가 죄인임을 고백하고 그리스도를 믿는 자(칭의)이며, **또한 죄를 멀리하고 의를 추구하고 형제를 사랑하며 죄와 싸우는 자**(성화)**이다. 그리고 연약함 가운데서 끊임없이 성령 하나님을 의지하여 인내하는 사람이다.** 어떤 대단한 일을 하고, 도덕적으로 완벽해야 참된 신자가 아니라, 연약함에도 불구하고 강설을 통해 주신 말씀을 순전하게 받고, 그리스도의 성품과 성령의 열매를 내는 사람이 참 신자이다.

교회는 완전한 사람들의 모임이 아니라 자기 연약함을 인정하며 그리스도를 의지하는 사람들의 모임이다. 교회는 세상의 세계관에서 벗어나 하나님 중심의 세계관으로 변화되어 가는 사람들의 모임이다. 교회는 연약할지라도 죄와 유혹에 대항하여 싸우고 온유와 겸손으로 서로를 섬기며 사명을 이루기 위해 성령님을 의지하는 사람들의 공동체다. 참 교회에 출석하여 말씀을 받았지만, 거기에서 물러나는 사람은 그 있는 것마저 빼앗기게 될 것이다. 말씀은 일차적으로 한 개인이 아니라 교회에 주신 것이기 때문에 주님의 교회에서 물러나는 사람은 그 있는 것도 빼앗기게 될 것이다(마 13:12).

우리는 성경의 거울에 비추어 자신과 교회를 살피고, 교회가 거짓 신자들의 활동 무대가 되지 않도록 힘써 싸워야 한다. 동시에 세상을 향해 복음을 전하며 우리 자녀들에게 교회를 상속해 주기 위해서 싸워야 한다. 이 전쟁은 주님이 다시 오실 때까지 계속될 것이다.

"깨어 믿음에 굳게 서서 남자답게 강건하여라!"(고전 16:13)

2018. 09. 02.

JUDE

4강

하지만 심지어
(But even)

유다서 1:9~10

4강

하지만 심지어
(But even)

유다서 1:9~10
설교 동영상

4강 구조

들어가며: "한 놈만 패라?"

1. 율법주의의 오류(9~10a)

2. 무율법주의자들(10b절)

나가며: 율법과 복음을 분리하지 말라.

하지만 심지어(But even)

유다서 1:9~10

9　천사장 미가엘이 모세의 시체에 대하여 마귀와 다투어 변론할 때에 감히 훼방하는 판결을 쓰지 못하고 다만 말하되 주께서 너를 꾸짖으시기를 원하노라 하였거늘
10　이 사람들은 무엇이든지 그 알지 못하는 것을 훼방하는도다 또 저희는 이성 없는 짐승같이 본능으로 아는 그것으로 멸망하느니라

"한 놈만 패라?"

　　정치권에서 "한 놈만 패라!"라는 말이 회자될 때 인터넷에 검색해 보았더니 어떤 블로거가 쓴 글이 흥미로웠다. "오래전에 상영됐던 영화 '주유소 습격 사건'에서 '무대포' 역으로 나오는 유오성이 명대사를 남겼다. 바로 '한 놈만 팬다'이다. 유오성은 한 명이 여러 명이랑 싸울 때 어떻게 하느냐는 질문에 '백 명이든 천 명이든 난 한 놈만 팬다'라고 했다. 아무리 많은 사람이 달려들어도 한 놈만 골라 집중적으로 패면 나머지는 겁을 먹고 쉽게 달려들지 못하기 때문에 싸움에서 이길 수 있다는 전략이다.

'한 놈만 팬다'라고 말한 유오성이 영화에서 단순 우직스럽게 그려지지만, 이는 고도의 전략이다. 전략의 요체인 '선택과 집중'을 해야 하기 때문이다. 누구나 알고 있고 쉽게 펼칠 수 있을 것 같은 이 전략을 실제로 실행하기는 쉽지 않다. 하나만 선택하고 나머지는 다 포기해야 하기 때문이다. 과감해야만 이 전략을 실행할 수 있다. …

'한 놈만 패라'는 고도의 심리전이기도 하다. 상대와 기 싸움에서 우위를 점해야 승리할 수 있기 때문이다. 영화 '주유소 습격 사건'에서 혼자서 건달 여러 명을 잡아놓고 얼차려를 주는 장면이 있다. 많은 수가 한 명에게 제압당할 수밖에 없었던 것은 상대에게 심리적 공포감을 심어줬기 때문이다. 여러 명이 한꺼번에 덤비면 한 명을 충분히 이길 수 있지만, 그 한 놈이 자신일 수도 있다고 생각했기에 꼼짝없이 당할 수밖에 없었다. 만약 이 같은 심리전이 통하지 않으면 결과는 예측할 수 없다. …

'한 놈만 패라'는 싸움의 기술은 여러 분야에서 쓸 만한 전략이다. 사업 부분에서 자주 인용되는 사례이기도 하다. 선택과 집중을 통해서 자원의 효율적인 운영을 하고 명성 효과를 활용할 수 있기 때문이다. 하지만 국회 청문회에서 이런 장면을 접할 줄은 미처 예상하지 못했다. 생생한 사례로 오랫동안 인용될 것이지만 마냥 사이다 같은 느낌만 들지 못하는 것은 아직 가야 할 길이 많이 남아서

일까."1)

교회를 향한 사단의 공격은 다양한 방면에서 진행되는 것 같지만 잘 살펴보면 사단도 한 놈만 패는 전술을 사용한다. 사단의 공격에서 핵심은 하나님의 진리, 곧 말씀을 공격하는 것이다. 사단은 진리를 왜곡하는 일에 공격을 집중한다. 육체적이고 물리적인 핍박을 가하는 것도 진리를 포기하도록 하는 것이고, 성도들이 세상의 영광과 정욕을 따르게 하는 것도 결국 진리의 길에서 떠나게 하려는 것이다. 에덴동산에서도 그것을 위해 하와를 미혹했고, 그 후에 하나님의 백성에 대한 모든 유혹과 공격은 율법(진리)에 대한 것이었다. 사단은 어떤 방법을 동원하든지 결국 진리를 혼잡하게 하여 교회와 성도가 진리에서 떠나게 만든다. 사단은 진리의 길에서 떠나게 할 수 있다면 뭐든 상관하지 않는다. 진리에서 벗어나게만 할 수 있으면, 사단은 교회가 큰 성공을 거두거나 굉장한 일을 하도록 해 줄 수도 있고, 수십만 아니 수백만 명의 사람들을 운집하도록 도와줄 수도 있다.

그렇다면 교회는 사단의 공격을 어떻게 방어할 수 있을까? 그것은 진리를 위해 힘써 싸우는 것이다. 진리를 사수한 교회와 성도는 강해졌다. 하지만, 진리를 타협하거나 포기한 교회와 성도는 많은 자원을 소유했어도 세상 정신에 먹혔다. 진리에서 떠난 교회는 외

---

1) http://blog.daum.net/wowbeing/12794453. 2018년 9월. 7일. 10시(am)에 요약 인용함.

형적인 모습은 남아 있지만, 실제는 사단의 종으로 강퍅하게 변해 갔다. 사단은 모든 것을 줄 테니, 진리를 포기하라고 한다. 따라서 교회의 싸움은 진리를 떠나지 않기 위한 싸움, 진리를 붙잡기 위한 싸움이다. 유다는 이미 3절에서 성도에게 단번에 주신 믿음의 도를 위하여 힘써 싸우라고 했다. 헌금을 더 많이 걷거나, 예배당을 더 화려하게 짓거나 아니면 대단한 사업을 위해서 싸우라는 것이 아니라 진리를 위해 힘써 싸우라는 것이다. 만약 교회가 사단의 공격에 넘어가 진리를 타협하거나 포기하게 된다면 큰 건물과 세상이 부러워할만한 자원을 소유했다 할지라도 이미 생명을 잃어버린 것이다. 오늘날도 사단은 모든 것을 다 줄 테니, 진리만은 포기하라고 설득한다. 괴테의 『파우스트』에서 메피스토펠레스가 파우스트에게 모든 것을 줄 테니 네 영혼을 달라고 유혹했듯이 사단도 마찬가지다. 사단은 진리의 절대성만 양보하면 어떤 일에서든 성공할 수 있도록 뭐든지 해 주겠다고 속삭인다. 유다는 본문을 통해 또 다른 예증을 사용하여 우리의 싸움이 어디에 있는지를 가르친다.

1. 율법주의의 오류(9~10a)

5~8절에서 유다는 구약의 세 가지 사건(출애굽-영광을 훼방, 타락한 천사-권위를 업신여김, 소돔과 고모라-육체를 더럽힘)을 중심으로 가만히 들어온 자들의 경건치 않은 행동을 폭로했다. 가만히 들어온 자들은 경건

의 모양을 꾸미면서 영광 있는 성도들을 훼방하고, 하나님의 권위를 업신여기며, 육체의 정욕을 부추겨 교회를 혼란에 빠뜨렸다. 참 신자들은 그런 자들을 분별하여 자신과 교회를 지켜야 한다. 9~10절에서 유다는 영광이 있는 성도(어떤 학자들은 천사)들을 훼방한 것에 대한 좀 더 자세한 내용을 가르쳐 준다.

9절은 신약성경 중에서도 난해한 구절로 유명하다. 학자마다 해석이 다르다. 그 첫 번째 이유는 9절에 나오는 천사장 미가엘과 마귀가 모세의 시체를 두고 다투어 변론했다는 이야기가 다른 성경에 나오지 않기 때문이다. 그래서 어떤 사람들은 이 내용이 외경에서 들어왔기 때문에 유다서를 정경에서 제외해야 한다고 생각했다. 두 번째 이유는 이 사건이 거짓 교사들의 가르침과 어떤 연관이 있느냐에 관한 것이다.

먼저 이 두 가지 문제를 푸는 방법을 생각해 보자. 첫째로 성경 저자들이 성경에 들어 있지 않은 책들을 언급하거나 인용하는 것은 전혀 문제 되지 않는다. 구약에서 우리는 "여호와의 전쟁기"(민 21:14), 선지자 나단의 글(대상 29:29)과 선견자 갓의 글(왕상 14:19), 이스라엘 왕 역대지략과 유다 왕 역대지략(왕상 14:29) 등에 대한 언급을 볼 수 있다. 누가복음의 저자 누가는 이렇게 말했다.

"우리 중에 이루어진 사실에 대하여 처음부터 말씀의 목격자 되고 일군 된 자들의 전하여 준 그대로 내력을 저술하려고 붓을 든 사람이 많은지라 그 모든 일을 근원부터 자세히 미루어 살핀 나도 데오빌로 각하에게 차례대로 써 보내는 것이 좋은 줄 알았노니 이는 각하로 그 배운 바의 확실함을 알게 하려 함이로라"

누가는 당시까지 예수님과 그분의 사역에 관해 기록된 모든 자료를 검토했고, 증인들의 증언들을 수집하고 검토하여 면밀하게 복음서를 기록했다고 말한다. 사도 바울도 에베소 장로들에게 고별 설교를 하면서 복음서에 기록되지 않은 주님의 말씀을 인용한다. "주는 것이 받는 것보다 복이 있다"(행 20:35). 그 밖에도 바울은 헬라 철학자들이나 시인의 글을 인용했다(딤후 3:8; 행 17:28; 고전 15:33). 더 나아가 바울은 그레데의 시인 에피메니데스(Epimenides)를 '선지자'라고 부르기까지 한다(딛 1:12).

그렇다면 유다가 이 서신을 쓸 당시에 독자들에게 잘 알려진 책을 인용할 수 있다. 자신의 논증을 강화하기 위해서 성경 밖의 자료들을 얼마든지 인용할 수 있다. 이는 오늘날 설교자들이 잘 알려진 이야기나 노래를 인용하는 것과 같다. 따라서 어떤 사람들처럼 유다가 인용한 자료들을 성경에 포함해야 한다거나, 성경에 없는 이야기를 가져온 유다서를 성경에서 제외해야 한다고 생각하면 안 된다. 물론 이론적으로 따지자면, 유다가 이 이야기들을 독자적인 전통으로부터 알았을 수도 있고, 아니면 하나님으로부터 직접 계시를 받아서 알았을 수도 있다. 하지만 성경의 영감을 믿기 위해

꼭 이런 입장 중 하나를 채택해야 하는 것은 아니다.[2)]

둘째로 유다는 그의 자료가 구약의 가르침의 범위를 벗어나지 않도록 주의 깊게 배치하고 세심하게 다듬어서 인용했다. 이런 정황은 유다가 14~15절에 묘사된 구약의 예언들에 기초하여 추가적인 예증을 사용하는 것을 통해서 알 수 있다. 이런 예증은 앞서 제시한 성경의 논증과 교훈을 확증하기 위해 사용한 것이다.

셋째로 유다가 인용하여 제시하고 있는 묵시적 사례들은 각기 세 개의 구약 본문 뒤에 나오고 있음을 주목해야 한다. 각각의 묵시들은 그가 앞에서 중요하다고 밝힌 교훈을 예증한다. 유다가 제시한 묵시적 인용 구절들은 논증을 주도하는 논점을 제시하지 않는다. 또한 유다는 그 구절을 논증에 핵심적인 역할을 하거나 주된 자료로 사용하지 않았다. 따라서 유다는 독자들이 자신이 인용한 글의 배경을 알지 못하더라도 자신의 주요 논증을 오해하지 않도록 세심하게 배려했다. 유다는 당시 일차 독자들이 읽었거나 들어서 잘 알고 있었던 자료를 의도적으로 언급함으로써 구약에서 가르친 것과 똑같은 교훈을 깨닫도록 보충한 것이다.

유다가 인용한 자료는 현재 전해지지 않고 있다. 하지만 초대 교부들은 당시까지 매우 친숙했던 한 권의 책을 말한다. 이 이야기를 담고 있는 책은 『모세의 승천기』 혹은 『모세의 유언』으로 불린다. 미가엘, 모세, 마귀의 이야기는 신명기 34장 5~6절까지 거슬러 올

---

2) 『BST 베드로후서·유다서 강해』, 285-6.

라간다. 그 본문에 모세의 죽음에 관한 기사가 나온다. "이에 여호와의 종 모세가 여호와의 말씀대로 모압 땅에서 죽어 벧브올 맞은편 모압 땅에 있는 골짜기에 장사되었고 오늘까지 그 묘를 아는 자 없느니라." 이 사건은 이스라엘 백성들 사이에서 좀 더 확장되고 부풀려서 전해졌다. 즉 하나님이 그분의 종을 위해 무덤을 오랜 시간 동안 예비하셨고, 마침내 모세가 하늘로 올라간 것이 정확한 이야기처럼 알려지게 되었다. 우리에게는 낯선 이야기지만 당시 독자들에게는 잘 알려진 이야기였다.

9절을 보자. "천사장 미가엘이 모세의 시체에 대하여 마귀와 다투어 변론할 때에 감히 훼방하는 판결을 쓰지 못하고 다만 말하되 '주께서 너를 꾸짖으시기를 원하노라' 하였거늘." 이 구절은 어렵기 때문에 세밀하게 다루어야 한다. 많은 신학자들은 미가엘이 모세에 대해서가 아니라 사단에 대해 비방하는 판결을 내리는 것을 거부한 것이라고 해석한다. 만약 그 해석을 취한다면 이런 의미가 된다. 유다는 그의 독자들에게 '천사도 마귀에게 훼방하는 판결을 쓰지 않았으니 교회 성도들도 사단(마귀)의 권위에 대해서도 주의하고 그들을 조롱하거나 판단하거나 매도하지 말라'는 의미가 된다. 대부분의 번역이 그런 해석을 가정하고 번역했다(GNB, JB, LB 등). 표준새번역도 그런 입장에서 이렇게 번역했다. "천사장 미가엘은, 모세의 시체를 놓고 악마와 다투면서 논쟁을 할 때에, 차마 모욕적인 말로 단죄하지 못하고, '주님께서 너를 꾸짖으시기를 바란다' 이렇게만 말하였습니다."

하지만 좀 더 문자적인 번역들은 미가엘이 누구에 대해 "감히 훼방하는 판결을 쓰지 못했는지" 분명하지 않게 번역한다. 문자적인 번역은 이렇다. "그러나 심지어 미가엘 천사장도 모세의 주검을 놓고 마귀와 다투며 논쟁할 때, 감히 모독적인 판결을 내놓지 않고, '주님께서 너를 꾸짖으시길 바란다'라고 말했을 뿐이다."

이 본문을 푸는 핵심 열쇠는 두 가지다. **첫째는 판결을 받는 자가 누구인가이다. 둘째는 유다는 누구와 누구를 대조하고 있는가이다.** 즉 미가엘과 사단을 대조하고 있는가? 아니면 미가엘과 거짓 교사의 행동을 대조하고 있는가? 이는 이 예증이 누구에 대한 적용인지를 살펴보면 명확하게 드러난다.

먼저 첫 번째 열쇠를 찾아보자. 보통 '훼방하는 판결을 받을 자'가 사단이라고 생각하면 쉽게 해결될 것처럼 보이지만, 그렇게 해석하면 전후 문맥과 의미가 통하지 않는 혼란스러운 이야기가 된다. 왜냐하면, 이미 저자 유다는 거짓 교사들의 문제를 구약의 세 가지 사건을 통해서 지적했다. 8절에서 유다는 "꿈꾸는 이 사람들도 그와 같이 육체를 더럽히며 권위를 업신여기며 영광을 훼방하는도다"라고 선언했다. 이어서 그 선언에 대한 추가적인 예증으로 9~10절을 기록했다. 따라서 앞서 세 가지 구약의 사건들에 대한 적용으로 주어진 9~10절의 문맥에 맞지 않는다. 더욱이 10절은 다시 거짓 교사들에게 적용한다. 그래서 '훼방하는 판결을 받을 자'를 사단이라고 해석하면 문학적 문맥이나 신학적 일관성에서도 앞뒤가 맞지 않게 된다.

그렇다면 어떻게 해석해야 할까? 먼저 이 이야기에서 강조되고 있는 것을 찾아보자. 우선 마귀(사단)는 "참소자"라는 이름에 걸맞게 '참소하는 자'로 등장한다(욥 1~2장; 계 12:10). **그렇다면 사단은 무엇을 참소했을까?** 유다가 인용한 책 제목에서 힌트를 얻을 수 있다. 『모세의 유언』 또는 『모세의 승천기』 이다. 그렇다면 아마도 사단(마귀)은 모세가 애굽 사람을 죽인 일(출 2:11~15)과 후에 광야에서 이스라엘 백성에게 분노가 폭발하여 불순종한 일(민 20:1~13)에 근거해서 참소하였을 것이다. 다시 말해서 마귀는 모세가 죽은 후에 하늘 하나님의 거룩한 임재 가운데로 들어가게 하면 안 된다고 참소했다고 보아야 문맥에 맞다. 즉 사단은 미가엘이 모세를 하늘로 데려가면 안 된다고 참소한 것이다. 물론 미가엘(누가 하나님과 같으냐?) 천사장도 하늘에 죄가 존재할 수 없다는 것을 알고 있었다. **하지만 미가엘 천사장은 사단의 고소에 동조하지 않았다. 미가엘 천사장은 모세에 대해 "비방하는 판결을 내리기를" 거부하였다. 천사장 미가엘은 하나님만이 율법의 수여자와 재판자로서 심판하실 수 있는 분임을 알았다.** 그래서 미가엘 천사장은 모세에 대해 판결하지 않았다.

심지어 천사장 미가엘은 사단을 정죄하는 것조차 자기 권위로 할 수 없었다. 아니 하지 않으려고 했다. 오히려 미가엘은 "주께서 너를 꾸짖으시기를 원하노라"라고 말했다. 미가엘은 하나님의 율법이 모세에게 죄가 있다고 본다면, 그리고 사단이 하나님 앞에서 모세를 율법으로 고소할 수 있을지라도, 오직 하나님만이 정죄(심판)하실 수 있음을 선언했다. 또한 하나님만이 참소자를 내쫓고 율법의 저주를 제거하실 절대 주권을 갖고 계심을 선언한 것이다.

이렇게 해석하는 것이 앞뒤 문맥과 의미가 자연스럽게 연결된다. 이런 해석은 스가랴 3장 1~5절과도 잘 어울린다. 1~2절을 보자.

"대제사장 여호수아는 여호와의 사자 앞에 섰고 사단은 그의 우편에 서서 그를 대적하는 것을 여호와께서 내게 보이시니라. 여호와께서 사단에게 이르시되 '사단아, 여호와가 너를 책망하노라. 예루살렘을 택한 여호와가 너를 책망하노라. 이는 불에서 꺼낸 그슬린 나무가 아니냐?' 하실 때에"

여기서 여호수아는 모세의 후계자가 아니라 바벨론 포로에서 스룹바벨과 함께 귀환하여 성전을 재건하고 언약 백성의 삶을 개혁하려고 노력하던 대제사장 여호수아다.

스가랴 3장은 하늘에서 열리고 있는 법정을 보여준다. 여기서 사단은 대제사장 여호수아가 하나님의 일을 행하기에 부적절하다고 참소한다. 그 이유는 대제사장 여호수아가 여호와의 천사 앞에 서 "더러운 옷"을 입고 있다는 것이다(슥 3:3). 사단은 대제사장이 부정하여 자격이 없으므로 옷을 벗겨야 한다고 참소했다. 당시 문화에서 새로 옷을 입히는 것은 새롭게 관직에 등용한다는 의미이다. 옷을 벗기는 것은 면직시키는 것을 의미했다. 따라서 사단은 여호수아를 대제사장직에서 파면해야 마땅하다고 참소한 것이다. 사단은 바벨론 포로에서 귀환한 유다 공동체가 하나님의 성전을 건축할 수 있는 자격이 없다고 참소한 것이다. 이는 당시 대적들의 주장과 유다 백성들 사이에 널리 퍼져 있는 좌절감을 반영한 말이었을 것이다(학 1:2).

하나님은 사단을 책망하신 후에 이렇게 말씀하신다. "이(여호수아)는 불에서 꺼낸 그슬린 나무가 아니냐?" 여호수아는 심판을 당한 뒤에 귀환한 이스라엘의 남은 자들을 대표한다. 여호수아를 비롯한 이스라엘의 남은 자들은 불같은 바벨론 제국에서 심판을 받고 고국으로 귀환한 사람들이다. "불에서 꺼낸 그슬린 나무" 이미지는 두 가지를 보여 준다. 첫째는 그들이 완전히 깨끗할 수 없었던 상황을 말씀하신 것이다. 둘째는 귀환한 백성들이 "불"같은 포로 생활을 통해 심판을 이미 경험했기 때문에, 여호수아의 옷(자격)을 비난하는 사단을 향해 여호수아가 더 이상 심판과 정죄를 받을 필요가 없음을 말씀하신 것이다. 두 번째 해석이 문맥에 더 적절해 보인다.

이어서 하나님께서는 이렇게 말씀하신다.

"여호와께서 자기 앞에 선 자들에게 명하사 '그 더러운 옷을 벗기라' 하시고 또 여호수아에게 이르시되 '내가 네 죄과를 제하여 버렸으니 네게 아름다운 옷을 입히리라'"(슥 3:4).

하나님은 여호수아의 죄악들을 모두 제거하여 버렸다고 선언하신다. "제하다"라는 뜻의 히브리어는 "헤에르바르티"인데 이는 유월절을 의미하는 "넘어가다"(pass over)라는 동사에서 왔다. 이는 죄악을 제하시는 분이 누구인지를 강조해 준다. 다시 말해서 죄악의 제거는 오직 은혜로 말미암은 것임을 분명히 보여준다. 이어서 스가랴 선지자의 요청대로 여호수아의 머리에 아름다운 관이 씌워지게 된다(슥 3:5). 여호수아가 쓴 관은 시온의 영광스러운 회복을 상징한다. 부정한 옷에서 아름다운 옷으로 갈아 입혀진 대제사장 여호수아처럼, 이제 귀환한 남은 자의 공동체는 여호와 보시기에 정결한 백성이 되었다. 따라서 사단의 참소는 기각되었다. 여호수아와 귀환 공동체는 성전을 건축하기에 부족함 없는 자격을 갖추었다.

이처럼 누군가가 하나님의 일에 적합한지, 부적합한지는 오직 하나님께서 결정하신다. 천사나 사단은 그것을 결정할 권한이 없다. 오직 '여호와'만이 법적으로 정확하게 심판과 구원을 베푸실 수 있는 분이다. 이렇게 하나님은 사단의 참소를 물리치셨다. 사단의 참소가 사실에 근거하고 있다 할지라도 최종적 결정의 주체는 하나님이시다. 이렇게 성경 전체의 맥락을 고려하여 종합적으로 해석하면 그 뜻은 명확하게 드러난다. **천사장 미가엘이 사단이 아니라 모세에 대해 '훼방하는 판결을 쓰지 못했다'라고 해석해야 한다.**

"훼방하는 판결을 내리다"라는 말은 단지 무례하다거나 공격적이라는 말이 아니라 법적인 선언을 의미한다. 즉 "훼방에 대해 판결(혹은 결정)을 내리다"라는 의미이다. **법적인 선고가 내려져서 그의 신분이 확정되는 것을 말한다.** 사단은 모세에게 죄가 있다고 참소하고 있었다. 모세가 지은 죄가 그렇게 많은데 죽은 후에 하나님의 보좌가 있는 하늘 영광 가운데 들어가는 것(하늘로 승천하는 것)은 하나님의 율법에 반하는 것이라고 참소했다. 이런 상황에서 천사장 미

4강. 하지만 심지어(But even) 113

가엘은 감히 모세에 대해 법적 선고(결정)를 내리지 않았다. 미가엘은 그 결정을 하나님께 넘겨 드리면서 사단의 주제넘음을 꾸짖었다.

미가엘의 이런 겸손한 태도는 가만히 들어온 자들이 영광 있는 성도들을 훼방하는 것과 얼마나 다른가? 가만히 들어온 자들은 사단과 마찬가지로 하나님의 영광을 담고 있는 성도들을 함부로 훼방했다. 거짓 교사들은 정죄의 참소를 남발하면서 자신들이 성도들보다 영적으로 우월하다고 자랑하며 심판자 행세를 했다. **그렇다면 유다가 가르치는 요지는 분명하다. 가만히 들어온 자(거짓 선생)들은 교만하고 방자하여 천사장 미가엘조차도 거부하는 일, 곧 영광 있는 자를 정죄하는 판결을 남발하고 있다는 것이다.** 이렇게 해석하는 것은 무리한 해석이 아니다. 오히려 구약의 배경과 본문의 문맥에 가장 적합한 해석이다.

앞서 제기한 것처럼 이 본문 해석의 두 번째 핵심 열쇠는 누구와 누구를 대비하고 있는가를 살펴보는 것이다. 유다는 사단의 참소와 천사장 미가엘의 겸손한 태도를 대비하였다. 하지만 그것이 이 예증을 사용한 최종적인 목적이 아니었다. 유다는 10절에서 미가엘과 거짓교사를 대비한다. **미가엘과 거짓교사를 대비한 것은 미가엘이 사단에게 공손하게 대했다는 것을 말하고자 함도 아니고, 독자들도 사단에게 공손하게 해야 한다는 것은 더더욱 아니었다.** 미가엘은 율법도 알고, 모세도 알고, 사단의 훼방도 알고 있었지만, 자신이 재판장이 아니었기 때문에 사단의 고소를 자기 마음대로 기각하거나 인용할 수 없었다. 미가엘은 오직 홀로 재판장이신 주께서 사단도 심판해 주시길 요청했다. 그렇다면 인간 중에 누구도 자신이 심판의 기준(율법)이 될 수 없다. 감히 어느 누가 심판과 정죄를 남발할 수 있겠는가? 율법과 도덕적인 심판의 최종적인 권위를 가진 분은 오직 하나님이시다. 오직 하나님만이 율법의 제정자시고, 율법으로 심판하실 수 있는 분이다. 사단과 거짓 교사들, 심지어 천사라도 율법으로 영광 있는 교회의 사역자들과 성도를 고소할 때, 설령 그것이 옳은 것이라 할지라도, 그들의 말이 최종적인 권위를 가질 수 없다. 왜냐하면, 그들은 재판에서 선고(宣告)할 수 있는 최종적인 권위가 없기 때문이다.

가만히 들어온 거짓 교사들은 하나님이 우리의 더러운 옷을 벗기시고, 예수 그리스도로 옷 입히셨다는 것을 가볍게 여겼다. 하나님께서 제단의 불로 우리 입을 정결하게 하셨다는 것을 무시하려 했다. 그들은 그리스도 안에서 주어진 구원의 은혜와 능력을 맛보지 못했기 때문에 천사들도 할 수 없는 훼방과 참소의 말을 남발하여 성도들과 교회를 혼란에 빠뜨렸다. 하지만 천사장 미가엘마저도 모세의 유무죄의 판결을 확정하지 못했고, 율법의 심판자로 설 수 없었다. 그 일은 심판자이신 하나님만이 하실 수 있는 일이었다.

이는 우리에게도 큰 경고가 된다. 그래서 야고보는 이렇게 경고한다. 야고보서 4장 11~12절을 보자.

"형제들아 피차에 비방하지 말라. 형제를 비방하는 자나 형제를 판단하는 자는 곧 율법을 비방하고 율법을 판단하는 것이라. 네가 만일 율법을 판단하면 율법의 준행자가 아니요 재판자로다. 입법자와 재판자는 오직 하나이시니 능히 구원하기도 하시며 멸하기도 하시느니라. 너는 누구관대 이웃을 판단하느냐?"

다시 한번 유다서 1장 9~10절의 전후 문맥을 살펴보자. 유다는 1장 5~7절에서 구약의 세 가지 사건을 거울로 보여주면서 8절에서 적용한다. 그 적용은 꿈꾸는 사람들이 육체를 더럽히고 권위를 업신여기며 영광을 훼방한다고 지적했다. 영광을 훼방하는 것은 하나님의 영광을 담고 있는 교회 지도자와 성도들을 훼방하는 것이었다. 그리스도의 사역자와 성도들을 훼방하는 것은 그리스도의 영광을 멸시하고 훼방하는 것이다. 그런 자들은 목사와 성도의 허물이나 죄를 찾아내서 침소봉대하여 참 목사와 성도들이 하나님의 임재를 누릴 자격이 없다고 정죄한다. 그들은 자신들의 정죄와 판단을 절대시하면서 목사(성도)를 쫓아내기도 한다. 그들은 하나님께서 정해 주신 자신의 한계를 벗어나 다른 사람의 일에 간섭하고 자기 뜻대로 교회와 성도들을 주관하려고 한다(고후 1:24; 11:19~20).

요즘도 어떤 목사들은 자신과 신앙 배경이 다른 목사들을 담대하게 정죄하고 심판을 선언한다. 그들 중에는 이념적인 잣대로 좌파 목사니, 우파 목사니 하면서 편 가르기를 하며 정죄하고 거침없이 심판을 선언한다. 그런 사람들은 성경보다 자신들의 정치적 이념을 위에 두고, 그 이념에 맞지 않는 사람들을 함부로 정죄하면서 자신이 심판자인 것처럼 행세한다. 그런 사람 중에는 개혁신학을 자랑하면서 자기가 절대적인 판단기준처럼 행동하는 분도 있다. 이것이 얼마나 두려운 일인가? 그들은 어떤 목사에 대해 '그는 청교도의 영향을 받았기 때문에 신뢰할 수 없다'라고 하거나 '침례교 목사이기 때문에 그에게서는 배울 것이 없다'라는 식으로 말한다. 그들은 자기가 협소하게 이해한 개혁주의, 자신이 몸담은 교회를 절대 표준으로 삼는다. 그렇게 선동하는 사람들이 극단적인 주장을 하면 그것에 매력을 느끼는 순진한 사람들이 몰려간다. 그들을 따르는 사람들도 그들의 행동을 따라 하면서 주님의 교회와 성도들을 공격하고 해치는 일을 서슴지 않는다.

10절 전반부를 다시 보자. "이 사람들은 무엇이든지 그 알지 못하는 것을 훼방하는도다." 율법주의 정신을 가진 자들은 영광을 가진 교회(지도자와 성도)를 알지도 못하면서 훼방한다. 어떤 사람은 본회퍼가 이단보다 나쁜 사람이라고 정죄하기를 서슴지 않는다. C.S. 루이스를 공격하면서 이단시한다. 어떤 사람들은 진영논리에 빠져서 자기와 다른 진영에 속해 있는 사람은 다 정죄해 버린다. 심지어 칼빈 선생님도 정죄한다. 이 사람들은 무엇이든지 그 알지 못하는 것을 훼방한다. 그들은 천사장 미가엘도 할 수 없었던 일을 서슴지 않고 행한다. 그들은 성도와 교회를 정죄하며 심판의 판결을 남발하면서 자기가 정한 기준은 무오한 진리의 기준인 것처럼 교만하게 행동한다. 그들은 무엄하게도 하나님의 자리에 앉아 있는 자들이다(참고. 마 23:2).

2. 무율법주의자들(10b절)

10절 전반부에서는 거짓 교사들의 율법주의적인 성향을 폭로했다면, 하반절에는 무율법주의적인 성향을 가진 거짓 교사들의 행태를 폭로한다. "또 저희는 이성 없는 짐승같이 본능으로 아는 그것으로 멸망하느니라"(10절 하반절). 이 사람들은 이성 없는 짐승같이 본능으로 아는 것을 행하다가 멸망에 이른다. 이는 베드로후서 2장 12~14절을 보면 좀 더 명확해진다.

"그러나 이 사람들은 본래 잡혀 죽기 위하여 난 이성 없는 짐승 같아서 그 알지 못한 것을 훼방하고 저희 멸망 가운데서 멸망을 당하며, 불의의 값으로 불의를 당하며 낮에 연락을 기쁘게 여기는 자들이니 점과 흠이라. 너희와 함께 연회할 때에 저희 간사한 가운데 연락하며, 음심이 가득한 눈을 가지고 범죄하기를 쉬지 아니하고 굳세지 못한 영혼들을 유혹하며 탐욕에 연단된 마음을 가진 자들이니 저주의 자식이라."

가만히 들어온 자들은 이성 없는 짐승처럼 육체의 정욕과 음란한 본성을 따라 살면서, 사람들을 그릇된 길로 인도한다.

가만히 들어온 자들은 육체의 정욕과 세상의 풍속을 따르는 것에 아무 거리낌이 없었다. 그들은 그리스도인의 삶에서 율법의 역할을 전면 부인한다. 그들은 "너희가 법 아래 있지 아니하고 은혜 아래 있음이라"(롬 6:14)라는 말씀을 '이제 은혜 시대가 되었으니 구약 시대에 있었던 제한이 해제되었다. 한번 구원을 받은 자들은 결코 은혜에서 떨어질 수 없다'고 해석한다. 그들은 하나님의 은혜를 정욕을 따라 살 수 있는 무한한 자유를 제공한 것으로 여긴다. 은혜를 색욕 거리로 바꾸는 자들은 말씀과 경건을 자신의 이익과 즐거움을 위해 사용한다. 경건한 것을 농담거리로 바꾸는 탁월한 능력을 지닌 자들이다. 성도의 진지한 교제가 있어야 할 자리에 농담과 희롱의 말이 넘쳐난다. 산속에서 수행한다는 사람들만도 못한 자들이 많다. 어떤 목사들은 선교하러 간다면서 선교지에 가서 하는 일이라고는 여행하고 특별한 음식을 즐기기 위해 이리저리 배회하는 것뿐이다. 어느 지역의 군의회 의원들이 세금으로 연수 가서 못된 짓을 한 것이 회자되고 있는데, 본능에 따라 사는 목사들도 그렇게 사는 자들이 많다.

율법폐기주의자들도 다양한 부류가 있다. 간혹 율법폐기주의 관점을 갖고 있으면서도 경건하게 사는 사람들이 있다. 그들은 율법의 제3 용도를 인정하지 않으면서도 성령님을 따라서 자기를 부인하는 것이 성화의 길이라고 말한다.

율법폐기주의자 중에는 칼빈주의 신학과 관련 있는 사람들도 있다. 이들을 초칼빈주의자(hyper-Calvinist)라고 부른다.[3] **그들은 하나님의 서술문(직설법)을 하나님의 명령문(명령법)보다 지나치게 강조하여 성경적인 균형을 깨뜨린다.** 즉, 하나님께서 하신 일에 대해서

---

[3] 이어지는 논의는 싱클레어 퍼거슨의 『온전한 그리스도』 187~308에서 도움을 받았다.

는 크게 과장해서 받아들이면서 자신이 해야 될 책임과 의무에 대해서는 거의 보이지 않을 정도로 축소한다. 이런 사람들은 신자가 성령 안에서 산다는 것을 율법 없이 성령님이 그리스도인의 삶을 이끄는 것이라고 강조한다. 하지만 이런 관점으로는 왜 성령께서 거듭나는 순간에 우리 마음에 '법'을 기록한다고 했는지를 설명할 수 없다. 예레미야 31장 33절을 보자.

"나 여호와가 말하노라. 그러나 그날 후에 내가 이스라엘 집에 세울 언약은 이러하니 곧 내가 나의 법을 그들의 속에 두며 그 마음에 기록하여 나는 그들의 하나님이 되고 그들은 내 백성이 될 것이라."

그들은 하나님이 마음에 기록하실 법에 왜 십계명이 포함되지 않는지를 설명하지 못한다. 성경 어디에도 새 언약의 시대가 도래해서 성령이 내주하시기 때문에 이제는 율법이 필요 없다고 말하는 곳은 없다. 하나님의 율법은 지금도 여전히 "거룩하고 의로우며 선하다"(롬 7:12). 구약의 법을 잘 깨닫고, 그 원리를 따라 살라고 가르치는 신약의 명백한 권고는 수도 없이 많다(엡 6:1~3 등).

초칼빈주의자들은 행동(믿음)에 선행하는 은혜, 영원한 선택과 주권적인 은혜를 지나치게 강조한다. 이들은 선택과 은혜를 너무 강조한 나머지 율법에 순종하는 삶을 살아야 한다고 하면 하나님의 은혜를 훼손한다고 생각하여 발끈한다. 그들의 견해는 영원 전부터 칭의가 이루어진다는 교리와 거룩한 삶과 상관없이 성령의 증언이 즉각적으로 이루어진다는 관점과 밀접하게 연결되어 있다. 초칼빈주의자들은 칭의의 기초에 선행의 요소가 다시 스며들 가능성을 차단하려고 과도하게 집착하다가 기초와 상부구조를 혼동하게 된 것이다. 그래서 그들은 율법을 은혜의 선포에 해로운 것으로 보게 되었다. 하지만 성령으로 변화되어 하나님의 율법에 따라 사는 삶은 구원의 증거라고 할 수 있다. 이런 그리스도인의 삶에 관한 실천적 삼단논법은 율법 폐기주의가 아니라 율법을 존귀하게 여기는 삶을 요구한다.

초칼빈주의자들은 영원한 선택을 받고, 자신이 하나님의 자녀라는 성령의 증언을 경험한 사람들은 그 어떤 객관적인 규칙도 필요하지 않다고 생각한다. 그들은 죄의 강력한 영향력이 사라진 것처럼 여긴다. 이들은 이미 실현된 극단적인 종말론 속에서 사는 사람들이라고 할 수 있다.

교리적 형태의 율법 폐기주의와 다른 형태의 율법 폐기주의자들도 있다. 그들은 성경 해석을 할 때 율법 폐기를 전제하고 해석한다. 그들은 특정한 해석의 관점으로 율법 폐기주의를 옹호한다. 그런 사람들은 웨스트민스터 신앙고백서가 율법을 의식법, 시민법과 도덕법의 셋으로 구분하고, 지금도 도덕법은 유효하다고 말하는 것이 잘못되었다고 주장한다. 그들은 "모세의 율법은 신약에서 구속력을 상실하고 완전히 끝났다. 더는 신자의 삶에 대해 구속력을 갖지 못한다"라고 주장한다. 그들은 신약의 성도들은 법 아래 있지 아니하고 은혜 아래 있기에 성령 안에서 산다고 강조한다. 하지만 로마서

6장 14절은 6장 전반부의 결론과 같다. "죄가 너희를 주관치 못하리니 이는 너희가 법 아래 있지 아니하고 은혜 아래 있음이니라." 이 말은 율법이 폐지되었다는 말이 아니다. 죄는 믿는 신자를 과거처럼 절대군주로서 지배(통치)할 수 없다는 말이다. "따라서 새로운 신분에 합당하게 살라. 하나님께서 기뻐하시는 삶을 살라"는 말씀이다. 율법은 그것을 밝히 보여준다.

어떤 사람들은 이렇게 말한다. "칭의가 선물이듯이 성화도 선물이다. 따라서 여러분이 거룩해지려고 하지 마라. 하나님께서 그것을 주시도록 기도하라." 그들은 성령을 의지하라고 하면서 가만히 멈춰서서 하나님의 뜻을 따라 움직이려 하지 않는다. 또 어떤 사람들은 "성화는 영단번에 이루어지는 갑작스러운 체험"이라고 말한다. 그러나 그럴 수 없다. 성경에서 그렇게 가르치는 곳도 없을 뿐만 아니라, 우리 실제 삶에서도 그것은 불가능하다. 왜냐하면, 우리 몸 안에 죄가 남아 있으므로 단번에 죄를 최종적으로 제거할 방법은 없다. 그들이 그런 오류에 빠지는 것은 바로 로마서 6~7장을 이해하지 못했기 때문이다. 죄는 죽을 몸에 남아 있다. 따라서 죄는 몸이 죽기까지 남아 있다. 그러므로 우리는 죽는 날까지 죄의 영향에서 완전히 벗어나지 못한다. 따라서 그런 생각들을 제거하고 죄와 더불어 피흘리기까지 싸워야 한다.

또 다른 부류의 사람들은 "네가 스스로 하려고 하지 말라. 네가 하려고 하는 것은 죄를 짓게 되고, 성공해도 자기 의를 드러내는 것이다. 그러니 그리스도에게 맡겨라. 성령께 맡겨라. 그러면 그것을 이룰 것이다. 자신이 하려고 하면 육신적인 것이 된다. 자기가 하려고 하지 말고, 자신을 포기하고 성령 하나님께 맡겨라. 그러면 이룰 것이다." **그러나 바울 사도는 우리가 행동해야 한다고 가르친다.**

무율법주의자들이 어떤 이론을 제시하고, 어떤 방식의 삶을 살든지 그것은 성경이 가르치는 진리를 훼손하는 것이다. 그런데도 많은 사람이 그런 오류에 빠져 있다. 개혁신학을 좋아하는 목회자들도 그런 상태에 머물러 있는 분이 있다.

율법과 복음을 분리하지 말라.

율법주의와 무율법주의는 정반대의 모습을 하고 있지만, 그 뿌리를 추적해 들어가면 실상은 같은 근원에서 나왔음을 알 수 있다. **첫째는 자아(自我)라는 근원이다.** 율법주의는 율법을 행하는 자기에 중심을 두고 있다. 무율법주의는 율법의 규례를 자기 정욕(사상, 신학)에 맞추는 것이다. 말씀을 통해서 하나님의 거룩하심을 보지 못한 사람들은 하나님의 말씀마저도 자기중심적으로 해석하고 적용한다. 율법을 통해서 자기의 부정함을 인식하지 못하면 늘 자신은 다 된 것처럼 여기고 다른 사람들을 정죄하면서 심판자의 자리에 앉으려 한다.

둘째는 율법주의와 무율법주의 둘 다 율법과 율법을 주신 하나님을 분리한다. 율법을 하나님과 독립된 사문화(死文化)된 규정으로 여긴다. 그래서 그들은 율법의 규정과 생명을 분리한다. 율법은 우리의 존재가 거룩해야 한다고 가르친다. 율법은 우리의 활동이 사랑에 근거해야 한다고 가르친다. 율법은 우리 활동의 열매가 생명을 증진시켜야 한다고 가르친다. 율법은 하나님의 속성을 반영하고 있기 때문이다. 그런데 율법을 하나님과 분리하는 자들은 무엇보다 생명을 존중히 여기고 보호해야 할 율법을 지키기 위해 생명을 경시한다(마 12:9~21).[4] 율법은 하나님의 성품을 계시해 준다. 율법 자체가 하나님이 어떤 분이신지를 보여준다. 율법은 하나님께서 기뻐하시는 것과 미워하시는 것을 보여준다. 율법은 하나님과 어떻게 관계를 맺고 살아야 하는지를 보여준다. 따라서 율법은 우리를 하나님과 바른 관계를 맺게 만들어 준다. 율법을 보면서도 하나님을 뵙지 못하는 사람들과 말씀을 전하면서도 하나님과 분리된 사람들은 안쓰러운 소경이다. 이들은 영적인 무감각에 빠져서 점점 더 하나님으로부터 멀어진다.

셋째로 진리를 탐구하고 고수하는 방법의 유사성이다. 율법주의와 무율법주의는 진리의 한쪽만을 강조하여 왜곡하는 환원주의(還元主義)로 이끌어 간다. 이렇게 율법을 자기중심적으로 이용하고, 하나님과 율법을 분리하며, 진리의 한 부분만 강조하는 이런 왜곡은 하나님께 대한 반역이다. 이를 따르는 사람들을 멸망으로 이끈다. 환원주의는 전체를 보지 못하게 한다. 반쪽 진리는 진리가 아

---

4) 가령 생명을 보호하기 위해 "낙태 방지법"을 고수해야 한다고 주장하는 사람들이 폭력시위를 하면서 생명을 죽이는 일을 하는것과 같다.

니다. 그래서 오직 성경(sola scriptura)은 전체 성경(tota scriptura)이다. 환원주의에 빠진 사람들은 상대방의 견해를 아예 들으려고 하지 않는다. 자신들과 동일한 입장에 서 있는 사람들의 책만 읽고, 그들의 견해에만 귀를 기울인다.

율법주의를 단지 율법을 지켜서 구원받는다고 말하는 것으로 단순화할 수 없다. 앞서 본 것처럼 율법주의는 율법과 율법을 주신 하나님을 분리한 후에 자신이 하나님의 자리에 앉는 것이다. 율법주의자는 율법을 자랑하고, 율법의 선함을 옹호하면서 자신을 하나님의 자리에 세운다. 로마서 2장 1절을 보자.

"그러므로 남을 판단하는 사람아 무론 누구든지 네가 핑계치 못할 것은 남을 판단하는 것으로 네가 너를 정죄함이니 판단하는 네가 같은 일을 행함이니라."

유대인들은 자신들이 율법을 소유한 것 자체를 큰 특권으로 여겼다. 물론 유대인들이 율법을 맡은 것은 큰 특권이었다(롬 3:1~2). 하지만 그들에게 주어진 특권 자체가 자동적으로 구원을 주는 것은 아니었다. 그들은 그 율법을 통해 하나님을 알고, 하나님 앞에서 자신의 죄를 깨닫고 은혜에 감사하는 삶을 살아야 했다. 그들은 구약의 제사가 죄를 온전히 다 사하지 못한다는 사실을 알고 미래의 영원한 제사를 바라 보아야 했다(히 7:23~25; 10:1~4). 그런데 그들은 율법을 사용해서 자기 의를 추구하고, 그 율법으로 다른 사람을 정죄하는 오류에 빠졌다. 그들은 율법의 준행(準行)자가 아니라 율법의 입법자와 재판장인 것처럼 행동했다(약 4:11~12).

이런 오류는 1세기 초대교회를 비롯해 모든 시대의 교회 가운데 다양한 양상으로 드러난다. 그리스도의 복음과 하나님의 말씀을 받았으나 그것이 내면의 심비(心碑)에 기록되지 않고 여전히 돌판처럼 외적인 규례로 남아 있는 사람들에게서 나타나는 현상이다. 오늘날도 마찬가지다. **복음이 살아 있는 말씀으로 우리의 마음을 채우지 않는다면, 복음의 말씀으로 다른 사람을 정죄하고 죽이는 일을 복음에 대한 충성이라고 생각하면서 끔찍한 일을 저지른다.** 은혜를 따르지 않고 육체를 따르는 자들은 자신들의 행위를 자랑하고 다른 사람들을 종으로 삼고 잡아먹으면서 교회를 무너뜨린다(고후 11:16~33). 이것이 가만히 들어온 자들이 교회의 영광을 훼방하는 방식이다.

그리스도 안에 있는 사람에게 율법이 필요하지 않다고 하는 자들은 값없는 은혜의 가면을 쓴 악의 옹호자다. 교리적인 무율법주의자와 성경 해석상의 무율법주의자들은 복음과 율법을 분리하고 은혜를 색욕 거리로 바꾼다. 그들은 교만하여 누구의 말에도 귀를 기울이지 않는다.

김홍전 목사님은 진영논리에 빠진 사람들의 행태를 이렇게 비판하셨다.

"죽음이라는 미움을 일으키면서라도 전통을 지키는 것을 의로 생각하는 사람이 있습니다. "형제를 미워하는 자마다 살인하는 자니"(요일 3:15)라고 말씀하셨는데도 '나는 진리를 위해서 싸운다'라고 생각합니다. 진리를 위해서 투쟁한다는 것이 형제를 미워하는 증오로 바뀌었으면 증오가 진리입니까? 증오가 진리가 될 턱이 없는 것입니다. 진리는 증오를 가져오지 않는 것입니다. 참으로 진리라면 증오가 안 생겨야 합니다. 진리를 위한다면서 증오를 일으킨다면 그것이 무슨 진리입니까? 그런 진리를 두 번만 가졌다가는 사람을 죽이겠다는 것을 생각할 것입니다. 그런데도 그런 각성은 없습니다. 진리를 위해서 한답시고 마음 가운데에는 오백 악귀가 일어나는 것과 같은 짓을 합니다. 이런 것은 진리가 아닙니다. 진리의 탈을 쓰고서 속에 증오를 일으키고 증오를 선동하는 마귀의 화전(火箭)인 것입니다."[5)

진리는 사랑과 확신으로 성령의 인도하심을 통해서 열매를 맺는다. 성령의 열매는 진리의 공급을 통해서 자라고 드러난다. 성령의 열매는 그리스도의 인격을 닮게 한다. 성령의 은사는 그리스도의 사역을 하게 한다. 그리스도의 인격과 사역이 분리될 수 없는 것처럼, 성령의 열매와 은사는 나누어 가질 수 없다. 우리가 진리를 사랑할수록 성령님의 역사로 그리스도의 성품을 닮게 되고, 그리스도께서 기뻐하시는 일에 집중할 수 있다. 우리 안에 똬리를 틀

---

5) 『사도행전 강해 6』 57~58.

고 있는 거짓과 오류에 속지 않도록 더욱 진리의 말씀에 집중하고 성령 하나님의 인도하심을 따라 거룩한 성도요, 거룩한 교회로 계속 성장해 나아가자.

2019. 01. 13.

JUDE

5강

종교인인가? 신앙인인가?
화 있을진저! 이 사람들이여!

유다서 1:11~13

5강

종교인인가? 신앙인인가?
화 있을진저! 이 사람들이여!

유다서 1:11~13
설교 동영상

5강 구조

들어가며: 스타벅스와 글로벌리즘?

1. 가만히 들어온 자들의 길을 보라(11절)
    1) 가인의 길
    2) 발람의 어그러진 길
    3) 고라의 패역의 길

2. 열매로 분별하라(12~13절)
    1) 애찬의 암초
    2) 자기 몸만 기르는 목자
    3) 물 없는 구름
    4) 죽고 또 죽어 뿌리까지 뽑힌 가을 나무
    5) 자기의 수치의 거품을 뿜는 바다의 거친 물결
    6) 흑암에 들어갈 유리하는 별들

나가며: 신앙인인가? 종교인인가?

종교인인가? 신앙인인가?
화 있을진저! 이 사람들이여!

유다서 1:11~13

11 화 있을찐저 이 사람들이여, 가인의 길에 행하였으며 삯을 위하여 발람의 어그러진 길로 몰려갔으며 고라의 패역을 좇아 멸망을 받았도다
12 저희는 기탄 없이 너희와 함께 먹으니 너희 애찬의 암초요 자기 몸만 기르는 목자요 바람에 불려가는 물 없는 구름이요 죽고 또 죽어 뿌리까지 뽑힌 열매 없는 가을 나무요
13 자기의 수치의 거품을 뿜는 바다의 거친 물결이요 영원히 예비된 캄캄한 흑암에 돌아갈 유리하는 별들이라

스타벅스와 글로벌리즘?

필자는 몇 년 전 어느 여자 성도님에게 이런 이야기를 들었다. 그 성도님이 남편에게 같이 성경 공부를 하자고 하면, 남편은 먼저 당신이 성경 공부를 한 후에 그 정리한 내용을 '스벅'에 가서 자신에게 가르쳐주면 되지 않겠느냐라고 한다는 것이다. 그때는 그 말에 담긴 의미를 잘 몰랐다. 사실 필자는 얼마 전까지만 해도 왜 그렇게 비싸고 맛없는(?) 스타벅스가 한국 주요 도시에서 번창하는지 의아했다. 한국뿐만 아니라 차의 나라라고 할 수 있는 중국에서도 스타벅스는 계속해서 성장하고 있었다. 이제는 과거 코카콜라처럼

스타벅스는 미국 문화를 전파는 중요한 글로벌 기업이 되었다. 스타벅스는 뉴욕, 파리, 런던, 도쿄 등 세계의 주요 도시들을 중심으로 전 세계 커피 시장을 장악하고 있다. 스타벅스의 성공, 특히 점포 수의 증가 속도는 타의 추종을 불허한다. 무엇이 그렇게 만들었을까?

어떤 일본인 교수가 쓴 책에서 그 답을 발견할 수 있었다. "전면이 커다란 유리창으로 된 점포에 화려한 오픈 테라스, 효율적인 주문방식도 미국 본점과 다를 바 없습니다. 그래서인지 평범한 시민들에게는 살짝 문턱이 높아 보이고 고급스러운 이미지를 줍니다. 스타벅스의 성공은 이러한 이미지 전략이 도시의 감성, 특히 미국적인 성공을 동경하는 젊은 비즈니스맨의 감성과 절묘하게 맞아떨어진 데 있습니다. 하지만 나는 여기서 현대사회를 휩쓰는 '글로벌리즘'과 일맥상통하는 거대한 압력을 느낍니다.

최근에는 엘리트라면 스타벅스에서 공부하고 일한다는, 새로운 신앙과도 같은 묘한 인식이 생겨났습니다. 그 바람에 스타벅스라는 미국 자본주의가 낳은 부산물이 도시의 성지(聖地)처럼 되어 버렸습니다. 실제로 아침 일찍 집을 나와 스타벅스에서 커피를 마시면서 공부하고 출근하는 직장인과 학생을 우리는 종종 볼 수 있습니다." 그러면서 저자는 스타벅스의 성공은 단순히 커피 맛 때문이 아니라고 한다. "현대인에게 뭔가 '특별하다고 느끼는 공간'을 지속적으로 제공하기 때문에 그들의 마음을 사로잡아 대단한 성공을 거머쥔 것"이라고 말한다.

동시에 저자는 커피의 카페인의 효과를 말한다. 그는 "커피는 모든 음료를 통틀어 근대가 가진 '잠에서 깨어 있는' 느낌, 혹은 분위기와 가장 궁합이 잘 맞는 음료"이기 때문이라고 덧붙인다. 저자는 19세기 초 프랑스의 소설가 오노레 드 발자크의 예를 드는데, 발자크는 '검은 석유' 즉 먹처럼 진한 커피를 들이키고 스스로에게 채찍질하면서 인간이 도달할 수 있는 한계지점까지 자신을 내몰아 미친 듯이 집필에 몰두했다고 한다. 커피의 자극은 인간의 한계와 나태함을 극복하게 한다. 그래서 이렇게 육체의 집중력의 한계를 넘을 때까지 멈추지 않고 계속 일하게 한다. 과로 사회에서 사람들을 지탱해 주는 것이 커피라는 것이다. 커피에 의해서 각성한 의식은 경쟁이 치열한 현대사회에서 살아남고 성공하기 위해 필수적인 요소로 받아들여지기 때문이라고 말한다. 그러면서 저자는 "커피가 가진 '잠이 오지 않는 속성'은 세계를 크게 바꾸어 놓았다"라고 말한다. 중세에는 알코올을 의지해서 자신의 정욕을 추구했다고 한다면 근대의 이미지는 카페인을 통해 정신을 차리고 무엇인가 열심히 해서 세상에서 성공하려는 야망을 성취하기 위해 몰두하는 것이라고 말한다.

저자는 커피로 상징되는 잠들지 못하는 현대 문화의 단면을 잘 분석해 놓았다. 저자는 장사하는 사람들이 자기 물건을 팔기 위해서 존재하지 않는 욕구를 새롭게 만들어 내면서 시장을 키웠다고 한다. 쓰고 맛없고 영양가도 없는 커피같은 부자연스러운 음료가 지금처럼 확고한 자리를 차지하게 된 것은 상인들의 피눈물나는 노력이 있었다고 한다. 다시 말해 상인들은 의도적인 노력을 통해 '그 전까지는 존재하지도 않았던 욕구'를 만들어 정착시켰다는 것이다. "이성을 각성시키는 음료, 커피"라는 선전 문구를 만들기도 하였고, 호화로운 커피 하우스를 짓고 그곳에서 커피를 만들고 마시는 방법을 시연함으로써 사람들의 마음을 사로잡았다고 진단한다.

그러나 필자가 보기에는 상인들은 존재하지 않는 욕구를 만들어 물건을 팔았다기보다 이미 존재하고 있는 인간의 욕구를 그 상품에 투영함으로써 자기가 판매하는 상품을 소비하면 욕망이 충족된다고 믿게 한 것으로 보인다. 사람들이 스타벅스를 찾는 이유는 상류층 사람들처럼 멋져 보이고 카페인의 각성효과 때문에 집중도 잘 할 수 있기 때문일 것이다. 가만히 들어온 거짓 교사들도 그와 같은 방식으로 교회와 성도들을 자신이 원하는 방향으로 끌고 간다. 거룩함을 열망하는 성도들은 율법주의로 굴레를 씌우고, 육신의 정욕을 추구하는 사람들은 무율법주의적인 방종으로 이끈다. 이런 가르침은 쉽게 받아들여지고 세뇌(洗腦)된다. 그런 가르침으로 인한 세뇌는 아주 강력해서 커피보다 중독성이 크다. 그런 가르침으로 인한 환원주의적인 도취상태에서 빠져나오는 것은 거의 마약 중독에서 빠져나오는 것만큼 힘들다.

유다는 5~8절에 이어서 11~13절에서 두 번째로 구약의 세 가지 사건을 예로 들면서 거짓 교사들의 오류를 폭로한다. 첫 번째 예에서는 세 가지 집단이었다면 두 번째 예는 세 명의 개인들로 구성되어 있다. 그들은 성도를 잘못된 길로 이끌었다. 유다는 앞서 거짓 교사들의 위험을 폭로했으나 거기서 멈추지 않는다. 이번에는 구약의 악명 높은 세 명의 악인들을 거론하면서 교회가 이런 자들을 경계해야 한다고 경고한다.

1. 가만히 들어온 자들의 길을 보라! (11절)

1) 가인의 길

유다는 9~10절에서 가만히 들어온 자들이 하나님의 영광을 담고 있는 성도와 교회를 넘어지게 하는 방식을 자세히 다루었다. 거짓 교사들은 율법주의와 무율법주의를 교묘하게 유포시킴으로써 성도들이 진리의 길에서 떠나게 하여 교회를 어지럽게 했다. 유다는 11~13절에서 그런 유혹이 어떻게 나타나고, 어떤 열매를 맺는지, 그리고 그들이 받을 심판을 생생한 이미지를 통해서 보여준다.

"화 있을진저! 이 사람들이여, 가인의 길에 행하였으며, 삯을 위하여 발람의 어그러진 길로 몰려갔으며, 고라의 패역을 좇아 멸망을 받았도다!"(11절). 여기 나온 구약의 세 사람의 사례와 앞서 나온 세 가지 사건(출애굽 백성의 실패, 타락한 천사들의 반역, 소돔과 고모라의 멸망) 사이에는 중요한 차이점들이 존재한다. 먼저 그 차이점을 살펴보자. **첫째는 거짓 교사들에게 직접 '화'를 선포하고 있다는 점이다.** 이렇게 직접 선포된 **"재앙 신탁"은 그들의 심판이 확정되었음을 보여준다.** 거짓 교사들은 이미 멸망 당한 세 사람처럼 멸망할 운명에 처해있음을 선언한다. 9~10절에서 천사장 미가엘도 정죄하지 않았다고 했었는데, 유다는 지금 거짓 교사들에게 '화를 선포'한다. 그렇다면 여기서 우리는 유다가 정죄할 수 있느냐고 반문할 수 있다. 하지만 여기서 그 대상이 다르다는 것을 주목해야 한다. 천사장 미가엘은 영광을 담고 있는 모세, 즉 성도와 교회 지도자를 정죄하지 않았다. 여기서 유다는 이미 하나님의 길을 떠나 교회를 무너뜨리려는 자들에게 예정된 재앙을 선포한 것이다. 이는 이미 확정된 하나님의 심판 선언을 대언한 것이다. **두 번째 차이는 유다는 구약의 예증을 이어지는 적용과 더불어 인용하지 않고 구약의 예증들을 당시 거짓 교사들의 죄된 행실과 심판에 직접적으로 관련시킨다.** 다시 말해서 가인과 발람, 그리고 고라 이 세 사람은 화 있는 자들의 원형(原形)이 된다. 이들은 동일한 운명에 처하게 될 것이다.

유다는 여기서도 연대기적 순서를 따라 배치하지 않았다. 연대적 순서라면 가인(창 4장)–고라(민 16장)–발람(민 22~24장) 순이다. 하지만 유다는 고라의 패역을 마지막 세 번째에 둠으로써 강조한다. 또한 세 사람의 행동을 묘사하기 위해 사용하는 명사와 동사가 뒤로 갈수록 강해진다. 명사는 "**…길, …어그러진 길, …패역**(의 길)"인데 여기서 길은 그들의 인격과 행동 양식 전체를 가리킨다. 동사는 "**행하였으며, …몰려갔으며, …멸망을 받았도다**"이다. 이런 동사들은 그들의 인격과 행동 양식이 결국 자기 파멸적인 결과를 가져왔음을 강조한다. 이 세 가지 사례에서 마지막에 "멸망을 받았도다"라고 한 것은 고라의 행동이 절정이라는 것을 강조한다. 유다는 가만히 들어온 자들의 오류를 구약시대 패도 자의 원형이 저지른 죄와 강하게 연결시킨다. 특히 저자는 부정과거 시제[1]를 사용하여 이미 그들을 고라의 반역에 참여한 자들로 선언한다. 그런 식으로 저자는 그들이 이미 "고라의 패역을 따라갔다"라고 선언한다.

첫 번째 멸망 받은 예는 가인이다. 가인의 길은 두 가지로 정리할 수 있다. 우선 가인은 하나님의 말씀과 뜻을 알고도 그 말씀대로 하나님을 예배하지 않았다. 이미 우리가 창세기 4장에서 본 것처럼, 가인은 의도적으로 하나님의 율법을 버리고, 자기가 원하는 방식으로 예배했다. 그는 삶의 방식과 예배를 포함하여 모든 일에서 자기중심으로 살았다. 가인도 아벨과 함께 부모가 전해준 하나님의 말씀을 들었다. 하지만 가인은 들은 말씀대로 순종하지 않았고, 자기 편한 대로 행동했다. 그것이 하나님께서 가인과 그의 제물을 받지 않은 이유이다. 하나님은 그런 인격에서 나오는 자기중심적인 예배를 받으실 수가 없었다. 하나님은 그의 제사를 받지 않으셨다. 하지만 가인은 자기 잘못을 회개하기보다 하나님께 분노를 표출하였다. 가인은 동생을 질투하고 미워하면서 분노했다. 이때 하나님이 가인에게 나타나셔서 그의 잘못을 지적하시고, 죄악된 열망에 대해 경고하셨다.

창세기 4장 6~7절을 보자. "여호와께서 가인에게 이르시되 '네가

---

1) 헬라어 부정과거 시제는 과거라는 배경과 더불어 행위나 동작이 '일회적'이거나 '완료' 혹은 '완결'되었음을 의미한다. 즉, 확정되어 끝난 것이다.

분하여 함은 어찜이며 안색이 변함은 어찜이뇨? 네가 선을 행하면 어찌 낯을 들지 못하겠느냐. 선을 행치 아니하면 죄가 문에 엎드리느니라. 죄의 소원은 네게 있으나 너는 죄를 다스릴지니라'"(창 4:6~7).

여기서 가인의 길의 두 번째 형태가 나타난다. 하나님은 명확하게 가인의 죄를 지적해 주셨다. 또한 그 죄를 따라올 수 있는 다른 죄에 대해서도 경고해 주셨다. 하나님은 가인의 분노가 지닌 위험을 경고하셨고 가인이 회개할 수 있도록 말씀으로 책망하셨다. 그러나 가인은 이렇게 분명한 경고를 듣고서도 그것을 무시하고 자기 욕망을 따라 행동했다.

구약성경 아람어 역본인 탈굼은 창세기 4장 8절에서 가인이 아벨을 죽인 것을 해석해 주고 있는데 그 내용은 이렇다. 가인은 하나님의 의에 관해 아벨과 논쟁을 벌이다가 아벨을 죽였다는 것이다. 그 논쟁은 두 단계로 되어 있는데, 첫 번째 단계에서 가인은 하나님이 아벨의 제사는 받으시고 가인의 제사를 거부한 것은 부당하고 불의하다고 불평하면서, 그것은 하나님이 세상을 의롭게 다스리고 있지 않다는 것을 보여주는 것이라고 주장한다. 하지만 아벨은 세상은 의롭게 다스려지고 있고, 자신의 제사가 받아들여진 것은 자신의 행위가 의로웠기 때문이라고 주장한다. 두 번째 논쟁 단계에서 가인은 장래의 삶 속에 정의가 존재할 것을 부정한다. 가인은 "심판도 없고, 심판자도 없으며, 내세도 없고, 의인에 대한 상과 악인에 대한 벌도 없다"라고 말한다. 이에 대해 아벨은 "심판도 있고, 심판자도 있으며, 내세도 있다. 의인에 대한 선한 상과 악인에 대한 벌도 있다." 이렇게 두 단계의 논쟁에서 가인은 단지 악인으로만 아니라 최초의 이단으로 묘사된다. 그는 하나님의 의와 장래 심판을 부인하며 신앙적 회의에 빠져 악행에 중독되어 탐닉했다.

유다와 그의 일차 독자들은 이러한 탈굼역의 해석적 전통을 친숙히 알았을 것이다. 그렇다면 가인에 대한 언급은 장래의 심판에 대해 부정하면서 악행하는 자들을 연상시켰을 것이다. 따라서 가만히 들어 온 자들은 악행과 음행에서만 아니라, 하나님이 그런 악행과 음행에 대해 장래에 심판하신다는 것을 부정하는 자들이었을 것이다. 무율법주의적인 방종은 그들의 이런 사상에서 자연스럽게 흘러나왔을 것이다.

그들이 "가인의 길에 행하였으며"라는 말은 그들이 가인의 인격과 삶을 모방하며 가인의 발자취를 따랐다는 의미다. 그들은 하나님의 복음을 들었다. 하지만 복음에 자신을 복종시킨 것이 아니라, 자기 구미에 맞게 복음을 왜곡하여 자기 정욕을 추구하였다. 그런 행동이 율법의 정죄를 피하기 어렵다는 것을 알면서도 고의로 자기를 합리화하며 죄를 범했다. 가인처럼 자기가 죄인이라는 사실을 인정하지 않으면, 하나님의 은혜가 필요하다는 것을 부인한다. 그래서 명목상 신자들은 늘 이와 같은 방식으로 산다. 자기 죄가 발견되지 않아서 하나님의 영광을 보지 못한 사람의 문제는 하나님의 말씀을 가볍게 여기는 것이다. 심지어 그들은 하나님의 은혜를 색욕 거리로 바꾸어 버린다.

오늘날도 이런 사람들이 많다. 불신자들은 양심의 법을 무시하면서 자기 욕망을 따라 죄를 짓는다. 교인들은 복음이 강단에서 분명하게 선포되어도 자기 방식대로 해석하고 이런저런 핑계를 들어 순종하지 않는다. 자기 열심과 사람의 교훈을 따라 종교 생활을 한다. 복음을 자기 정욕을 추구하기 위한 도구로 변질시킨다. 율법과 복음이 명확하게 선포되지만, 그들은 순종을 피하기 위한 수많은 이유를 나열한다. 때로는 자기의 종교적 열정을 과시하는 것으로 자기를 합리화한다. 그들은 십일조와 주일성수를 철저히 하고, 매일 새벽기도를 했다는 것으로 삶에서의 순종을 대체해 버린다. 작금의 교회 상황을 보면 복음이 제시하는 삶의 방식을 몰라서 그렇게 사는 사람이 대부분이지만, 그것을 분명하게 들어서 알고 있는 사람도 순종하지 않는다. 그들은 자기 삶의 주도권을 주장하면서 자기 부인을 거부한다. 오늘날도 입술로는 하나님을 존경하지만, 행위로는 부정하는 자들이 많다(참고. 마 15:7~9). 그들의 그런 삶은 단지 악행에 그치는 것이 아니라 가인처럼 하나님의 공의와 심판을 부정하는 행동이기 때문에 훨씬 더 위험하다.

2) 발람의 길

두 번째 본보기는 발람이다. 발람은 가인의 잘못에서 한 걸음 더 나아간다. "삯을 위하여 발람의 어그러진 길로 몰려갔으며." 발람은 고의로 하나님께 반역했을 뿐만 아니라 다른 사람들에게도 그렇게 하라고 부추겼다. 민수기 22~24장에 나오는 발람의 기사는 발람이 탐욕을 품었으나 하나님은 강권하셔서로 오히려 이스라엘을 축복하게 하셨다. 민수기 25장에 가면 이스라엘은 모압 여인들과 음행함으로써 하루에 2만 4천 명이 죽는 비극을 겪게 된다. 민수기 31장 16절은 바로 그 일의 배후에 발람이 있었음을 밝혀준다.

"보라 이들이 발람의 꾀를 좇아 이스라엘 자손으로 브올의 사건에 여호와 앞에 범죄케 하여 여호와의 회중에 염병이 일어나게 하였느니라."

발람은 하나님의 계시와 강권하심으로 이스라엘을 저주하지 못하고 축복했다. 발람은 이스라엘의 축복과 장래의 비전을 보면서 이스라엘과 함께 축복을 누리길 갈망했다. 그러나 탐욕이 발람을 이겼다. 모압 왕 발락은 저주로 이스라엘을 이길 수 없게 되자, 이스라엘을 몰락시킬 다른 방법을 찾아 달라고 했다. 발람은 이스라엘에 대한 하나님의 위대한 계획을 가장 많이 알고 선포한 이방인 선지자였지만, 재물에 대한 탐욕을 채우기 위해 이스라엘이 죄짓도록 유혹했다.

하나님의 뜻을 분명하게 알게 되었지만, 눈앞의 이익(돈)을 위해 이스라엘을 넘어지게 한 거짓 선지자의 전형이다. 그는 직업적으로 (돈을 위해) 말씀을 전하고, 경건을 이익의 수단으로 삼는 자들의 원형이다. 요한계시록 2장 14절을 보자.

"그러나 네게 두어 가지 책망할 것이 있나니 거기 네게 발람의 교훈을 지키는 자들이 있도다. 발람이 발락을 가르쳐 이스라엘 앞에 올무를 놓아 우상의 제물을 먹게 하였고 또 행음하게 하였느니라."

초대 교회에도 이처럼 경제적인 이익과 육체적인 정욕을 위해 발람의 교훈을 따라 발람의 어그러진 길을 가는 사람들이 있었다. 이런 상황에서 거짓 교사들은 자기 이익을 위해 사람들의 정욕을 부추기며, 죄짓고 있는 사람에게도 축복을 남발했다.

어느 시대나 교회에는 굳세지 못한 영혼들을 육체의 정욕과 세상의 번영으로 미혹하여 자기 이익을 추구하는 목사들이 있다. 그들은 발람처럼 하나님의 구속사를 전하고, 하나님의 백성들이 얻을 축복에 참여하고자 하지만, 하나님의 백성들처럼 거룩하게 살려고 하지 않는다.

"야곱의 티끌을 뉘 능히 계산하며 이스라엘 사분지 일을 뉘 능히 계수할꼬? 나는 의인의 죽음 같이 죽기를 원하며 나의 종말이 그와 같기를 바라도다"(민 23:10).

의인의 회중에 들어오기를 바란다면, 의인으로 살아야 한다. 발람은 의인의 축복을 바랐지만, 의인으로 살기를 원치 않았다. 의인의 길을 배웠지만, 악인의 길을 간다. 오늘날도 그런 사람들이 많다. 신학을 공부하는 것을 좋아하여 많은 책을 읽고 유명한 설교자가 된 사람도 자기 이익에 눈이 어두워져서 교인들에게 올무를 놓고 탐욕의 우상에 빠뜨리며 멸망의 길로 몰아가는 경우도 있다. 반면 참 선지자가 전하는 설교를 들으면서도 자기 이욕(利慾)을 쫓는 자들은 순종하지 않는다(참고. 겔 33:30~33).

유다는 이런 자들을 발람의 어그러진 길로 가는 자들이라고 선언한다. 그들은 이미 축복의 길을 버리고 심판을 자초하는 길에 들어섰다. 경건이 목적이 되지 않고, 경건을 수단으로 삼아 자기 영광과 이익을 얻고자 하는 자들은 이미 하나님의 은혜에서 떠났기 때문에 그 자체로 저주 아래 있다. 문제의 근원은 하나님과 나의 경쟁이다. 하나님을 경외하는 것 그 자체가 자기에게 기쁨이 되지 못하면, 경건을 자기 이익의 수단으로 삼게 된다. 그들이 현세에서 출세하고 성공(成功) 가도(街道)를 갈 수도 있다. 하지만 그들은 이미 육체를 더럽혔기 때문에 하나님 나라의 영광에 들어오지 못하고 영원한 저주를 받게 될 것이라고 선언한다.

3) 고라의 패역한 길

세 번째로 고라의 반역은 심판의 결과에 대한 가장 분명한 예증으로 제시 된다. 고라의 반역은 민수기 16장에 나온다. 고라는 다른 레위 지파 제사장들인 다단과 아비람, 온과 함께 "당을 짓고" 모세를 대항한다(민 16:1). 고라가 '당을 지었다'라는 말은 달변(達辯)으로 백성들의 마음을 사로잡아 선동하였다는 의미다. 고라는 다른 추종자 250명을 이끌고 회중의 반역을 선동했다. 고라는 먼저 회중들을 높여주면서 자신들의 반역에 동참하게 하는 고도의 전략을 썼다. 민수기 16장 3절을 보자.

"그들이 모여서 모세와 아론을 거스려 그들에게 이르되 '너희가 분수에 지나도다. 회중이 다 각각 거룩하고 여호와께서도 그들 중에 계시거늘 너희가 어찌하여 여호와의 총회 위에 스스로 높이느뇨?'"

고라일당은 하나님이 세우신 모세의 권위를 짓밟으면서 회중도 모세만큼 거룩하다고 주장한다. 하나님이 회중과 함께 하시기에 모세의 지도력은 없어도 될 것처럼 말한다. 그들은 하나님이 세우신 지도자를 멸시하면서도 하나님을 존중히 여기고, 백성들을 위한 것처럼 말했다.

하지만 모세는 그들에게 분수에 지나친 것은 자신이 아니라 레위 자손들이라고 말하면서 누가 하나님이 세우신 지도자인지 확인하자고 제안했다(민 16:4~11). 그 결과 하나님이 개입하셔서 고라와 함께 반역한 250명과 가족들이 산 채로 스올에 빠져 멸망했다(민 16:13~40). 하지만 이스라엘 자손들은 이 사건을 통해서 교훈을 받지 못했다. 므리바에서 백성들은 모세와 다투게 된다(민 20:3). 이 사건에서 하나님께서는 이스라엘 자손이 여호와와 다투었으므로 이를 므리바 물이라고 명명하셨다(민 20:13).

하나님이 지명하여 세우신 지도자 모세와 아론을 대적한 자들은 결국 하나님의 권위를 업신여기고 하나님과 다툰 것이다. 그들은 백성들에게 "이 회중들도 모두 거룩하다"라는 말로 아첨하며 마음을 빼앗았다. 그들은 하나님이 세우시고, 하나님의 일을 하는 지도자들을 모욕했다. 하나님께서 세우신 질서와 권위를 거부하고, 자기들이 지도자가 되겠다고 나선 것이다. 가만히 들어온 자들은 하나님이 세우신 지도자의 권위를 대적하기 위해 당을 만들고자 획책한다. 그런 자들은 말씀과 강설의 문제를 제기하거나 교회의 행정과 관련된 사소한 문제를 마치 큰 문제인 것처럼 확장한다. 그래서 원망과 불평을 퍼뜨리면서 지도자의 권위에 도전하고 지지자들을 모아서 반역한다.

하지만 이들의 반역은 사람이 아니라 하나님께 대한 것이기 때문에 결국 멸망을 자초하게 된다. 하나님은 자기 백성과 나라가 이런 자들에 의해 멸망하도록 가만히 계시지 않는다.

"땅이 그 입을 열어 그들과 그 가족과 고라에게 속한 모든 사람과 그 물건을 삼키매 그들과 그 모든 소속이 산 채로 음부에 빠지며 땅이 그 위에 합하니 그들이 총회 중에서 망하니라"(민 16:32~33).

땅이 갈라져 반역자들과 그 가족들을 삼킨 것처럼, 하나님께서 세우신 교회의 정당한 질서를 무시하는 자들도 영원한 지옥 불의 심판에 떨어질 것이다.

예수님은 제자들을 파송하시면서 이렇게 말씀하셨다.

"너희를 영접하는 자는 나를 영접하는 것이요, 나를 영접하는 자는 나

보내신 이를 영접하는 것이니라"(마 10:40).

교회의 지도자들은 예수 그리스도의 말씀을 전하고, 그리스도의 일에 전념하는 사람이다. 성도는 그리스도의 몸 된 교회의 지체로서 직분자와 협력하여 동역 한다. 그런데 불평하는 사람들은 동역이 아니라 발목을 잡으면서 사역을 방해한다. 개혁교회에서 하나님의 통치는 당회를 통해 이루어진다. 그래서 당회의 권면은 다른 성도들의 권면과 다르게 인식해야 한다. 그런데 개혁교회를 찾아왔다는 사람들이 당회의 권위를 무시하고 제멋대로 행동하는 경우가 많다.

불평과 원망은 대적의 전 단계이다. 이런 불평과 원망은 전염성이 매우 강하다. 그래서 우리는 처음부터 그것이 퍼지지 않도록 주의해야 한다. 이런 일들이 교회 밖에 있는 것이 아니라 교회 안에서 일어나고 있다. 하나님의 사람들은 일보다 한 사람의 영혼을 귀중하게 여긴다. 하나님의 사람은 일이 잘되고 못 되고보다, 한 사람의 영혼이 구원을 얻고, 생명의 부요함을 누리는 것을 우선한다. 그러나 유혹하는 자들은 그리스도의 핏 값으로 사신 영혼들을 싸구려로 취급한다(계 1:5). 함부로 말하고 정죄하면서 상처를 준다. 자신의 목적을 이루기 위한 수단 정도로 생각하는 것이다. 자기 이익과 세상적 유익을 위해서라면 언제든 배신하는 사람들이다. 이런 자들은 자기 패역을 따라 멸망의 길로 간다.

하지만 우리가 그런 자들을 분별하기가 쉽지 않다. 그들의 행동이 쉽게 드러난다면 이렇게 반복적으로 가르칠 이유가 없었을 것이다. 양의 탈을 쓰고 교회 가운데 들어와서 수많은 사람을 패역의 길로 이끄는 자들을 분별하도록 유다는 반복해서 가르치고 있다.

2. 열매로 분별하라! (12~13절)

1) 애찬의 암초

12~13절을 보자. "저희는 기탄없이 너희와 함께 먹으니 너의 애찬의 암초요, 자기 몸만 기르는 목자요, 바람에 불려가는 물 없는 구름이요, 죽고 또 죽어 뿌리까지 뽑힌 열매 없는 가을 나무요, 자기의 수치의 거품을 뿜는 바다의 거친 물결이요, 영원히 예비된 캄캄한 흑암에 돌아갈 유리하는 별들이라." 유다는 여섯 가지 묘사를 통해서 그들의 반역과 멸망이 어떤 것인지를 생생하게 보여준다.

첫째로 그들은 "애찬의 암초"이다. 1세기 당시 교회에는 성찬을 겸한 애찬이 있었다. 예수 그리스도의 거룩한 은혜를 기억하는 성도가 사랑의 교제를 나누는 자리에 가만히 들어온 자들이 겁 없이 함께 식사했다. 자신들이 형제와 그리스도의 사도처럼 가장하고 교제에 참여한 것이다. 유다는 그런 자들을 암초라고 말한다. 가라지는 알곡의 양분을 빼앗기는 하지만 치명적인 손상을 입히는 것은 아니다. 하지만 암초는 항해하는 배를 침몰시키는 아주 위험한 장애물이다. 가라지는 보이지만 암초는 보이지 않게 가려져 있어 더 큰 위험이다. 그리스도의 종인 것처럼 행세하고 그리스도의 일꾼인 것처럼 가장하는 자들이 교회에서 성도들과 기탄없이 교제하면서 교회를 혼란에 빠뜨리고 영혼들을 멸망으로 인도한다. 따라서 교회와 성도들은 늘 깨어서 이런 숨겨진 장애물로 인해 치명상을 입지 않도록 해야 한다.

2) 자기 몸만 기르는 목자

둘째로 유다는 그들을 '자기 몸만 기르는 목자'라고 선언한다. 교회의 선생이 되는 것은 목사, 혹은 '목자'가 되는 것을 의미한다. 목자는 주님의 양들을 사심 없이 돌보고 그들에게 생명의 양식을 공급하는 사람이다. 그런데 그들은 양들에게 제대로 양식을 공급하지 않으면서 자기 욕망을 채우기 위해서 양들을 약탈한다. 주님의 말씀으로 양들을 먹이고 돌보는 것을 최고의 상으로 생각하지 않는다. 오히려 그 일을 통해서 결국 자기 이익과 자기 영광을 추구한다.

에스겔 34장에서 경고하고 있는 것처럼 '자기 몸만 기르는 목자들은' 양들을 먹이지 않아 굶주리게 하고, 양들을 잡아먹으면서 괴롭게 한다. 양에게 하나님의 말씀을 배부르게 먹여야 한다는 의식이 별로 없다. 그들은 한 영혼의 거듭남이나 생명을 얻는 회개에 대해서는 관심을 기울이지 않는다. 그들의 관심은 어떻게 하면 자기 영향력을 확대하고, 사람들 속에서 자기 힘을 과시할 수 있을까에 있다. 이런 사람들은 참 목자보다 더 재능이 뛰어나고, 외모도 좋을 수 있다. 사람들에게 친절하게 접근하고 간이라도 빼줄 것처럼 하지만 결국에는 자기 이익을 위해 그들을 희생시킨다. 악덕 기업주들이 자기와 회사의 이익을 위해서 직원들을 혹사(酷使)시키고, 직원들을 경영 목표를 달성하기 위한 도구로 생각하듯이 거짓 목자들도 성도 한 사람 한 사람의 영혼보다 자기가 설정한 목표를 더 중요하게 생각한다.

3) 물 없는 구름

셋째로 그들은 "바람에 불려가는 물 없는 구름"이다. 덥고 먼지가 많은 팔레스타인 땅에서 구름은 비가 올 조짐으로 사람들을 설레게 했다. 하지만 바람과 함께 왔다가 비 한 방울 떨어뜨리지 않고 사라져 버리는 구름은 아무 쓸모가 없었다. 오히려 물 없는 구름은 비에 대한 기대를 실망으로 변하게 할 뿐이었다. 이처럼 거짓 목자들은 사람들에게 많은 약속과 축복을 남발한다. 하지만 그 속에 아무런 알맹이가 없다. 잠언의 교사는 "선물한다고 거짓 자랑하는 자는 비 없는 구름과 바람 같으니라"라고 가르쳤다(잠 25:14). 거짓 교사들은 현실성 없는 약속과 축복을 남발하고, 자기가 가르치는 것이 대단한 것처럼 과장하며 선전하지만, 그 안에 별로 유익한 것이 없고, 기대한 열매는 없고 공허한 말 잔치로 끝난다. 진정한 삶의 변화나 열매가 나타나지 않는다.

인간의 가장 큰 필요는 하나님의 말씀을 듣는 것이다(마 4:4). 그런데 이들은 말씀을 교묘하게 비틀어서 정욕을 부추기고, 하나님을 이용하여 세상의 번영과 자기만족을 추구하도록 유혹한다. 이런 사람들은 교회에서 배척되어야 할 것 같은데, 오히려 환영받고 그들의 가르침이 더 잘 수용된다. 이런 가르침은 육신적인 사람들에게 더 환영받는다. 그것은 인간의 부패한 본성에 딱 맞는 말을 성경으로 포장해서 유창하게 전달하기 때문에 사람들이 감동하면서 속아 넘어간다.

4) 죽고 또 죽어 뿌리까지 뽑힌 가을 나무

네 번째는 "죽고 또 죽어 뿌리까지 뽑힌 열매 없는 가을 나무"다. 가을 나무에 기대하는 것은 열매다. 그런데 거짓 교사들은 많은 열매가 있는 것처럼 하지만 결국 아무 열매도 맺지 못한다. 잎사귀가 무성하여, 열매가 많을 것으로 기대되었던 무화과 나무처럼(마 21:18~22), 이들도 종교 행사를 많이 하고, 대단한 일을 하는 것처럼 포장하지만, 결국 하나님이 원하시는 열매를 맺지 못한다. 그 이유는 죽고 또 죽어 뿌리까지 뽑힌 가을 나무이기 때문이다. 다시 말해 **그들이 아무리 하나님을 높이고, 그리스도의 사도임을 주장할지라도 그 뿌리는 하나님과 완전히 단절된 상태라는 의미다.** 한 번 죽는 것이 현세의 영적 사망과 육신 사망이라면, 두 번 죽는 것은 영원 사망까지 확정되었음을 의미한다. 다시 말해 그들은 이미 죽었고, 영원 사망까지 당할 운명에 처한 자들이기 때문에 하나님 나라를 위해 어떤 열매도 맺을 수 없다는 말씀이다. 말은 유창하고 외모는 화려하지만, 그리스도와 연결되지 않았기 때문에 아무런 열매도 없는 것이다. 마치 황금으로 만든 수도꼭지라 하더라도 수원지에서 오는 파이프라인과 연결이 되지 않았다면 물이 나오지 않는 것처럼 이 사람들은 하나님과 단절된 사람들이다.

죽은 나무에서 열매를 기대할 수 없는 것처럼, 성령으로 거듭나지 않은 사람이 성령의 열매를 맺을 수 없다. 온갖 모조품 열매를 가지고 사람들을 현혹할 수는 있어도 참된 열매를 맺지 못한다. 그들의 사역을 통해서 진정으로 거듭나거나 생명의 성장은 일어나지 않는다. 때로는 천한 그릇으로 쓰임 받는 일도 있지만, 그것이 자신들에게 어떤 유익도 주지 못한다. 우리는 외모가 아니라 그들이 맺는 열매로 판단해야 한다. 성령의 열매가 없는 사람을 성령의 사람이라고 할 수 없다. 예수님의 성품을 닮은 사람만이 예수님이 기대하시는 성령의 열매를 맺을 수 있다.

5) 자기의 수치의 거품을 뿜는 바다의 거친 물결

다섯 번째로 거짓 교사들은 "자기의 수치의 거품을 뿜는 거친 물결"이다. 이스라엘 사람들에게 바다는 언제나 혼돈과 위험의 표상으로서 위협적인 존재였다. **거짓된 자들일수록 열정적으로 일하는 활동가들이 많다.** 그들은 차분히 앉아서 성경을 연구하고 기도하기보다 더 많은 활동을 통해서 자기 존재감을 나타내고, 자기 영향력을 확대하고자 한다. 하지만 그들의 활동은 결국 자기 수치의 거품을 품는 바닷물결처럼 자기 안에서 나오는 온갖 부패한 것들을 쏟아 놓는다. 이사야 57장 20~21절을 보자.

"오직 악인은 능히 안정치 못하고 그 물이 진흙과 더러운 것을 늘 솟쳐 내는 요동하는 바다와 같으니라. 내 하나님의 말씀에 악인에게는 평강이 없다 하셨느니라."

북서풍이 부는 겨울 바다의 거친 물결이 우리나라 서해안 해변에 남겨 놓는 것은 온갖 잡동사니 쓰레기들뿐이다. 마찬가지로 거짓 교사들이 열심히 활동한 뒤에 남기는 것은 더러운 쓰레기뿐이다. 그들이 남긴 것은 자신을 비롯해 누구에게도 유익을 주지 못할 뿐만 아니라 영혼에 해로운 것들 뿐이다. 그들은 자신들의 능력과 힘을 거품을 물고 자랑하지만, 결국 마지막에 남는 것은 쓰레기들뿐이다. 사람들에게 유익을 주는 생명의 강수가 아니라, 마실 수도 없고 곁에 두기도 힘든 수치의 거품을 계속해서 뿜어내고 있음을 폭로한다.

6) 흑암에 들어갈 유리하는 별들

여섯 번째로 그들은 "영원히 예비된 캄캄한 흑암에 들어갈 유리하는 별들"이다. 1세기 당시엔 나침판과 레이더가 없었기 때문에 어두운 밤에 여행하는 사람들에게 하늘의 별이 확실한 안내자였다. 마찬가지로 교회의 지도자는 하늘의 별과 같이 하나님께서 기뻐하시는 삶을 바르게 전하여 길을 잃지 않도록 인생의 여정을 인도해야 한다. 하지만 유리하는 별들은 사람들을 잘못된 곳으로 인도한다. 그들은 하나님이 아니라 세상의 유행에 따라 움직이게 하고 방향감각 없이 이끌어가는 자들이다. 오늘날 교회들이 수많은 프로그램을 도입하여 교육하는데 심지어 그렇게 진행하는 프로그램들 중에는 상호 모순되는 것도 있다고 한다.

참된 지도자와 성도는 하나님의 영광과 하나님의 나라를 향한 방향을 일관되게 유지한다. 그들은 복음을 따라 꾸준히 제자의 길을 간다. 그것이 아무리 힘들고 어려워도 포기하지 않고 묵묵히 그 길을 간다. 하지만 은혜가 없는 사람들은 상황에 따라, 자기 이익과 세상의 풍조에 따라 이리저리 방향을 바꾸면서 분주하게 뛰어다닌다. 목적과 방향감각을 상실한 사람들은 언제나 요동할 수밖에 없다. 하지만 사람들을 옳은 데로 인도한 자들은 하늘의 별과 같이 빛나게 될 것이다(단 12:3). 반면 사람들을 잘못 이끄는 거짓 교사들은 영원한 흑암 속에서 유리하게 될 것이다.

신앙인인가? 종교인인가?

유다가 제시한 세 사람, 가인과 발람과 고라의 공통된 특징은 그들이 하나님의 뜻을 명확하게 알았다는 점이다. 이는 우리에게 큰 경고이다. 우리도 하나님의 뜻을 안 것으로 만족해서는 안 된다는 것을 보여준다. 중요한 것은 그 뜻에 자기를 부인하고 순복하는 것이다. 가인은 하나님을 예배하는 자로서 어떻게 예배해야 하는지, 어떻게 하는 것이 믿음의 삶인지를 알았다. 하지만 가인은 말씀보다 자기 방식 대로 예배했고, 믿음이 아니라 자기중심적인 삶을 살았다. 더욱이 가인은 하나님의 분명한 경고(회개와 죄를 피할 것에 대한)를 받고서도 이를 무시하였다. 그뿐만 아니라 믿음의 사람인 자기 동생 아벨을 죽였다.

오늘날도 가인과 같이 자기중심적인 사람들은 열심히 성경을 공부하지만, 결코 믿음에 자신을 드리지 않는다(히 4:1~2). 온갖 거짓된 논리와 변명을 늘어 놓으면서 순종하지 않을 명분을 대면서 자기를 합리화한다. 그런 사람들은 참된 신자들의 믿음과 순종을 비웃고 조롱하면서 핍박하기까지 한다(마 24:49). 그들이 순종하고 열심을 내는 것은 자기에게 이익이 되기 때문이다. 그런 사람은 자기 이익과 배치되면 언제든지 어떤 이유를 대서라도 제자의 길과 교회를 떠난다.

발람은 이방인이었지만, 하나님의 계시를 받았고 하나님의 축복을 선언했던 선지자였다. 그는 하나님 백성의 축복과 하나님 나라의 구속역사 전체를 조망했지만, 결국 자기 탐욕에 굴복하였다. 돈을 받고 이스라엘을 미혹케 함으로써 어그러진 길로 가서 멸망했다. 오늘날 많은 사람이 개혁신학에 관심을 갖고, 개혁교회를 찾는다면서 몰려다닌다. 그들도 하늘의 비밀을 맛보고, 하나님 나라의 공동체 안에서 영광을 경험한다. 어떤 사람은 신학박사 학위도 따고, 자칭 타칭 위대한 학자라는 말을 듣는다. 하지만 그들의 연구와 활동은 결국 자기의 영광과 이익을 위한 것이다. 그들은 재물과 쾌락과 자만심이라는 우상에 경배한다. 그들의 사역의 동기와 목표는 하나님의 영광과 교회의 유익을 위한 것이 아니라, 자기의 영광과 이익을 위한 것이다. 그들 중에는 외모와 활동이 탁월하여 발람처럼 한국뿐만 아니라 여러 나라에도 알려질 정도로 유명한 사람이 있다. 그런데 그들 중에는 돈 몇 푼 받고 이단 교주의 책에 추천사를 쓴 사람도 있다. 이단을 정죄하던 사람들이 이단에게서 돈을 받고 이단을 풀어주기도 한다.

고라는 레위 지파로서 성소를 섬기는 영광스러운 직분을 받았다. 하지만 그는 그 자리에 만족하지 못하고, 하나님께서 세우신 모세와 아론의 자리를 탐했다. 그는 회중에게 아첨하면서 그들이 거룩하다고 선동하여 회중들의 마음을 빼앗고 당을 지었다. 고라의 패역은 단지 모세를 대적한 것이 아니라 하나님을 대적한 것이었다. 하나님을 가까운 거리에서 섬기는 자들이 하나님의 이름과 말씀을 도용하여 자기 권력을 강화하는 것을 볼 수 있다. 이는 오늘날 교회에서도 빈번하게 벌어지는 일이다. 자기 생각을 관철하기 위해서 사람들을 모아서 당을 짓고, 선동하면서 교회의 리더십을 흔든다. 특별히 개혁교회가 이제 막 뿌리를 내리고 어린싹이 나오려고 하는 한국적 상황에서 당을 짓고, 헌금을 무기로 목회자를 흔들어서 자신들이 원하는 방향으로 끌고 가면서 주인 행세하려는 자들이 있다. 경제적 어려움에 부닥친 목회자들의 약점을 잡고, 자기 마음대로 교회를 좌지우지하려는 자들이 개혁교회들을 찾아 다니면서 문제를 일으키고 있다. 그런 사람들은 자기 요구를 들어주지 않으면, 사람들을 선동해서 교회를 풍비박산(風飛雹散) 내고 떠나

버린다.

그렇다면 우리는 어떻게 그런 자들을 분별해 내고, 교회를 바르게 세울 수 있을 것인가? 우리는 11~12절에서 말씀하고 있는 악한 자들의 행태와 열매를 잘 살펴야 한다. 그들이 암초와 같이 잘 드러나지 않을지라도 시간이 지나면 그들의 삶의 열매를 통해서 드러나게 될 것이다. **참된 목자와 성도는 그리스도의 흔적을 지닌 사람이다.** "이후로는 누구든지 나를 괴롭게 말라. 내가 내 몸에 예수의 흔적을 가졌노라"(갈 6:17). 복음을 전하는 사람은 고난과 수치를 부끄러워하지 않는다. 그들은 복음과 함께 고난을 받았기에 그 몸에 예수의 흔적을 지녔다. 화상을 입어 본 사람은 화상으로 인한 흉터를 가진 사람을 비웃거나 조롱하지 않는다. "형제 사랑하기를 계속하고 … 자기도 함께 갇힌 것 같이 갇힌 자들을 생각하고 자기도 몸을 가졌은즉 학대 받는 자를 생각하라"(히 13:1, 3). 예수의 흔적을 가진 사람들은 형제의 아픔과 고통을 자기의 아픔과 고통으로 여기면서 돌보려 한다.

바울 사도는 데살로니가 교회를 향해 이렇게 말했다. "우리가 이같이 너희를 사모하여 하나님의 복음으로만 아니라 우리 목숨까지 너희에게 주기를 즐겨함은 너희가 우리의 사랑하는 자 됨이니라"(살전 2:8). 이것이 기독교의 사역이고, 이것이 기독교인의 기본적인 삶의 태도와 동기이다. 하나님의 은혜를 경험한 사람이라면 당연히 이렇게 살 것이다. 우리는 영적 사망과 육신 사망, 영원 사망에 처해져야 마땅한 사람들이었다. 죽고 또 죽어 뿌리까지 뽑혀 영원한 불 못에 들어가야 마땅한 자들이었다. 그런데 우리는 아무 값없이 은혜로 지옥에 떨어지는 것을 면했을 뿐만 아니라 영원한 생명과 하나님 나라를 상속받았다. 그런 은혜를 받은 사람이 어떻게 경건을 자기 이익을 위한 도구로 사용할 수 있겠는가? 어떻게 하나님의 은혜와 영광 안에 있는 형제와 교회를 자기 이익을 위한 대상으로 삼겠는가? 하나님의 은혜를 입은 사람이 어떻게 형제를 실족하게 할 수 있는 심한 말로 정죄하겠는가? 은혜를 입지 못한 사람은 일을 열심히 하는 만큼 불평과 원망을 끊임없이 토로한다. 모든 것이 자기가 원하는 대로, 자기가 주관해야 하는데 그렇지 않을 때 이런저런 명분을 만들어 계속해서 불평하면서 분쟁을 일으킨다.

민수기가 보여주는 것처럼, 불평과 원망은 이스라엘의 변두리에서, 작은 것에서 시작되어 리더십의 최상의 자리에까지 도달한다. 고라의 패역한 길은 아주 작은 일에서 시작되어 결국 하나님의 권위에 도전하는 자리로 나아갔다. 유다가 반복적으로 이것을 가르치고 상기시키는 것은 우리가 이것을 분별하기가 쉽지 않기 때문이다. 우리가 분별하지 못한다면, 우리는 다시 가인과 발람, 고라에게 속아 멸망의 길로 치닫게 될 것이다.

그렇다면 우리는 어떻게 분별할 수 있을까? 먼저 우리는 자신의 정체성을 확고하게 이해해야 한다. 그러면 그리스도 안에 있는 형제를 식별할 수 있다. 그리스도인이 형제를 식별하는 것은 거의 영적인 본능으로 이루어진다. 말로 설명하기 어려운 뭔가가 있는데, 이는 하나님의 자녀에게만 나올 수 있는 표지가 드러나기 때문이다. 하나님의 가족이 된 사람은 서로 알아볼 수 있는 신령한 특징들이 있다(고전 2:14~15). 육에 속한 사람에게서는 나올 수 없는 영적인 특징들이 나타난다. 그중에 하나님을 기뻐하고, 하나님께 속한 사람과 일을 사랑하는 것이 있다(참고. 시 139:21~24). 그들은 하나님의 영광을 즐거워하고 기뻐한다. 중국의 사역자들을 볼 때도 이는 단번에 확인할 수 있다.

둘째는 하나님 나라의 백성이라는 소속감이다. 하나님의 백성은 과거에 속했던 사단의 나라를 미워하고 하나님의 나라와 그 안에 속한 것을 사랑한다. 옛 (육신의) 가족관계보다 하나님의 가족들과의 관계를 더 소중하고 중요하게 생각한다(마 10:30~39). 우리가 주님을 기뻐하고 사랑하면, 옛 가족들과 옛 관계에 속한 사람들은 못마땅해 한다. 하지만 그리스도인은 그들을 향한 연민과 안타까움을 갖고 그들을 위해 할 수 있는 일을 다 하고자 한다. 하지만 그들과 함께 과거의 삶을 즐기는 것보다 오히려 하나님의 가족과 함께 고난받는 것을 더 즐거워한다. "주의 궁정에서 한 날이 다른 곳에서 천 날보다 나은즉 악인의 장막에 거함보다 내 하나님 문지기로 있는 것이 좋사오니"(시 84:10).

셋째, 하나님 나라와 교회의 관심사를 공유하는 것이다. 우리는 한 믿음과 한 성령을 가졌기 때문에 한 소망을 가지고 함께 그 일을 위해 협력하려고 한다. 하나님의 가족은 하늘의 시민권을 가졌기 때문에 하늘 아버지께서 주신 사명을 중요하게 생각한다. 상황이 열악하고 힘들수록 하나님의 가족들은 더 하나로 뭉치게 된다. 참으로 하나님의 가족이 된 사람은 교회에 고난과 어려움이 왔을 때도 함께 이겨내면서 은혜 안에서 성장한다. 하지만 어떤 사람들은 자기가 좋을 때는 교회를 열심히 섬기다가도 교회가 조금 어려워지면 재빨리 떠나 버린다. 이런 사람은 처음부터 하나님의 사람이 아닐 가능성이 크다. 하나님의 가족은 힘들 때 더 사랑으로 하나가 되어 그 문제를 풀어 나간다(히 10:32~34).

넷째 교회적 사명을 위해 하나로 연합하여야 한다. 우리는 서로 사랑하고 서로의 복지를 위해 헌신함으로써 진정한 분별력을 갖출 수 있다. "누가 약하면 내가 약하지 아니하며 누가 실족하게 되면 내가 애타지 아니하더냐?"(고후 11:29) 이런 모든 것은 성령의 열매이다. 이것은 사랑, 희락, 화평, 오래 참음, 자비, 양선, 충성, 온유, 절제로 나타난다. 성령의 열매는 아홉 가지 모습으로 비추어지지만 하나의 열매다. 우리가 무슨 일을 어떤 동기로 하든지 사랑으로 열매 맺지 않는다면 자기를 점검해야 한다.

그리스도인은 신앙을 통제하는 것이 아니라 신앙의 통제를 받는다. 다시 말해 신앙의 방식에 이끌려가는 사람이 신앙인이다. 하지만 동일한 활동을 하면서도 신앙의 방식이 아니라 자기가 주도하려는 사람은 종교인이다. 참된 신앙인은 진리 자체에 관심을 두고 그 진리를 구현하기 위해 집중한다. 종교인은 진리를 말하면서도 조직과 사람의 활동에 더 관심을 둔다. 참 신앙인은 성령의 역사를 의지하지만, 종교인은 인간의 활동을 의지한다. 일반적으로 종교인들은 신앙인보다 더 많은 활동을 한다. 그들은 활동을 통해서 그리스도인이라는 사실을 확인받고 싶어 한다. 그들은 자기 활동에서 만족을 찾는다. 만약 활동이 줄어들거나 없어진다면, 침체에 빠져서 견디지 못한다. 하지만 신앙인들은 무엇을 하느냐보다 자신이 하나님과 어떤 관계를 맺고 있는지에 관심을 가진다.

종교인들은 자기 지식과 활동을 자랑한다. 교묘하게 자기가 이룬 것들을 드러내려고 한다. 하지만 신앙인들은 무엇을 알고, 무엇을 하느냐보다 자신이 누구이고 자기 마음의 상태가 어떤지에 더 많은 관심을 가진다. 종교인은 자신의 권리와 요구사항을 나열하지만, 신앙인은 하나님의 자녀답게 살고자 하는 데 더 많은 관심을 쏟는다. 종교인은 자기의 주장을 관철하고, 자기 영향력을 확대하기 위해 집중하지만, 신앙인은 자기 활동을 통해서 주님이 기뻐하시고 교회가 유익을 얻도록 최선을 다한다.

당신은 신앙인인가? 종교인인가? 교회를 어지럽힌 사람들은 종교인들이 많았다. 우리가 분별력을 가져야 할 이유가 바로 여기에 있다.

2019. 01. 20.

JUDE

6강

주께서 그 수만의 거룩한 자와 함께 임하셨나니

유다서 1:14~16

6강

주께서 그 수만의 거룩한 자와 함께 임하셨나니

유다서 1:14~16
설교 동영상

6강 구조

들어가며: 듣기만 한 것은 죄가 없다?

1. 이 사람들의 심판은 확정되었다! (14~15절)
   1) 에녹의 예언
   2) 심판의 확실성과 보편성

2. 심판의 근거들을 보라! (16절)
   1) 원망과 불만을 토하며 정욕대로 행함
   2) 자랑하는 말과 아첨의 말

나가며: '네 말'이 심판의 근거가 될 것이다.

주께서 그 수만의 거룩한 자와 함께 임하셨나니

유다서 1:14~16

14 아담의 칠대 손 에녹이 이 사람들에 대하여도 예언하여 이르되 보라 주께서 그 수만의 거룩한 자와 함께 임하셨나니
15 이는 뭇 사람을 심판하사 모든 경건하지 않은 자가 경건하지 않게 행한 모든 경건하지 않은 일과 또 경건하지 않은 죄인들이 주를 거슬러 한 모든 완악한 말로 말미암아 그들을 정죄하려 하심이라 하였느니라
16 이 사람들은 원망하는 자며 불만을 토하는 자며 그 정욕대로 행하는 자라 그 입으로 자랑하는 말을 하며 이익을 위하여 아첨하느니라

듣기만 한 것은 죄가 없다?

1970년대에 미국의 한 연구기관의 조사에 의하면 미국인은 하루에 평균 700번 말을 한다고 한다. 만약 이 숫자가 너무 많다고 느껴진다면 350개로 줄여 보자. 이것도 많다면 그 반인 175개로 다시 나눠보자. 그래도 여전히 높은 숫자다. 우리가 매일 쉬지 않고 175번 이상 하는 일은 거의 없다. 우리가 의식적으로 하는 활동 중에 말을 가장 많이 한다. 따라서 우리의 많은 말이 문제를 일으킨다. 우리는 몸으로 하나님께 영광을 돌리라는 명령을 받고 있다(롬 12:1~2). 그 첫 번째 일은 우리의 말과 혀에서 시작된다.

잠언이 가르치는 것처럼, 말은 우리의 도덕적 지위를 나타낸다. 진실하고 정직한 말은 공동체를 사랑으로 결속시키고 공동체의 사명과 목표를 이루는 데 이바지한다. 진실한 말은 사랑을 만들고 신뢰와 친밀감을 높인다. 그러나 거짓말은 서로 속이고 마음과 다른 표정으로 연기하는 것 같은 거짓된 공동체를 만든다. 거기서는 진실하고 신성한 것을 느낄 수 없다. 예수님은 사단을 "거짓말쟁이요 거짓의 아비"라고 선언하심으로써 사단의 신분을 드러내셨다. 거짓말은 하나님께서 혐오하시는 것이다. 하나님은 거짓말을 하는 것뿐만 아니라 험담과 비방하는 말을 우리가 들어주는 것도 기뻐하시지 않는다.

잠언의 교사는 이렇게 말씀한다. "악을 행하는 자는 궤사한 입술을 잘 듣고 거짓말을 하는 자는 악한 혀에 귀를 기울이느니라"(잠 17:4). 악한 자들이 하는 말을 들어주는 것도 악에 참여하는 것이라고 경고한다. 거짓말을 들어주는 것도 영적인 위험을 내포한다는 말씀이다. 우리는 그냥 들어주기만 했으니까 자신과는 관련이 없다고 생각할 수 있다. 하지만 듣는 사람도 그 일에 참여하는 것이다. 왜냐하면 그 말에 반대를 표하지 않는 것은 암묵적으로 동의한다는 의미가 되기 때문이다. 따라서 우리는 듣는 것에도 신중해야 한다. 듣는 것에 주의하지 않으면, 우리는 누군가 마구 뱉어버린 말을 수거하는 '쓰레기 수거자'가 될 수 있다. 이렇게 분별하지 않고 잘 들어주는 사람에게 불만을 품은 사람들이 찾아간다. 자신을 찾아온 불만이 가득한 사람의 말을 들어주고, 그에게 어깨를 내주며 울 수 있도록 동정하고, 온갖 불평을 들어주고 공감하며 기운을 북돋아 주는 사람이 있다. 그런 사람은 자기를 믿고 말하는 사람에게 좋은 사람이라는 평가를 듣고 싶어 한다. 그러나 그렇게 말을 잘 들어주는 사람이 때로는 말하는 사람보다 공동체 안에서 더 큰 문제를 일으킬 수 있다.

유다는 앞서 가인과 발람, 그리고 고라의 길이 멸망으로 이어져 있음을 보여주었다. 그것을 통해 현재 교회에 들어와 있는 거짓 교사들도 같은 심판을 받게 될 것이라고 선언했다. 이제 유다는 에녹의 예언을 예증(例證)으로 보충해 준다. 이 예증을 통해 경건치 않은 자들에게 임할 심판의 확실성을 다시 강조한다. 여기서 주목할 점은 경건치 않은 자들에 대한 심판의 근거가 말(언어)이라는 점이다. 본 단락에서 "말"을 의미하는 단어가 다섯 번 나오면서 가장 강조되고 있다. "경건치 않은 죄인의 주께 거스려 한 모든 강퍅한 말을 인하여 저희를 정죄하려 하심이라"(15절 하반절).

누군가를 막대기로 때리면 피부가 멍들 수 있다. 심하면 뼈가 부러질 수도 있다. 그것은 육체의 고통으로 끝난다. 하지만 경건치 않은 자들의 모든 강퍅한 말들은 우리의 마음과 영혼을 무너뜨린다. 가인의 길은 진리를 거짓으로 바꾼 것에서 시작되었고, 발람은 진리를 알면서도 탐욕을 채우기 위해 어그러진 길로 갔다. 고라의 패역은 진리를 왜곡하여 하나님이 세우신 지도자를 대적하다가 멸망에 이르는 길로 간 것이었다. 모두 말과 관련된 것이다. 따라서 누구도 함부로 말하고 난 후에 '나는 단지 말만 했을 뿐이야! 그 정도의 말도 못해! 나는 어떤 행동도 실행하지 않았어!'라고 말할 수 없다. 말은 몸을 치는 몽둥이와 돌멩이보다 더 위험하다. 왜냐하면, 말은 사람의 마음과 영혼을 관통하기 때문이다.

1. 이 사람들의 심판은 확정되었다! (14~15절)

1) 에녹의 예언

유다는 거짓 교사들에 대한 심판의 확실성을 에녹의 예언으로 확증한다. 14~15절을 보자.

"아담의 칠 세 손 에녹이 사람들에게 대하여도 예언하여 이르되 '보라, 주께서 그 수만의 거룩한 자와 함께 임하셨나니, 이는 뭇 사람을 심판하사 모든 경건치 않은 자의 경건치 않게 행한 모든 경건치 않은 일과 또 경건치 않은 죄인의 주께 거스려 한 모든 강팍한 말을 인하여 저희를 정죄하려 하심이라' 하였느니라."

에녹은 성경의 인물이지만, 성경에 에녹의 예언은 나오지 않는다. 저자는 외경인 『에녹 1서』에서 이 부분을 가져왔다. 에녹은 창세기 5:21~24절에 나온다.

"에녹은 육십오 세에 므두셀라를 낳았고, 므두셀라를 낳은 후 삼백 년을 하나님과 동행하며 자녀를 낳았으며, 그가 삼백육십오 세를 향수하였더라. 에녹이 하나님과 동행하더니 하나님이 그를 데려가시므로 세상에 있지 아니하였더라." (이 족보의 목록에서 아담과 그를 포함한다면, 그는 아담으로부터 일곱째 후손이다.)

그는 복음서에서 예수님의 조상으로 나오고, 히브리서에서는 믿음의 본보기로 나온다.

"믿음으로 에녹은 죽음을 보지 않고 옮기웠으니 하나님이 저를 옮기심으로 다시 보이지 아니하니라. 저는 옮기우기 전에 하나님을 기쁘시게 하는 자라 하는 증거를 받았느니라"(히 11:5).

신학자 중에는 일곱(완전수)이라는 숫자에 비중을 두고 에녹에게 어떤 신비적 의미를 부여하려고 하거나, 에녹을 노아 시대의 홍수 심판 사건을 최초로 예언한 예언자였다고 주장하는 사람도 있다. 하지만 유다는 성경에 나오는 다른 에녹(창 4:17)과 구분하기 위해서 아담의 칠 세 손이라고 했다고 해석하는 것이 좋다. 유다는 에녹의 예언을 말하지만, 노아 홍수 사건과 같은 구체적인 사건을 명시하지 않았다. 유다는 당시 독자들이 익히 알고 있었던 『에녹 1서』의 내용을 근거로 거짓 교사들에게 임할 심판의 확실성을 가르친다. 『에녹 1서』에는 다음과 같은 내용이 있다.

"보라. [하나님이] 모두에게 심판을 시행하시기 위해 천만 명의 거룩한 자들과 함께 오실 것이다. 그분은 악한 자들을 멸하실 것이고, 모든 육체를 그들이 행한 모든 것, 죄인들과 악한 자들이 그분을 대항해서 범한 것들로 인해 책망하실 것이다."

유다는 당시 독자들이 잘 알고 있었던 내용인 『에녹 1서』의 자료를 단순히 인용만 한 것이 아니었다. 유다는 그 자료를 잘 다듬어서 자신의 논증을 위한 예증으로 사용했다. 미가엘 천사장의 이야기를 통해서 성경의 논증을 확증했던 저자는 『에녹 1서』를 인용하여 앞에서 제시한 교훈(거짓 교사들의 멸망)을 확증하려 한 것이다.

크리스토퍼 그린이라는 신학자는 "에녹서에 나온 인용문은 유다가 수많은 진짜 구약 인용문을 걸어 놓을 수 있는 편리한 걸이개 역할을 한다."라고 말한다. 모세는 여호와의 강림 사건을 이렇게 묘사한다.

"여호와께서 시내에서 오시고 세일 산에서 일어나시고 바란 산에서 비취시고 일만 성도 가운데서 강림하셨고 그 오른손에는 불 같은 율법이 있도다. 여호와께서 백성을 사랑하시나니 모든 성도가 그 수중에 있으며 주의 발 아래에 앉아서 주의 말씀을 받는도다. 모세가 우리에게 율법을 명하였으니 곧 야곱의 총회의 기업이로다"(신 33:2~4).

하나님이 율법을 수여하시기 위해 시내 산에 영광의 모습으로 현현하셨다. 이런 하나님의 두렵고 엄위하신 모습은 이스라엘의 역사 가운데 장래 심판의 원형으로 받아들여졌다. 이사야 66장 15~16절을 보자.

"보라, 여호와께서 불에 옹위되어 강림하시리니 그 수레들은 회리바람 같으리로다. 그가 혁혁한 위세로 노를 베푸시며 맹렬한 화염으로 견책하실 것이라. 여호와께서 불과 칼로 모든 혈육에게 심판을 베푸신즉 여호와께 살륙당할 자가 많으리니."

하나님이 다시 오실 때 천사들이 옹위하며 여호와의 율법이 함께 온다. 에녹은 구약의 가르침의 핵심을 정확하고 구체적으로 표현했기 때문에, 유다는 그가 예언한 것으로 표현했다. 유다는 당시의 대중적인 책인 『에녹 1서』를 인용하여 당시 거짓 교사들의 심판이 확실함을 보여준다.

2) 심판의 확실성과 보편성

유다가 "에녹이 이 사람들에(당시 거짓 교사들) 대해서도 예언했다"라고 한 것은 경건치 않은 자들에 대한 심판이 확정되었기 때문에, 당시 거짓 교사들도 멸망을 피할 수 없을 것이라는 적용이다. 유다는 이와 관련하여 두 단어를 각각 네 번씩이나 사용하고 있다. '모든'이라는 의미의 '판테스'(*pantes*)와 '경건치 않음'을 의미하는 '아세베이아'(*asebeia*)와 관련된 단어들이다.

유다는 주께서 다시 오셔서 '뭇 사람'을 심판하실 것이며, '모든' 경건치 않은 자들과 '모든' 경건치 않은 행동과 주님에 대해 말한 '모든' 강퍅한 말에 대해 심판하실 것이라고 선언한다. 이는 앞서 가인과 발람, 고라의 예에서 본 것처럼 심판은 반드시 이루어진다는 것을 보여준다. 논증이 진행될수록 심판의 강도와 시간도 짧아지고 있다. 거짓 교사들은 가인이 하나님의 심판이 없다고 말하면서 율법을 무시한 것과 같이 자기의 부도덕한 행동에 대해 하나님이 심판하시지 않는다고 주장했을 것이다. 그러나 그들이 무슨 말과 무슨 일을 하든지 간에 하나님은 그 모든 것을 지켜보고 계시고, 그것에 상응하는 상과 벌을 주실 것이다.

유다는 '경건치 않은' 자들에게서 경건치 않은 말과 행동이 나온다고 말한다. 사람의 인격과 행동은 하나로 연결되어 있다. 이를 '인격적인 인과율'이라고 한다. 경건한 사람이 거짓된 교훈을 가르치거나 경건하지 않은 말과 행동을 지속적으로 할 수 없다. 반대로 경건치 않은 사람이 바른 교훈을 말할 수는 있어도 경건한 삶을 살 수 없다. 경건은 외적인 형태로 드러나는 행동 이전에 마음에서 드러나는 태도이다. 경건은 하나님을 기쁘시게 하는 삶의 모든 방식을 가리킨다. 그렇다면 불경건은 하나님이 아니라 자기를 기쁘게 하는 삶의 방식이다. 따라서 하나님을 떠난 사람들은 모두 불경건한 사람들이다. 그런데 문제는 교회에서 선생 노릇을 하면서, 경건의 본을 보여야 할 사람들이 그 모든 말과 행동에서 불경건을 드러내고 있다는 것이다. 교회 지도자들은 성도들이 경건하게 살도록 가르치는 사람이다. 하지만 거짓 교사들은 교회 사역을 통해 자기 이익을 추구하였다. 경건을 이익의 재료로 사용하는 자들은 결국 경건치 않은 말과 행동으로 자기만족을 위해 일한 것을 드러낸다. 이런 자들의 가르침을 받은 성도들도 경건치 않은 자들의 외식에 감염되면 결국 하나님의 길에서 떠나게 된다.

2. 이 사람들에 대한 심판의 증거들을 보라! (16절)

1) 원망과 불만을 토하며 정욕대로 행함

유다는 이 사람들이 옛적부터 이 판결을 받기로 미리 기록된 자(4절)라는 증거를 그들의 '말'에서 찾는다. 경건치 않은 이 사람들의 말은 크게는 두 가지로 나눌 수 있다. 첫째는 원망과 불만을 토하며 정욕대로 행하는 자들이다. 둘째는 자랑하는 말을 하면서 이익을 위해 아첨하는 자들이다. 거짓 교사들은 자기 정욕대로 살고 싶지만, 그것이 뜻대로 되지 않기 때문에 원망하고 불만을 토로한다. 거짓 교사들은 자기 이익을 위해 자기를 자랑하고, 사람들에게 아첨하면서 진리를 정직하게 전하지 않고 아첨하는 말을 한다. 경건치 않은 자들은 자기 정욕을 위해 사역을 하는데, 가르치는 사역의 가장 중요한 방편인 말을 통해서 사람들을 그릇된 길로 이끈다.

이들의 원망과 불평은 출애굽 백성들의 삶과 연결되어 있다. 하나님은 이스라엘 백성들이 물과 음식을 원하는 것 자체를 꾸짖지 않으셨다. 하나님은 사람이 음식을 먹도록 창조하셨다. 사람은 기본적인 욕구가 충족되어야 생존할 수 있다. 하나님은 그들을 고통받던 애굽에서 구원하여 내셨고, 광야로 이끄셨다. 광야에서 이스라엘 백성이 먹고 싶은 욕구에 문제가 있거나, 음식을 달라고 하나님께 기도한 것이 잘못된 일은 아니었다. 하지만 문제는 더 깊은 곳에 내재되어 있었다. 그들의 원망과 불평의 이면에는 음식에 대한 욕구만 있었던 것이 아니다. 그들은 음식을 원하되 자기가 원하는 방식으로 주어지길 바랐다. 그들은 하나님이 아니라 자신들이 모든 것을 주관하고 결정하기를 원했다. 이스라엘 백성들이 광야 생활에서 주도적으로 했던 행동은 원망과 불평뿐이었다. 그들은 하나님이 만나를 주시는 공급방식이 마음에 들지 않았다. 그들은 매일 일정량이 아니라 자기가 원하는 만큼, 원하는 때에 마음대로 먹고 쓸 수 있는 주도권을 원했다. 이것이 원망과 불평의 근원에 있었다.

그들은 매일 하나님과 교제하며, 하나님을 의지하는 것을 싫어했다. 하나님은 그들과 매일 식탁에서 교제하기를 원하셨지만, 그들은 하나님은 필요 없고, 오직 음식만 주시면 된다고 주장했다. 자기들은 '만나 자판기'만 있으면 된다는 식이었다. 그들은 매일 삶에서 하나님께 의존하며, 거룩하신 하나님과 동행할 마음이 없었다. 그들은 모세와 아론(하나님)이 자신들을 광야로 데려왔으니, 자신들의 필요를 채워줘야 한다고 주장했다. 하나님께서 베푸신 은혜가 자신들이 누려야 할 권리가 되어 버렸다. 그들은 하나님이 크신 손으로 그들을 구원했을 때 하나님을 찬양하였다. 하지만 삶이 자기를 중심으로 돌아가지 않자 불평이 터져 나왔다. 자기중심적인 사람은 은혜 마저도 권리로 바꿔 버린다. 그런 자들은 하나님이 당연히 주어야 할 것을 주지 않는 것처럼 원망을 터뜨렸다. 광야의 이스라엘 백성들은 애굽의 노예에서 벗어나 자유롭게 하나님을 예배하는 특권을 우습게 여겼다. 그들은 장자권을 팥죽 한 그릇에 팔아 버린 에서처럼 망령되이 행동했다.

이처럼 자기를 우주의 중심에 둔 사람들은 하나님과 모세를 비롯한 지도자들도 자기들을 중심으로 공전(公轉)과 자전(自轉)을 해야 한다고 주장한다. 하지만 그렇게 될지라도 그들의 욕망은 결코 채워질 수 없다(참고. 잠 30:15). 인간은 그런 방식으로 만족할 수 있는 존재로 창조되지 않았기 때문이다. 그들은 모세와 아론을 향하여 계속해서 원망하고 불평했다. 견디다 못한 모세는 이렇게 말했다. "우리가 누구냐? 너희의 원망은 우리를 향하여 함이 아니요 여호와를 향하여 함이로다"(출 16:8). 자기중심적인 사람들은 자기가 원하는 대로 되지 않을 때마다 하나님께 혐의를 씌워놓고 불평한다. 그러나 그렇게 한다고 해서 만족을 얻을 수 있는 것이 아니다. 인간이 만족할 수 있는 유일한 길은 하나님을 중심으로 살아갈 때이다. 그분의 은혜 안에서 충족함을 누릴 때만 만족과 행복, 기쁨과 안식이 있다. 왜냐하면 하나님으로부터만 진정한 생명과 안식을 공급받을 수 있기 때문이다.

애굽에서 탈출하여 광야에 있었던 이스라엘 백성들을 생각해 보자. 그들은 하늘에서 내린 만나를 욕심껏 긁어모을 때는 역동적이었다. 그들은 애굽으로 돌아가겠다고 위협하고 으름장을 놓을 때는 강한 힘을 발휘했다. 그들은 하나님이 자신들을 죽이려고 한다고 매도할 때는 큰소리를 쳤다. 그러나 매일 내려 주시는 양식에 대해 하나님께 감사와 찬양은 대체로 생략했다. 불평이란 만족하지 못한 마음에서 들리는 소음이다. 현재 상황이 자기가 원하는 대로 이루어지지 않으면 계속 불평하면서 다른 것을 움켜쥐고자 한다. 은혜를 자기 권리로 주장하는 사람들 속에서는 이런 원망과 불평이 계속될 수밖에 없다.

신약시대 교회에서도 마찬가지다. 자기중심적인 사람들은 언제나 그 행동의 동기가 자기만족에 있다. 자기만족은 육체의 정욕과 안목의 정욕, 그리고 이생의 자랑을 모두 포괄한다. 자기만족과 자기 영광을 위해 교회 사역을 하면, 늘 불평과 원망이 나올 수밖에 없다. 왜냐하면, 그런 동기로 일하면 다른 사람들과 다툼과 분쟁이 일어날 수밖에 없고, 힘이 강한 자들이 주도권을 갖게 되기 때문이다. 교회가 말씀의 원리가 아니라 정글의 법칙, 즉 힘의 원리를 따라 움직이기 때문이다. 목사는 목사 중심으로 교회가 움직여야 한다고 주장한다. 장로는 장로 중심으로 교회가 움직여야 한다고 주장한다. 집사는 집사들 중심으로 움직여야 한다고 하고, 성가대는 성가대가 중심이 되어야 한다고 주장한다. 서로 주도권 경쟁을 하다 보면, 힘 있는 자들이 힘없는 자들을 소외시키면서 자기주장을 펼친다. 어느 교회에는 예배당 정면에 현수막을 걸어 놓았는데 "하나님 중심, 교회 중심, 목회자 중심"이라는 표어를 걸어 놓은 것을 보았다.

목사가 하나님의 자리에 앉아서 자기 정욕을 채우기 위해서 무지한 신자들을 속이는 것이 다반사가 되어 버렸다. 그런 자들은 어떤 설교를 하고, 어떤 행동을 하든지 간에 결국 자기만족을 위해 일하고 있을 뿐이다.

2) 자랑하는 말과 아첨의 말

불평과 원망은 자기 욕망이 충족되지 않아서 터져 나오는 강퍅한 말이다. 반면 자랑하는 말과 아첨의 말은 적극적으로 자기 욕망을 충족시키기 위해서 나오는 강퍅한 말이다. 바울은 "지식은 교만하게 하며"(고전 8:1)라고 했다. 누구든지 예외가 없다. 사람은 누구나 자신이 가지고 있는 것을 자랑하고자 하는 교만한 습성을 가지고 있다. 어떤 사람은 무엇을 읽었고, 얼마나 많이 읽었는지 굳이 밝히고 싶어 한다. 그래서 자기가 읽은 책이나 서재를 사진 찍어 SNS에 올린다. 그런 방식으로 자기 지식을 드러낸다. 재산이 많은 사람은 자기 재산을 자랑하고, 권력이 있는 사람은 자기 힘을 자랑한다. 특히 남들이 갖지 못한 것을 가진 사람은 그것을 자랑함으로써 자기 영광을 추구한다. 거짓 교사 중에도 다른 사람들이 갖지 못한 학위나 명성을 가진 자들이 있을 수 있다.

명문대학에서 학위를 했고, 베스트셀러 작가일 수도 있다. 자기가 얼마나 많은 성취를 이루었는지 자랑하고 싶은 마음은 충분히 이해할 수 있다. 우리도 그런 유혹을 많이 받았고 때로 실수한 적이 있기 때문이다. 하지만 거짓 교사들은 노상 자신의 성취를 자랑하는 데 시간을 보낸다. 요한일서 3장 9절을 보자. "하나님께로서 난 자마다 죄를 짓지 아니하나니 이는 하나님의 씨가 그의 속에 거함이요, 저도 범죄치 못하는 것은 하나님께로서 났음이라." 여기서 '죄를 짓지 아니한다'라는 말은 계속적 용법인데, 풀어 설명하면 지속적으로, 고의적으로, 또는 반복적으로 동일한 죄를 짓지 않는다는 말이다. 왜냐하면, 그 속에 하나님의 성령이 거하시기 때문이다. 성령이 거하시는 사람은 한두 번은 넘어질 수 있지만, 개가 토하였던 것을 다시 먹는 것처럼 계속해서 죄를 범할 수는 없다.

바울 사도는 자기가 보아도 비교 대상이 없을 정도로 위대한 업적을 남겼지만 이렇게 말했다. "내가 모든 사도보다 더 많이 수고하였으나 내가 아니요 오직 나와 함께하신 하나님의 은혜로라"(고전 15:10). 오히려 바울은 자신들의 지식과 성취를 자랑하는 고린도 교회 성도들을 이렇게 책망하였다. "누가 너를 구별하였느뇨? 네게 있는 것 중에 받지 아니한 것이 무엇이뇨? 네가 받았은즉 어찌하여 받지 아니한 것같이 자랑하느뇨?"(고전 4:7)

하나님이 주신 은사들은 하나님과 교회를 섬기도록 주셨다. 하지만 이 은사를 자기만족을 위해 사용하여 자기 영광을 추구하는 것은 하나님의 것을 유용하는 업무상 배임 죄이다. 어떤 목사는 다섯 시간 동안 강의를 하면서 반 이상 자기 자랑을 하였다. 하나님께서 그를 그곳에 세운 것은 자기를 자랑하라는 것이 아니라 하나님의 말씀을 전해서 성도와 교회를 온전케 하라고 보낸 것이다. 하나님의 은사와 하나님 백성의 마음을 훔치면서도 부끄러운 줄 모르는 목사들이 있다. 이렇게 자기를 자랑하는 사람들의 심리를 보면, 실상 자기가 공허하기 때문이다. 그 마음에 하나님의 부요하심을 누리지 못하기 때문이다. 칼빈 선생님은 자기 이야기를 거의 하지 않으셨기 때문에 그분의 삶에 대해 알려진 것이 거의 없을 정도다. 그는 시편 주석에서 자신의 고난에 대해 조금 이야기할 뿐 자기 이야기는 거의 하지 않으셨다. 우리가 알고 있는 경건한 신학자들과 목회자들이 자기 자랑을 하는 것을 보았는가? 그런데 하나님의 말씀을 전하는 강단에서 자기 자랑을 한다는 것은 다른 죄보다 더 심각한 죄이다. 목사들이 강단에서 하나님의 말씀을 수종 드는 종이 아니라, 자기가 하나님의 자리(예수님의 자리)를 꿰차고 앉아서 자기를 자랑하고 하나님의 영광을 가로채는 것은 자신과 회중들에게 매우 위험한 일이다. 그런데 이것이 거짓 교사들의 중요한 특징이다. 좋은 교사는 자기가 가진 지식을 자랑하는 사람이 아니라, 연약한 제자들에게 말씀을 잘 가르쳐서 강하고 온전한 그리스도의 제자로 만드는 사람이다.

예레미야 9장 23~24절을 보자.

"여호와께서 이같이 말씀하시되 '지혜로운 자는 그 지혜를 자랑치 말라. 용사는 그 용맹을 자랑치 말라. 부자는 그 부함을 자랑치 말라. 자랑하는 자는 이것으로 자랑할지니 곧 명철하여 나를 아는 것과 나 여호와는 인애와 공평과 정직을 땅에 행하는 자인 줄 깨닫는 것이라. 나는 이 일을 기뻐하노라. 여호와의 말이니라.'"

이처럼 지혜와 부와 권력은 굉장히 큰 위험을 내포하고 있음을 알아야 한다. 왜냐하면 그것은 온 우주를 통치하시는 하나님을 보지 못하게 할 수 있기 때문이다. 그래서 예레미야는 부와 권력과 지혜라는 것에 눈이 가려서 하나님보다 자기가 가진 자원을 의지하는 것은 큰 위험이라고 경고한다. 우리가 진정으로 자랑해야 할 것은 우주를 통치하시는 하나님을 알고, 우리의 안전이 그분의 인애와 공평과 정직에 있음을 자랑하라는 말씀이다.

바울 사도는 "자랑하는 자는 주 안에서 자랑하라"(고전 1:31)라고 가르쳤다. 주 안에서 자랑한다는 것은 주님을 자랑한다는 의미다. 우리가 진정으로 그리스도인이라면 주님 말고 무엇을 자랑할 것이 있겠는가? 바울 사도는 탁월했던 유대인의 지위나 세상의 지식과 권력도 모두 배설물처럼 여겼다(빌 3:8). 그는 많은 고난을 겪으면서 큰 선교적 업적을 남겼음에도 이렇게 말한다.

"그러나 내게는 우리 주 예수 그리스도의 십자가 외에 결코 자랑할 것이 없으니 그리스도로 말미암아 세상이 나를 대하여 십자가에 못 박히고 내가 또한 세상을 대하여 그러하니라"(갈 6:14).

그리스도의 십자가가 아닌 다른 것에 대한 자랑은 우리를 부패케 만드는 누룩이다. 진정으로 하나님의 은혜를 아는 사람이라면, 어찌 주님이 아닌 다른 것들로 자랑을 삼을 수 있겠는가? 그 어떤 것도, 어느 목회자나 자기 교회마저도 자랑의 대상이 되어서는 안 된다. 오직 주님의 은혜와 주님의 인자와 사랑만이 우리의 자랑이 되어야 한다.

적극적으로 강퍅한 말의 두 번째 유형은 아첨하는 말이다. 말씀 사역자는 하나님의 말씀을 순수하게 전하여 죄를 책망하고 복음의 능력 안에서 살게 하는 직무에 충실해야 한다. 그런데 그렇게 말씀을 정직하게 전하면 사람들이 싫어하니까 적당히 사람들을 높여주고, 죄 가운데 있는 사람들에게도 축복을 전하여 잘못된 안전감을 준다. 그 이유는 그렇게 해야 자기 이익에 도움이 되기 때문이다.

성경은 아첨하는 사람들에 대해 끊임없이 경고한다. 아첨하는 사람 중에 가장 나쁜 사람은 어떤 사람의 영적 상태를 호도함으로써 그 사람이 회개할 기회를 주지 않는 사람이다. 거듭나지 않은 사람에게 구원이 이미 확정된 것처럼 선언한다. 거듭나지 않은 사람에게 교회의 직분을 주면서 자기에게 충성하게 만든다. 또한 자기에게 잘하는 사람이 구원받는다는 식으로 호도한다.

말라기 선지자는 그런 제사장들을 이렇게 정죄했다.

"너희가 내 도를 지키지 아니하고 율법을 행할 때에 사람에게 편벽되이 하였으므로 나도 너희로 모든 백성 앞에 멸시와 천대를 당하게 하였느니라 하시니라"(말 2:9).

표준새번역은 이렇게 번역했다. "그러므로 나도, 너희가 모든 백성 앞에서, 멸시와 천대를 받게 하였다. 너희가 나의 뜻을 따르지 않고, 율법을 편파적으로 적용한 탓이다."

미가서 3장 11절도 보자.

"그 두령은 뇌물을 위하여 재판하며 그 제사장은 삯을 위하여 교훈하며 그 선지자는 돈을 위하여 점치면서 오히려 여호와를 의뢰하여 이르기를 '여호와께서 우리 중에 계시지 아니하냐? 재앙이 우리에게 임하지 아니하리라' 하는도다."

거짓 교사들은 추종자들을 얻고 자기 영향력을 확대하기 위해, 의도적으로 쉽고 편한 제자도를 제시한다. 그들은 복음의 요구사항은 줄여주고, 즉각적이고 현세적인 축복을 남발하면서 넓고 편한 길로 이끌어간다. 그들은 죄 가운데 있는 사람에게도 거짓된 안전감을 주면서 자기 이익을 추구한다(참고 사 56:10~12). 우리 역시 예수님께서 가르치신 진정한 제자도보다 적당히 타협하면서 저주를 피하고 복을 받으려는 성향이 있다. 거짓 교사들은 바로 그런 성향에 불을 지핀다. 그들의 이런 누룩에 감염되면 그들의 논리와 교훈들이 달콤하게 느껴진다. 누룩은 우리 마음의 부패한 성향과 잘 맞기 때문에 알지 못하는 사이에 전부를 변화시킨다. 10년 동안 성경을 공부했어도 그것에 감염되면 한 번도 복음을 들어보지 못한 사람처럼 행동한다. 이런 유혹은 독이 들어있는 음식에 꿀을 발라 놓은 것처럼 달콤할 수 있다. 그래서 그것을 씹지도 않고 삼킨다면 어떻게 되겠는가? 입에는 꿀을 먹는 것처럼 달게 느껴지지만, 영혼에는 독이 퍼지게 된다. 그 영혼은 심각한 질병을 얻게 된다. 거짓 교사들이 제시한 복은 물 없는 구름처럼, 신기루에 불과할 뿐이다. 그 길에는 참된 자유와 평강, 안식과 기쁨이 없다.

'네 말'이 심판의 근거가 될 것이다.

독일 작가 괴테는 "우리는 자신이 사랑하는 것만 이해할 수 있다"라고 했다. 이 말은 우리가 맺고 있는 모든 인간관계에 적용될 수 있다. 주님을 사랑하는 사람이 주님을 이해할 수 있다. 예수 그리스도를 사랑하는 사람이 그분의 좁은 길도 이해할 수 있다. 자녀를 사랑하는 사람이 자녀를 이해할 수 있다. 형제와 자매를 사랑하는 사람이 형제와 자매의 아픔을 이해할 수 있다. 교회를 사랑하는 사람이 교회의 사명을 이해할 수 있다.

외모가 탁월한 교사들은 사람들을 끄는 매력이 있다. 거짓 교사들은 어린 양(예수님)의 모습을 하였지만, 용(사단)의 말을 하는 자들이다(계 13:11). 이들은 너무나 교묘해서 자신들의 정체를 숨긴다. 그들의 문제는 그들이 무엇을 가르치느냐보다 그들이 무엇을 가르치지 않느냐에서 발견된다. 그들도 정통 교리를 가르칠 수 있다. 하지만, 거룩함과 헌신을 요구하지 않는다.

참신자는 행복이 아니라 거룩을 추구한다. 만약 자기 행복을 최우선 순위에 둔다면 누구라도 하나님과 교회에 대하여 불평하고 원망하게 된다. 그는 하나님도, 교회도, 이웃들도 모두 자기 행복을 위해 봉사해야 한다고 생각한다. 아무리 많은 섬김을 받아도 자기 욕구가 채워지지 않기 때문에 불평하고 원망한다. 그들의 불만과 원망이 무엇에 대한 것이든 간에 그 뿌리는 정욕이다. 거짓 교사들의 자랑하는 말과 아첨하는 말은 자기 행복을 우선순위에 두는 사람들에게 가장 잘 먹힌다. 달콤한 유혹은 자기 행복과 이생의 만족을 추구하는 사람들을 열광하게 한다. 하지만 그것은 비 없는 구름이며 물 없는 샘이다. 만약 우리가 하나님을 추구한다면 우리는 행복해질 것이다. 사람들은 행복을 추구해서 행복해질 것으로 착각하지만 행복은 하나님을 추구할 때 비로소 얻어지는 부산물이다. 이것이 기독교의 역설이다. 이것이 인간 존재의 신비이자 하나님의 영원한 법칙이다.

의로운 사람은 공동체의 유익을 위하여 기꺼이 불이익도 감수한다. 그러나 악한 자들은 자기 이익을 위하여 공동체를 이용하고 불리하게 만든다. 교회는 이런 사람들을 분별하고 경계해야 한다. 이런 사람들은 형제들 사이에 불화와 다툼을 일으키기 때문에 매우 위험하다. 불평하고 원망하는 사람들은 하나님마저도 자기 형상으로 만들어 버린다. 다른 형제도 자신의 형상대로 만들려고 다각적으로 영향력을 행사하려 한다.

칼빈 선생님은 이렇게 말했다. "목사들이 어떤 선을 행하고자 한다면, 청중들 안에 자신의 형상을 이루는 것이 아니라 예수 그리스도의 형상을 이루도록 수고하라." 참 목사라면 성도들이 목사 자신보다 하나님을 더 알도록 인도 하라는 것이다. 그렇지만 거짓 교사들과 거짓 신자들은 자기중심으로 세상이 돌아가야 직성이 풀릴 것처럼 행동한다. 그들은 하나님도, 교회와 성도들도 자기 형상을 닮게 하려고 과도하게 집착한다. 어떤 담임 목사는 부교역자가 성도들에게 성경을 가르치지 못하게 한다. 오직 자기 설교와 자기가 허락한 것만 하라고 강제한다. 그들은 교회를 통해서 자신의 권력과 야심을 이루려고 온 힘을 다한다.

그러나 바울은 자신의 형상이 아니라 그리스도의 형상으로 만들기 위해서 해산의 수고를 했다고 말한다.

"나의 자녀들아, 너희 속에 그리스도의 형상이 이루기까지 다시 너희를 위하여 해산하는 수고를 하노니"(갈 4:19).

거짓 교사들과 얼마나 다른가? 또 바울 사도는 골로새서에서 이렇게 말씀한다.

"내가 이제 너희를 위하여 받는 괴로움을 기뻐하고 그리스도의 남은 고난을 그의 몸 된 교회를 위하여 내 육체에 채우노라. 내가 교회 일군 된 것은 하나님이 너희를 위하여 내게 주신 경륜을 따라 하나님의 말씀을 이루려 함이니라. 이 비밀은 만세와 만대로부터 옴으로 감취었던 것인데 이제는 그의 성도들에게 나타났고, 하나님이 그들로 하여금 이 비밀의 영광이 이방인 가운데 어떻게 풍성한 것을 알게 하려 하심이라. 이 비밀은 너희 안에 계신 그리스도시니 곧 영광의 소망이니라. 우리가 그를 전파하여 각 사람을 권하고 모든 지혜로 각 사람을 가르침은 각 사람을 그리스도 안에서 완전한 자로 세우려 함이니 이를 위하여 나도 내 속에서 능력으로 역사하시는 이의 역사를 따라 힘을 다하여 수고하노라"(골 1:24~29).

바울 사도는 교회와 성도들이 '그리스도 안에서 완전한 자'(그리스도의 형상으로 회복된 자)로 세우기 위해서 성령의 능력 안에서 힘을 다하여 수고하였다. 우리는 우리 공동체가 누구의 형상으로 바뀌어 가고 있다고 생각하는가? 아니 여러분은 누구를 닮아가고 있는가? 여러분의 자녀들이 누구를 닮기를 바라는가? 우리 성도들이 누구를 닮도록 일하고 있는가? 자신인가? 예수님인가?

하나님은 다른 형제를 내가 선호하는 모습인 나의 형상대로 만들지 않으셨다. 오히려 하나님은 자신의 형상을 따라 우리를 자유로운 각기 고유한 모습으로 창조하셨다. 공동체 안에 다양한 위치와 역할을 위해 자유롭게 섬기는 그리스도의 형상으로 연합하도록 만드셨다.

우리는 유다서가 이렇게 반복적으로 가르치는 말씀을 통해서 '이 사람들'(거짓 교사들)**을 분별할 수 있는 능력을 키워야 한다.** 분별력의 성장은 우리 경건의 성장과 함께 간다. 우리가 더 경건한 사람이 될수록 경건치 않은 사람들의 행실과 강퍅한 말들을 분별할 수 있다. 우리가 '자기와 정욕'을 추구할수록 경건치 않은 사람들의 원망과 불만을 토하는 말에 귀를 기울일 것이다. 우리가 자기를 사랑할수록 자랑하는 말과 아첨하는 말에 더 현혹될 것이다. "악을 행하는 자는 궤사한 입술을 잘 듣고 거짓말을 하는 자는 악한 혀에 귀를 기울이느니라"(잠 17:4). 우리가 원망과 불평을 토하는 말을 들어주는 것만으로도 그들의 죄에 동참하는 것이 될 수 있음을 기억해야 한다. 자랑하는 말과 아첨하는 말을 들어 주는 것만으로도 우리가 정욕에 이끌리고 있음을 알아야 한다.

그렇다면 우리는 그런 사람들의 원망과 불평, 자랑과 아첨하는 말을 듣게 될 때 어떻게 대처해야 할까? 이때 우리는 신중함과 용기가 필요하다. 어떤 사람이 당신에게 와서 교회와 어떤 성도(지도자)에 대해 불평과 원망을 토로할 때 중간에 끊고 이렇게 말하자. "잠시만요, 저는 이 일에 끼고 싶지 않습니다. 당신이 이야기하려는 사람에게 직접 말하면 어떨까요?" 어떤 사람이 자기를 자랑하고, 아첨하는 말로 우리를 유혹하려 할 때 이렇게 말하자. "네 그러시군요! 참 대단하시네요! 당신에게 그런 은사를 주신 하나님을 찬양합니다. 그런데 저는 다른 일로 바빠서 지금 일어날 수밖에 없습니다."

우리 안에서 원망과 불평, 자랑하고 싶고, 아첨하고 싶은 욕망이 솟아날 때는 어떻게 해야 할까? 첫 번째 할 일은 이런 마음이 들더라도 절대로 입 밖으로 표현하지 않는 것이다(엡 4:29). 입에 재갈을 물려서 그 생각이 밖으로 빠져나오지 못한 상태에서 질식하게 만들어 버려야 한다. 이렇게 입을 통제하는 사람이 마음과 몸을 제어할 수 있다(참고. 약 3:3). 두 번째로 해야 할 일은 하나님께 토로하는 것이다. 사람에게 말하지 말고, 하나님께 그 마음을 토로하면 된다. 다윗은 이것을 깨달았다.

"내가 말하기를 나의 행위를 조심하여 내 혀로 범죄치 아니하리니 악인이 내 앞에 있을 때에 내가 내 입에 자갈을 먹이리라 하였도다. 내가 잠잠하여 선한 말도 발하지 아니하니 나의 근심이 더 심하도다. 내 마음이 내 속에서 뜨거워서 묵상할 때에 화가 발하니 나의 혀로 말하기를 '여호와여 나의 종말과 연한의 어떠함을 알게 하사 나로 나의 연약함을 알게 하소서! 주께서 나의 날을 손 넓이만큼 되게 하시매 나의 일생이 주의 앞에는 없는 것 같사오니 사람마다 그 든든히 선 때도 진실로 허사뿐이니이다'"(시 39:1~5).

누구든지 억울한 일을 당할 때, 입을 열지 않는 것은 참으로 괴로운 일이다. 다윗은 입에 재갈을 먹이고, 자신을 변호하는 말이나 선한 말도 하지 않았다. 그럴 때 그의 마음은 불타는 것처럼 괴로웠다. 그래서 그는 입을 열어 자신의 마음을 쏟아 놓았다. 사람이 아니라 하나님께 기도한 것이다. 우리도 그렇게 해야 한다. 성령 하나님을 의지하여, 하나님께 토로하면 자신을 영원한 관점에서 다시 볼 수 있다. 영원한 관점에서 보면 지금 자신의 불만이나 원망, 자랑하고 싶은 욕망이 얼마나 부끄러운 일인지 깨닫게 된다. "주께서 나의 날을 손 넓이만큼 되게 하시매 나의 일생이 주의 앞에는 없는 것 같사오니 사람마다 그 든든히 선 때도 진실로 허사뿐이니이다"(시 39:5).

예수님은 바리새인들에게 이렇게 말씀하셨다. **"네 말로 의롭다 함을 받고 네 말로 정죄함을 받으리라"**(마 12:37). '네 말'이 '네가 누구인지'를 나타내기 때문이다. 바리새인들은 경건한 척하면서도 하나님의 일을 행하시는 예수님을 대적하며 불만과 원망의 말을 토해냈다. 하지만 예수님은 그들의 대적하는 말이 논리에 맞지 않는다고 지적하셨다.

"나무도 좋고 실과도 좋다 하든지 나무도 좋지 않고 실과도 좋지 않다 하든지 하라. 그 실과로 나무를 아느니라. 독사의 자식들아, 너희는 악하니 어떻게 선한 말을 할 수 있느냐? 이는 마음에 가득한 것을 입으로 말함이라. 선한 사람은 그 쌓은 선에서 선한 것을 내고 악한 사람은 그 쌓은 악에서 악한 것을 내느니라. 내가 너희에게 이르노니 사람이 무슨 무익한 말을 하든지 심판날에 이에 대하여 심문을 받으리니 네 말로 의롭다 함을 받고 네 말로 정죄함을 받으리라"(마 12:33~37).

사람의 말과 행위는 자신이 누구인지를 드러낸다. 바리새인들이 예수님을 대항한 말은 부주의하고 무식해서 그렇게 말한 것이 아니었다. 그들의 말은 그들의 본성을 드러냈다. 교회를 섬기는 사역자들의 말도 그들이 하나님께 속한 자인지, 사단에 속한 자인지를 드러낸다. 우리는 그들의 말과 행동으로 그들을 분별할 수 있어야 한다.

경건의 모양만 있는 자들은 뛰어난 외모와 언변으로 사람들을 모을 수 있다. 그들은 자기 지식과 성취를 자랑하고 아첨하는 말로 사람들의 정욕을 자극하여 자기를 따르게 한다. 그들의 자랑을 듣다 보면 이 세상의 성자는 그 사람뿐인 것처럼 느껴지기까지 한다. 그러나 경건의 능력을 소유한 사람들은 그런 자들의 자랑과 아첨하는 말에 혹하지 않는다. 사무엘 러더포드(Samuel Rutherford)는 자신의 지식과 성공을 자랑하는 사람에게 이렇게 말했다고 한다. "(나는) 하늘의 만나를 너무 많이 맛보았더니, 세상의 즐거움이라는 거칠고 시커먼 빵에는 영 구미가 당기지 않는군요!"

경건치 않은 자들을 분별하고 그들에게 속지 않을 수 있는 가장 효과적인 방법은 우리가 더 경건해지는 것이다. 경건은 과시하고 거드름을 피우는 것이 아니라 마음과 생명을 다 바쳐서 하나님을 사랑하는 것이다. 경건은 하나님 나라의 사상과 실천의 온전한 조화를 이룬다. 경건은 하나님을 아는 지식을 실제로 구현하는 것으로 표현된다(참고. 창 22:12). 경건한 사람은 사람과 세상의 종이 아니라 하나님의 종으로 살고자 한다. 우리가 하나님을 닮을수록 경건해지고, 우리가 경건해질수록 경건치 않은 자들의 말과 행동에서 멀어질 것이다.

청교도 토마스 왓슨 목사님은 이렇게 말했다.

"경건한 사람은 열정적인 사람입니다. 성도는 은혜가 있어야 천사가 되고, 은혜로 인해 거룩한 열정으로 불타오릅니다. 열정은 사랑과 분노가 결합된 복합적인 감정입니다. 그래서 하나님을 향한 사랑과 죄에 대한 분노를 가장 강렬한 방식으로 쏟아 냅니다. 열정은 마음의 불길이니, 경건한 사람은 세례를 두 번 받습니다. 한 번은 물세례요 또 한 번은 이 열정의 불세례입니다. 그는 열정의 기운이 그토록 충만하므로 하나님의 영광과 진리와 예배를 향해 불타오릅니다. … 하나님을 향한 비느하스의 열정이야말로 그의 머리에 쓴 빛나는 왕관이었습니다(민 25:13). 모세는 하나님의 제단에서 취한 불붙은 숯에 닿고서 열정에 사로잡혀 석판을 깨트렸습니다(출 32:19). 우리의 거룩하신 구주께서도 열정에 사로잡혀 성전 상인들을 채찍으로 몰아내셨습니다(요 2:17). … 열정은 하나님의 명예가 짓밟히는 것을 보면 피가 끓어오릅니다(계 2:2). … 친구를 열정적으로 사랑하는 사람은 그 친구에 대한 험담을 듣고 도저히 침묵할 수 없습니다."

경건한 사람이 무기력해서는 안 된다. 이스라엘 백성들처럼 원망할 때는 역동적이고 하나님의 말씀을 들을 때는 수동적으로 되어서는 안 된다. 우리는 악한 것에 대해서는 수동적이거나 오히려 적극적으로 반대하고, 하나님의 뜻을 이루기 위해서는 더 역동적으로 나가야 한다. 이런 사람이 경건한 사람이다. 또한 우리는 듣는 것도 잘해야 한다. 하나님을 모욕하고 성경을 잘못 해석하면서 자기 자랑, 자기 영광을 추구하는 사람들의 말을 들어주면서 내가 경건하다고 여겨서도 안 될 것이다. 죄를 죄라고 여기며 말해줄 수 있는 경건한 열정이 있어야 한다.

 "끝으로 형제들아! 무엇에든지 참되며 무엇에든지 경건하며 무엇에든지 옳으며 무엇에든지 정결하며 무엇에든지 사랑받을 만하며 무엇에든지 칭찬받을 만하며 무슨 덕이 있든지 무슨 기림이 있든지 이것들을 생각하라"(빌 4:8).

2019. 01. 27.

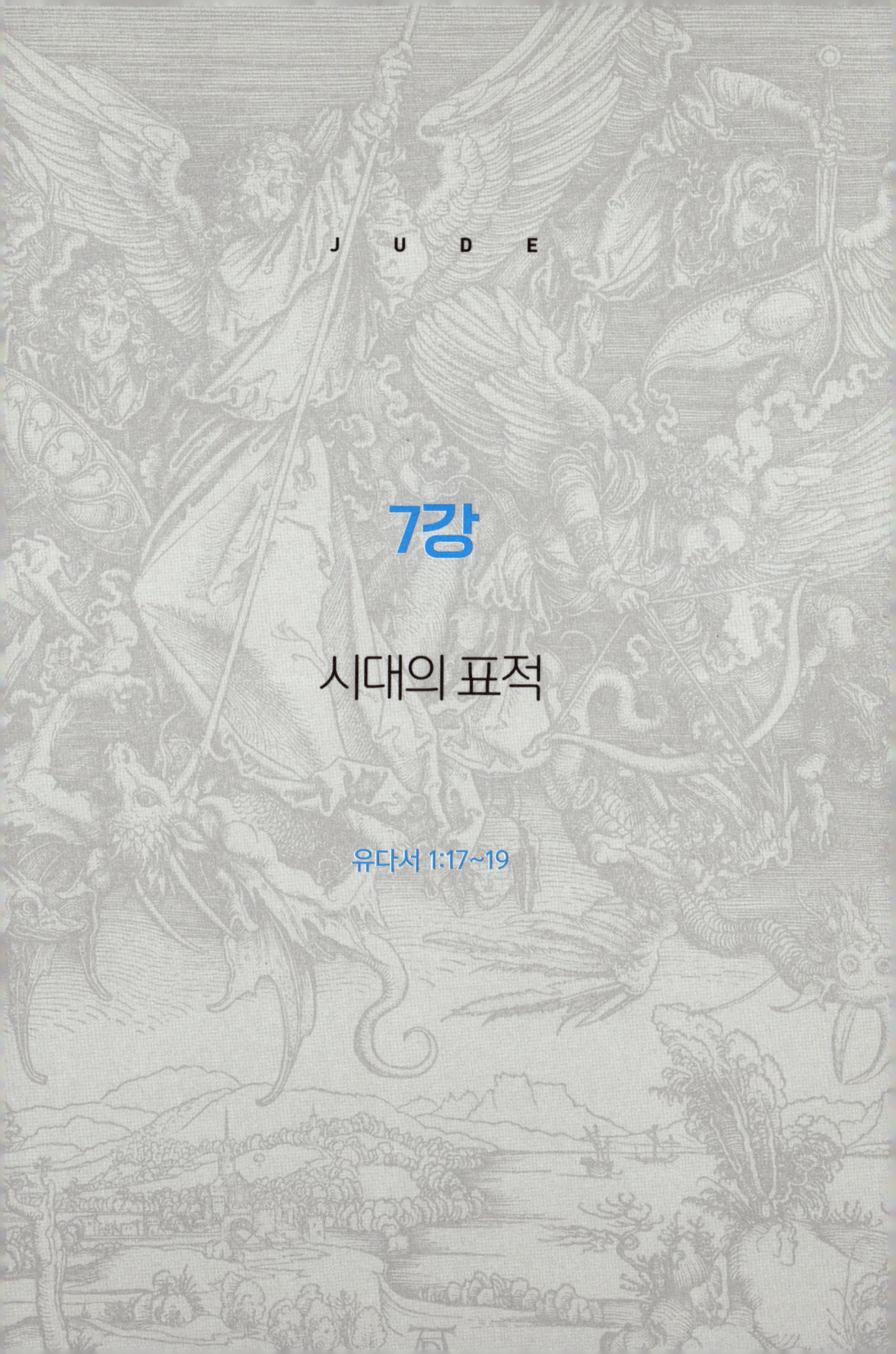

JUDE

7강

시대의 표적

유다서 1:17~19

7강

시대의 표적

유다서 1:17~19
설교 동영상

7강 구조

들어가며: "말세에 … "

1. 기억하라! (17~18절)
    1) 경건치 않은 자들
    2) 기롱하는 자들

2. 이 사람들을 주의하라! (19절)
    1) 당을 짓는 자
    2) 육에 속한 자
    3) 성령은 없는 자

나가며: 사도들의 가르침에 집중하자!

시대의 표적

유다서 1:17~19

17 사랑하는 자들아 너희는 우리 주 예수 그리스도의 사도들이 미리 한 말을 기억하라
18 그들이 너희에게 말하기를 마지막 때에 자기의 경건하지 않은 정욕대로 행하며 조롱하는 자들이 있으리라 하였나니
19 이 사람들은 분열을 일으키는 자며 육에 속한 자며 성령이 없는 자니라

"말세에 … "

구약은 처음부터 끝까지 종말론적이다. 하나님은 인간이 타락한 후에 바로 세상을 끝내지 않으시고 종말을 연기(延期)하셨다. 구약의 성도들은 창세기 3장 15절에 예언된 대로 사단과 여인의 후손 간의 궁극적인 전투에서 여인의 후손이 승리를 거둠으로써 종말이 올 것으로 기대하였다. 여인의 후손이 이 땅에 오셔서 사단과의 전투에서 승리하시면 잃어버렸던 낙원을 회복하고 영원한 구속이 이루어질 것으로 내다본 것이다.

신약은 종말이 이미 왔다고 선언한다. 예수 그리스도의 오심과

함께 하나님 나라가 도래함으로 종말이 시작된 것이다. 그리스도께서 인간의 죄를 위해 십자가에서 돌아가셨고, 부활하신 후에 성령을 보내 주셔서 종말의 성전(聖殿)이 교회 공동체 안에서 이루어졌다. 하지만 신약 성경은 종말이 목표했던 새 하늘과 새 땅이 아직 완성되지 않았다고 가르친다. 하나님 나라가 이미 왔으나 아직 완성에 이르지 못했다. 신약 시대 교회는 "이미와 아직 아니" 사이의 종말의 시대를 살고 있다. 따라서 교회는 종말론적인 실존을 살아내야 한다. 곧 하나님 나라의 통치에 따라 우리 삶을 조정하면서 살아야 한다. 우리는 늘 종말에 이루어지게 될 하나님 나라의 관점에서 우리 삶을 해석하고 현재를 바라볼 수 있어야 한다. 그래야 우리가 역사의 목적에 부합하는 삶을 살 수 있다.

우리는 말세에 살고 있지만, 역사의 최종 목적이 완성될 마지막 날을 기다리고 있다. 우리는 하나님 나라의 복을 지금 여기서 누리고 있지만, 동시에 아직 죄와 고난과 죽음으로부터 완전히 벗어난 것은 아니다. 여전히 고통스러운 삶이 남아 있다. 우리는 성령의 첫 열매를 가지고 있지만, 최종적인 구속을 기다리면서 내적으로 탄식하며 우리 몸의 부활을 기다린다. 역사는 하나님 나라의 전진과 함께 사단의 나라도 함께 성장하는 것처럼 보인다. 하나님 나라가 이미 왔다면, 그래서 사단의 머리가 깨졌다면 사단의 세력들은 다 소멸되었어야 한다. 하지만 이상하게도 하나님 나라와 함께 사단의 나라도 활발하게 활동 하는 중이다. 그래서 하나님 나라의 성장은 믿음으로만 볼 수 있다. 영적인 시력을 상실한 사람들은 사단의 압제 아래에 멸망을 향해 나아간다. 그러나 우리는 하나님 나라를 맛보아 안 사람들이다. 그래서 우리는 사단의 나라가 성장한다고 해도 크게 개의치 않고 살아갈 수 있다. 우리 안에서 하나님 나라는 성장하고, 우리를 통해서 온 세계를 향해 하나님 나라가 성장해 나가야 한다. 이것이 역사의 최종 목적이기 때문이다. 하나님은 왜 이 종말의 시대를 당장에 끝내시고 하나님 나라를 완성하지 않으시는가? 하나님은 왜 이렇게 머뭇거리시는 것일까? 왜 종말의 시대가 계속되고 있을까? 우리는 이런 질문에 대한 분명한 답을 갖고 있어야 한다. 지금 역사는 선교의 시대다. 즉 복음을 증거하여 구원받은 사람들을 하나님 나라로 모으는 시대이다. 따라서 우리는 이런 역사의식 가운데서 선교적 사명을 감당해야 한다.

이 종말(그리스도의 초림과 재림 사이)의 시대는 교회가 선교적 사명을 수행하는 것을 목표로 한다. 오스카 쿨만이라는 신학자는 이렇게 말했다. "교회의 선교적 선포인 복음 전파는 그리스도의 부활과 재림 사이 기간에 구속사적 의미를 부여한다. 또한 복음의 전파는 그리스도의 현재적 주 되심과 연결을 맺으면서 구속사적 의미를 갖게 되는 것이다."(Cullmann, Time, 157.) 벌코프도 "역사를 만드는 힘으로서의 선교적 노력"을 강조하였다. 선교적 노력을 열심히 하는 그 자체는 역사가 완성으로 가도록 만드는 동력이라는 말이다.

그렇다면 우리는 '하나님 나라가 압도적으로 우세하여 사단의 나라를 궤멸시켜야 할 것이 아닌가?'라고 생각할 수 있다. 바로 이 지점에서 우리가 알아야 할 것이 하나 더 있다. 예수님께서 마태복음 13장 24~30절에서 가르치신 가라지 비유이다. 사단의 자식들을 상징하는 가라지들을 뽑지 않고, 추수 때까지 알곡과 함께 자라게 두시는 것이다. 그래서 가라지도 하나님 나라 알곡들의 토양에서 더 빠르게 성장한다. 그러나 추수 때에 마침내 가라지가 알곡으로부터 분리될 것이다. 다시 말하면 사단의 왕국도 최후 심판의 날까지는 하나님 나라의 성장에 기생하면서 자라게 될 것이라는 말씀이다. 교회와 세속 국가의 역사를 보면 한 나라 안에 복음이 흥왕하고 하나님 나라가 성장하는 것과 함께 그 나라의 국력도 함께 자라가는 것을 볼 수 있다.

하나님 나라에 기생하는 사단의 왕국이 크고 화려하게 성장하는 것처럼 보이지만, 그 나라는 자체가 파멸적인 성격을 내포하고 있다. 1기압을 견디도록 만들어진 압력솥에 계속해서 불을 지펴서 1기압이 넘어가면 압력솥이 폭발하듯이, 사단의 나라가 번성하면서 만들어지는 수많은 악행은 그 임계점(臨界點: 저온 상에서 고온 상으로 상변화를 할 때 저온 상으로 존재할 수 있는 한계 온도와 압력)을 넘으면 반드시 폭발하여 자멸하게 된다. 세상 제국들도 하나님이 정해 놓으신 임계점이 있다. 가나안 땅에 죄가 관영할 때까지 430년을 참아 주셨던 것처럼, 오늘날 아무리 강력한 제국이라 할지라도 그 나라의 죄가 관영할 때까지 얼마 동안 참아 주시지만, 하나님이 정해 놓으신 임계점이 있다. 그래서 계속해서 죄를 짓게 되면 임계점을 넘어서 폭발하여 망하게 된다. 이후에 다른 나라가 그것을 대체하여 추스르고 일어나지만, 다시 같은 일을 반복한다. 이것이 세상 역사의 발전

양상이다. 사단의 나라는 이렇게 진행되고 있다. 세상은 발전하는 것처럼 보이지만 나선형 하강 곡선을 그리면서 계속 내려간다. 그러나 하나님 나라는 가라앉는 것처럼 보이지만 나선형 상승 곡선을 그리면서 발전하고 있다. 더욱이 역사를 주관하시는 하나님은 세속 국가들의 모든 준동을 하나님 나라의 완성을 이루기 위한 도구로 사용하신다. 따라서 우리는 무슨 운동이나 혁명으로 이 세상을 바꾸려고 할 것이 아니라 이 시대에 주어진 교회적 사명, 선교 사명을 완수하기 위해 힘써야 한다.

오늘 본문 말씀은 이런 역사의 마지막 때의 특징들을 잘 가르쳐 주고 있다. 악한 자들이 준동하여 교회를 어지럽게 할 것이지만 그들은 결국 자신들의 정체를 숨기지 못할 것이다. 자신들의 파국적 행동의 열매를 자신들이 먹게 될 것이다. 문제는 우리가 그런 자들을 분별하면서 사도들의 가르침을 붙들고 있는가이다. 유다는 교회 안에 있는 사람들을 "사랑하는 자들"과 "이 사람들"로 나눈다. 사랑하는 자들이 '이 사람들'의 말과 행동을 통해서 그들을 분별하여 그들과 같이 멸망의 길로 가지 말라는 경고다.

1. 기억하라! (17~18절)

1) 경건치 않은 자들

17절을 보자. "사랑하는 자들아! 너희는 우리 주 예수 그리스도의 사도들의 미리 한 말을 기억하라." 유다는 사도들의 가르침으로 교회가 세워졌음을 5절에서 이렇게 말했다. "너희가 본래 범사를 알았으나 내가 너희로 다시 생각나게 하고자 하노라." 유다는 사도들이 미리 종말에 있을 일들에 대해 가르친 것을 기억하라고 말한다. 사도들은 하나님 나라의 '이미(현재)와 아직 아니(미래)'의 긴장 관계를 잘 가르쳤을 것이다. 유다는 어떤 특정한 말씀을 기억하라고 한 것이 아니라 사도들이 반복해서 가르쳤던 말씀을 기억하라고 한다. 특별히 18절에서 "그들이 너희에게 말하기를"에서 '말하기를'이라는 단어는 미완료 시제로 되어 있다. 이 말은 사도들이 교회에 계속 반복해서 가르쳤다는 의미다.

교회는 사도들이 반복해서 가르쳤던 진리를 계속해서 기억해야 한다. 성경에서 기억하는 것은 단순히 지적인 암기를 말하는 것이 아니라 정서와 의지가 동반된 행동을 하는 것이다. 이미 배운 하나님의 말씀을 지적으로 회상할 뿐만 아니라 그 말씀이 정서와 의지에 적용하여 준행하는 것이다. 우리가 진리를 기억하는 것은 그 진리를 구현하고 나타내기 위함이다. 사도들이 반복해서 가르쳤던 진리를 우리는 계속 기억함으로써 하나님 나라의 복을 누리게 된다.

그렇다면 사도들은 무엇을 반복해서 가르쳤을까? 첫 번째는 이미 종말이 도래했고, 교회가 마지막 때에 살고 있다는 것과, 그 마지막 때의 특징들을 가르쳤다. 바울이 데살로니가 교회를 세우기 위해 데살로니가에 3~4개월 정도 있었다고 한다면 그 짧은 시간

동안에도 종말 시대의 특성을 가르쳤었다. 그리스도 안에서 이미 임한 종말의 특성에 대해 다 가르쳤지만, 교회가 어린 상태에서 그 의미를 온전히 깨닫지 못했다. 그래서 데살로니가 성도들은 이미 소천한 사람들이 종말의 복에 참여할 수 없을까봐 근심하고 있었다. 그래서 바울 사도는 데살로니가전서 4~5장, 그리고 데살로니가후서 2장 등에서 종말과 그 시대의 특성을 더 자세히 가르쳐 주었다.[1]

하나님 나라가 극치에 도달하기까지 교회는 선교적 사명을 잘 감당해야 한다. 하지만 그 마지막 때까지 하나님 나라의 전진을 막는 자들이 나타날 것이다. 사도행전 20장에서 사도 바울은 자신에게 배웠던 제자 중에도 경건치 않은 자들이 나타나 교회를 어지럽히고 자기를 따르게 할 것이라고 경고했다.

"내가 떠난 후에 흉악한 이리가 너희에게 들어와서 그 양 떼를 아끼지 아니하며 또한 너희 중에서도 제자들을 끌어 자기를 좇게 하려고 어그러진 말을 하는 사람들이 일어날 줄을 내가 아노니, 그러므로 너희가 일깨어 내가 삼 년이나 밤낮 쉬지 않고 눈물로 각 사람을 훈계하던 것을 기억하라"(행 20:29~31).

마지막 때의 특징은 가라지들이 제자들에게 아첨하는 말과 자

---

[1] 필자의 데살로니가 전후서 강해집 『너희는 우리는 영광이라』를 참고하라.

랑하는 말로 유혹하고, 원망과 불평의 말을 하면서 자기 이익을 위해 사람들을 잘못된 길로 이끄는 것이다. 따라서 바울은 그런 자들을 분별하고 이기는 길은 자신이 가르쳤던 말씀을 기억하는 것이라고 가르쳤다. 베드로도 그렇게 가르쳤다. 따라서 유다도 도전받고 있는 교회들에게 다시 사도들의 가르침을 기억하라고 명령한다. 사도적 가르침에 충실할 때 악한 자들의 준동에 넘어지지 않고 이겨낼 수 있다.

오늘날도 마찬가지다. 이단들이 많이 일어나니까 이단들의 교리나 행태를 연구해서 교회가 건강해지는 것은 아니다. 그럼 어떻게 해야 할까? 사도들의 가르침에 집중해야 한다. 다시 말해 성경이 가르치는 교리에 집중해야 한다. 성경은 가르치지 않으면서 예배당 출입구에 "신천지 출입 금지! 이단 출입 금지!" 같은 포스터를 붙여 놓는다고 해결될 문제가 아니다. 사도들의 가르침에 능통하면 교회가 건강해져서 온갖 이단들을 분별하고 척결할 수 있다. 우리 삶에서도 현재 안고 있는 문제에 집중해서는 그 문제를 풀 수 없다. 그럴 때 우리는 말씀에 더 집중해야 한다. 말씀을 통해 문제를 해석하고 말씀을 따라 적용할 수 있을 때까지 기도하면서 성경을 공부해야 한다.

2) 기롱하는 자들

하나님은 기롱하는 자들을 즉각적으로 심판하시기도 한다. 1960년대 미국에서 최고의 인기를 누렸던 비틀즈의 멤버 중의 한 사람인 존 레논은 한 잡지와의 인터뷰에서 이렇게 말했다. "기독교는 종말을 맞이할 것입니다. 사라진다는 말입니다. 나는 확신하고 있기 때문에 논쟁할 필요도 없습니다. 예수님도 좋지만, 그분은 지루합니다. 우리가 예수님보다 이제 더 유명합니다"(1966년). 비틀즈가 예수님보다 더 유명하다고 말한 후 얼마 되지 않아서(1980년) 존 레논은 그를 광적으로 추종하던 팬에게 네 발의 총탄을 맞고 종말을 맞았다. 브라질에서 민주화 운동을 했었고 군정을 종식시켰던 탄크레도 네베스(브라질 대통령)는 대선 유세 중에 "만일 내가 우리 당에서 50만 표를 얻는다면 하나님도 나를 대통령직에서 쫓아내지 못할 것이라"라고 말했다. 그는 50만 표를 얻는 데 성공했다. 그러나 대통령 취임 하루 전 쓰러진 후 사망했다. 타이타닉호를 만들었던 엔지니어에게 배가 얼마나 안전한지를 물었다고 한다. 그러자 그는 "하나님도 이 배를 침몰시킬 수 없을 것입니다."라고 대답했다. 우리는 타이타닉호의 운명을 잘 알고 있다.

세상 사람들은 얼마든지 예수님과 교회를 조롱할 수 있다. 그런데 교회 안에서도 복음과 그리스도의 제자를 조롱하는 자들이 있다. 세상은 노골적으로 조롱한다면, 교회 안에 가만히 들어온 자들은 자칭 선생이라 하면서 복음의 일꾼처럼 행세하지만, 교회와 성도들의 소망을 은밀하게 조롱한다. 베드로 사도는 이렇게 경고했다.

"먼저 이것을 알지니 말세에 기롱하는 자들이 와서 자기의 정욕을 좇아 행하며 기롱하여 가로되 '주의 강림하신다는 약속이 어디 있느뇨? 조상들이 잔 후로부터 만물이 처음 창조할 때와 같이 그냥 있다' 하니"(벧후 3:3~4).

말세의 특징은 바로 경건치 않고 기롱하는 자들이 정욕을 좇아 행하는데, 그들은 사도적 가르침[2]을 조롱하고 무시하는 것이다. 죄를 짓는데도 축복을 선언하고, 심판과 재림을 가르치지 않는 것이 기롱하는 것이다.

유다는 이들이 강퍅한 말로 자기 정욕을 추구한다고 했다. 거짓된 자들은 원망하고 불만을 토하며 자랑하는 말과 아첨하는 말로 자기 이익을 추구하기 위해서 양들을 잡아먹는 자들이다. 거짓 자들이 가르치는 핵심은 사도들이 가르쳤던 진리를 왜곡하고 조롱하는 것으로 정욕을 추구하게 하는 것이다. 그렇게 제자의 길에서 떠나게 만든다. 사단이 에덴에서 했던 방식대로 사단의 사자들도 의의 일꾼으로 가장하여 진리를 전하는 것처럼 하지만, 실제로는 사도적 가르침을 조롱한다.

바울은 당시 기롱하는 자들의 거짓 가르침을 폭로한다.

"그러나 성령이 밝히 말씀하시기를 '후일에 어떤 사람들이 믿음에서 떠나 미혹케 하는 영과 귀신의 가르침을 좇으리라' 하셨으니, 자기 양심이 화인 맞아서 외식함으로 거짓말하는 자들이라. 혼인을 금하고 식물을 폐

---

2) 넓게 보면 사도적 가르침은 신약 성경의 가르침 전체를 의미한다. 여기서는 사도들의 핵심적인 가르침인 죄와 심판, 예수 그리스도의 십자가와 부활, 종말과 재림에 관한 핵심 교리들을 말한다.

하라 할 터이나 식물은 하나님이 지으신 바니 믿는 자들과 진리를 아는 자들이 감사함으로 받을 것이니라. 하나님의 지으신 모든 것이 선하매 감사함으로 받으면 버릴 것이 없나니 하나님의 말씀과 기도로 거룩하여짐이니라"(딤전 4:1~5).

거룩한 삶을 열망하는 성도들에게 금욕주의를 가르침으로써 사도적 가르침을 조롱하는 자들은 어느 시대나 있었다. 그들은 하나님의 말씀을 전하는 것처럼 보이지만 실제로는 "미혹케 하는 영과 귀신의 가르침"을 전했다. 사도들의 가르침을 폐하고 자의적인 행동 수칙들을 만들어 놓고 그것을 따라 살아야 진정한 성도로서 능력을 체험할 수 있다고 호도한다. 그들이 대놓고 하나님의 말씀을 부인했다면, 성도들이 따라가지 않았을 것이다. 하지만 그들은 교묘하게 하나님의 말씀을 비틀고 환원주의적으로 적용하여 다른 길로 인도한다. 이런 수법이 교묘하여 분별하기 어렵기 때문에 사람들은 계속 넘어지게 된다.

하나님의 말씀, 곧 사도적 가르침에서 떠나게 하는 것은 무엇이든지 미혹케 하는 영과 귀신의 가르침이다. 이런 가르침을 전하는 자들이 기롱하는 자들이다. 성도들이 거룩해지는 것은 하나님의 말씀을 공부하고, 그 말씀을 따라 살기 위해 성령 하나님을 의지하여 기도하는 것이다. 거짓 자들은 말씀을 인용하면서도 그 말씀의 핵심을 피해 가면서 이상하고 엉뚱하게 적용하여 헛 된것에 집착하게 한다.

디모데후서 3장에는 또 다른 기롱하는 자들이 나온다.

"네가 이것을 알라. 말세에 고통하는 때가 이르리니, 사람들은 자기를 사랑하며 돈을 사랑하며 자긍하며 교만하며 훼방하며 부모를 거역하며 감사치 아니하며 거룩하지 아니하며 무정하며 원통함을 풀지 아니하며 참소하며 절제하지 못하며 사나우며 선한 것을 좋아 아니하며 배반하여 팔며 조급하며 자고하며 쾌락을 사랑하기를 하나님 사랑하는 것보다 더하며 경건의 모양은 있으나 경건의 능력은 부인하는 자니 이같은 자들에게서 네가 돌아서라"(딤후 3:1~5).

조롱하는 또 다른 방식은 교인들이, 자신과 세상을 사랑하도록 가르치는 것이다. 거짓 교사들은 성도들을 그리스도의 제자가 아니라 자기 제자로 삼으려 하고, 그리스도의 형상이 아니라 자기 형상을 닮도록 유인한다. 그들은 성도들이 사단의 종으로 살고 있어도 책망하거나 교정하려고 노력하지 않는다. 도리어 정욕에 연료를 공급해주는 것으로 사람들을 끌어모은다. 그런 교회에 열심히 다녀도 자기 사랑이 죄라는 말을 들을 수 없다. 오히려 '당신은 사랑받기 위해 태어난 사람'이라고 추켜세워 줌으로써 자기 사랑과 자기연민에 더 빠지게 만든다.

단지 교회에 나와서 헌금하고, 교회가 어떤 일을 할 때 열심히 참여하기만 하면 다 된 것처럼 여겨준다. 그들의 마음에 세상을 사랑하고, 자긍하고 교만하고 쾌락을 사랑하며 살고 있어도 경고하거나 문제를 제기하지 않는다. 이것이 그리스도의 제자도를 조롱하는 방식이다. 그저 자신에게 잘 해주고 자기에게 이익이 되니까 다 받아주고 못 본 척하면서 그들에게 축복을 남발한다.

말씀보다 정치적 이데올로기나 자기가 속한 집단의 이해관계를 더 중요하게 생각하는 것도 기롱하는 일이다. 말씀의 원리 안에서 형제 사랑을 실천하고, 그 사랑 안에서 복음 전파를 위해서 연합해야 할 교회가 진영논리에 사로잡혀 분열하고 다투는 것은 복음을 조롱하는 것이다. 우리에게 중요한 것은 정치적 색깔이나 지지하는 정당이나, 민족이나 가족이나 그 무엇도 아니다. 오직 하나님의 영광, 하나님의 말씀이 우선이 되어야 한다.

디트리히 본회퍼는 히틀러가 집권한 지 이틀 만에 항거하는 투쟁에 동참하면서 이렇게 말했다. "지도자가 자신을 우상화하기 위해 국민을 현혹하고, 국민이 그에게서 우상을 기대하면, 그 지도자 상은 조만간 악마의 상으로 변질되고 말 것입니다. …… 자신을 우상화하는 지도자와 관청은 하나님을 조롱하기 마련입니다"(『디트리히 본회퍼』, 103).

이 시대에도 히틀러같이 교인들을 현혹하고 그들에게 우상처럼 군림하는 목사들이 많다. 그들도 머지않아 그 정체를 드러내게 될 것이다. 그들은 이미 자신을 하나님 자리에 둠으로써 하나님을 조롱하고 있다.

조롱하는 또 다른 방식은 하나님의 일을 하는 사람들, 예수님을 따라 좁은 길로 가는 사람들을 조롱하는 것이다. 거짓 교사들은 말씀에 순종하며 자기를 부정하고 겸손하게 주님을 따르는 사람들을 조롱한다. 마태복음 24장 45~51절을 보면, 충성되고 착한 종은 주인의 말씀대로 지혜롭게 행한다. 그러나 악한 종은 자기 판단하에 (주인이 늦게 오리라) 술친구들과 더불어 먹고 놀면서 충성된 종들을 때리고 조롱한다. 이것이 악한 자들이 행하는 행습이다. 이러한 조롱이 종말 시대의 특징이고 앞으로도 계속될 것이다. 우리는 이것을 잘 분별해야 한다.

2. 이 사람들을 주의하라! (19절)

1) 당을 짓는 자

이제 유다는 거짓 교사들의 행태를 짧지만 아주 날카롭게 지적한다. 19절을 보자. "이 사람들은 당을 짓는 자며, 육에 속한 자며, 성령은 없는 자니라." 그들의 특징은 당을 짓는 것이다. 이 사람들은 어떻게든 파벌을 만들어서 자기의 이익을 추구한다. 자기 이익을 위해서라면 언제든지 분열을 획책하는 것이다(당을 짓는다는 동사가 현재분사 능동태다). 다시 말해서 분열을 책동하는 짓을 계속하고 있다는 의미다. 교회 내에서 지역과 신분과 직업, 가족과 친분의 정도에 따라 자기 사람을 만들고자 이런저런 일들을 실행한다. 자기 편에 속한 사람들에게 교회에 대한 원망과 불만의 말을 퍼트려서 공동체를 분열시키는가 하면, 자기 자랑과 아첨으로 자기가 대단한 영적인 능력을 소유한 것처럼 과대 포장하기도 한다. 이 사람들은 다른 사람보다 친절하고 사람들을 끄는 매력을 지녔다. 마치 간이라도 빼줄 것처럼 친절하게 보인다. 거기에 사람들이 휩쓸려가기도 한다. 그래서 말씀을 바르게 전하는 사람보다 더 사랑이 많고 잘해줄 것처럼 행세한다. 압살롬이 백성들의 마음을 훔친 것처럼, 사람들의 마음을 훔쳐 간다. 자신을 따르면 성공적인 삶을 보장받을 수 있는 것처럼 속인다.

고라가 당을 짓고 사람들을 높여주면서 패역의 길로 이끌었던 것처럼, 그들도 사람들의 영적인 교만을 부추기면서 자기를 따르게 한다. 목자의 심정으로 사람들의 영혼의 안전과 성장을 위해 권면하는 일은 회피하고, 자기 목적을 위해 사람들을 이용하는 자들이다. 초대 교회 안에서도 이런 자들에게 미혹되어 잘못된 길로 들어가는 사람들이 많았다. 그래서 22~23절에서 유다는 그런 자들에게 속아서 의심하는 자들, 이미 그들을 따라 들어간 자들과 아예 거짓 교사들과 함께 행동하는 자들에 대해 어떻게 해야 할지를 가르친다.

'한국 교회를 움직이는 것은 말씀이 아니라 돈'이라는 말이 있다. '인심은 곡간에서 난다'라는 속담처럼, 목사들이 다른 목사들을 돈으로 매수하여 자기 편으로 끌어들이고 교단 정치를 좌지우지하는 일이 상식이 되었다. 대형 교단의 어떤 자리는 엄청난 자금을 집행할 수 있다. 그 자리를 차지한 사람은 그 직위를 사용하여 돈벌이한다. 그래서 세상 정치하듯이 교회 목사들이 분열하고 자기 세력을 과시하기 위해 당을 짓는다.

물론 교회 안에도 분명한 분리는 있어야 한다. 어떤 분리일까? 세례받은 사람과 세례받지 않는 사람의 분리는 자연스럽게 이루어져야 한다. 구원받은 사람은 세례로 인친 구원의 확신 속에서 봉사의 일을 해야 하고, 구원받지 못한 사람은 구원받기 위해 말씀을 공부하면서 세례받기를 갈망해야 한다. 사단의 나라를 벗어나서 하나님의 나라 시민이 되기를 사모해야 한다. 이것은 당을 짓는 것이 아니다. 이런 영적인 분리가 있어야 교회는 더 건강하고 온전하게 성장할 수 있다.

그렇다면 왜 사람들은 당을 짓고자 할까? 그것은 하나님이 아니라 힘을 의지하기 때문이다. 로마서 2장 8절을 보자. "오직 당을 지어 진리를 좇지 아니하고 불의를 좇는 자에게는 노와 분으로 하시리라." 진리를 버린 자들은 불의를 행하기 위해서 당을 짓는다. 진리를 좇지 않기 때문에 그렇게 행동한다. 그들은 하나님의 말씀을 가지고 자기를 합리화하고, 자기 불의에 대해 담대하게 정당성을 주장한다. 하지만, 그들은 하나님의 말씀을 인용하면서도 인간적인 지혜와 방법을 강화하기 위해서 오용한다. 고린도전서 11장 17~19절을 보자.

"내가 명하는 이 일에 너희를 칭찬하지 아니하나니 이는 저희의 모임이 유익이 못되고 도리어 해로움이라. 첫째는 너희가 교회에 모일 때에 너희 중에 분쟁이 있다 함을 듣고 대강 믿노니 너희 중에 편당이 있어야 너희

> 중에 옳다 인정함을 받은 자들이 나타나게 되리라."

주님의 말씀으로 옳다 인정함을 받는 것이 아니라 편을 만들어 세력을 규합해서 자신들이 옳다고 주장한다. '편당'(haireseis)이라는 말에서 '이단'(heresy)이라는 말이 나왔다. 교회 안에서 당을 짓는 것으로 자기의 정당성을 주장하는 것은 이미 진리에서 떠나고 있다는 증거다. 우리는 이를 심각하게 생각하고 조심해야 한다. 우리가 어떤 활동을 하든지 하나님 앞에서 하는 것이라면, 사람들이 알아주든지 그렇지 않든지 사람의 평가에 크게 신경쓰지 않아도 된다. 어떤 일이 성공하든지, 실패하든지 하나님이 보시기에 바르게 했다면, 그 자체로 감사와 만족을 누린다.

야곱의 이야기를 생각해 보자. 야곱은 하나님 앞에서 신실하게 라반의 양 떼를 돌보았다. 그는 조금도 꾀를 부리지 않고 신실하게 일했다. 야곱은 라반의 양 떼를 돌볼 때도 하나님 앞에서 주께 하듯 일했다. 하지만 라반이 야곱의 품삯을 열 번이나 떼어먹었을 때 하나님께서 이렇게 말씀하셨다. "라반이 네게 행한 모든 것을 내가 보았노라"(창 31:12). 그리고 하나님은 라반의 짐승 중에서 실한 것들을 빼앗아 야곱에게 주셨다(창 31:9). 하나님께서 모든 것을 보고 계심을 아는 사람은 라반처럼 인간적인 지혜로 문제를 해결하려고 하지 않는다. 교회에서도 마찬가지다. 자기 마음의 동기와 행동을 모두 달아보시는 하나님 앞에서 일한다는 것을 의식하는 사람은, 당을 지어서 어떤 일을 도모하려고 하지 않는다. 사울과 다윗의 삶과 행동도 이를 잘 보여주는 예가 된다.

2) 육에 속한 자

두 번째로 거짓된 자들은 육에 속한 자들이다. 여기서 "육에 속한 자"라는 말은 10절에서 이성 없는 짐승처럼 "본능으로 행하는 자"라는 말과 같은 단어다. "육에 속한 자"는 "단순한 자연적 본능을 따르는 자들"이라는 말로 세상의 악에 속한 자라는 의미이다. 하나님 나라 세계관과 하나님 나라의 속성이 아니라 세상 나라, 곧 사단의 나라에 속한 자로서 정체성과 세계관을 가지고 있는 사람이다. 바울은 고린도전서 2장 14절에서 이렇게 말씀한다. "육에 속한 사람은 하나님의 성령의 일을 받지 아니하나니 저희에게는 미련하게 보임이요 또 깨닫지도 못하나니 이런 일은 영적으로라야 분변함이니라." "육에 속한 사람"(프시키코스: ψυχικός)은 거듭나지 않은 자연인을 말한다. 다시 말해 성령을 받지 않는 사람, 타락한 본성의 지배를 받는 사람이다. 이런 사람들은 "하나님의 성령의 일"을 받지 않는다. 곧 사도적 가르침을 받아들이지 않는다. 왜냐하면, 사도들의 가르침이 미련하게 보이기 때문이다. 그 사람들에게 하나님 말씀은 현실성이 없는 것처럼 보인다.

물론 교회에 나왔으나 아직 성경을 배우지 못한 사람들은 그렇게 반응할 것이다. 하지만 문제는 교회에서 지도자 행세를 하는 사람들이 성령 하나님의 일을 받지 않는다는 것이다. 그들은 하나님의 말씀이 아니라 타락한 본성을 따라 살면서 많은 사람을 잘못된 길로 인도한다. 스스로 영적인 거장이라고 자랑하지만 그들의 행동을 이끄는 것은 타락한 본성이다. 자기 영광과 자기 이익을 추구하는 사람들은 늘 이와 같은 방식으로 교회를 이끌어 간다. 그래서 교회가 종교적 기업처럼 되는 것이다. 육에 속한 사람들이 모이기 때문에 교회가 단순한 사교(私交:사적인 교제) 집단처럼 된다. 육에 속한 자들은 종교적인 일을 하면서도 어떻게든 육신의 일을 도모한다. 예배와 선교도 자기만족과 자기 의를 과시하는 것으로 즐거움을 삼는다. 육에 속한 사람들이 열심이 없는 것이 아니다. 오히려 더 열심히 한다. 하지만 교회 일을 하면서도 인간적인 만족과, 세상 영광을 추구하기 위해 열정적으로 일한다. 야고보는 이런 자들이 스스로 지혜롭게 여기지만 그들의 지혜는 세상적이요, 정욕적이요, 마귀적인 것이라고 선언한다(약 3:15).

그러므로 그들의 활동의 결과는 현저하다. 갈라디아서 5장 19~21절을 보자.

"육체의 일은 현저하니 곧 음행과 더러운 것과 호색과 우상 숭배와 술수와 원수를 맺는 것과 분쟁과 시기와 분냄과 당 짓는 것과 분리함과 이단과 투기와 술 취함과 방탕함과 또 그와 같은 것들이라. 전에 너희에게 경계한 것같이 경계하노니 이런 일을 하는 자들은 하나님의 나라를 유업으로 받지 못할 것이요."

육에 속한 사람들의 열매가 바로 이런 것이다. 성령의 인도하심을 받는 사람들을 직감으로 알 수 있는 것처럼, 육신의 일을 행하는 사람들도 현저하게 드러나게 된다. 아무리 화려한 경력과 지식으로 이것을 감추려 할지라도 어느 순간에 그 본성이 드러나게 되어 있다. 특별히 어려움을 겪거나, 자기 뜻대로 되지 않을 때 그런 사람들은 자기 본성을 드러낸다. 우리는 고난과 시험의 기간에 어떤 사람의 본성이 진실로 변화된 것인지를 확인할 수 있다.

육에 속한 자들은 하나님의 일을 하면서도 성령이 아니라 육신의 방식으로 한다. 하나님의 말씀을 가르치면서도 인간적인 방법, 인간적인 성과를 중시한다. 개혁신학과 진리를 탁월하게 설명하는 능력을 소유한 사람 중에도 육에 속한 사람들이 있다. 그들은 그 신학과 진리의 지배를 받지 않는다. 참으로 불행한 사람이 아닐 수 없다. 그들은 종교인으로서 그것을 사용하여 자기 영광을 추구한다. 그들은 말씀에 순종하기보다 그 말씀을 이용해서 자기를 자랑하고 자기 영광을 추구한다. 성경을 인용하여 자기가 추진하는 사업이 하나님의 뜻이라고 강변한다. 그런 사람은 그가 무슨 말을 하든지 간에 육에 속한 자일 가능성이 크다. 진리가 밝히 해명될수록 사단도 그것을 사용하여 교회를 미혹한다. 처음에는 진리를 따라 바르게 진행하는 것처럼 보이던 사람이 나중에는 잘못된 길로 가는 경우가 있다. 궁극적인 시금석은 그가 내놓는 열매로 진짜인지 가짜인지가 드러난다. 열매를 맺기까지 지켜 보지 못하기에 많은 사람이 속는다. 우리는 이것을 분별할 수 있어야 교회를 지켜낼 수 있다.

3) 성령은 없는 자

거짓 교사들은 성령이 없는 자들이다. 하지만 그들이 성령을 전혀 언급하지 않거나 노골적으로 성령을 훼방한다는 의미는 아니다. 그들은 자신들이 성령의 사람이고, 성령의 능력으로 이적과 기적들을 행한다고 떠벌린다. 누구보다 성령의 능력과 은사를 강조하면서 자신들만이 참 교사라고 주장한다. 오히려 자신들처럼 방언과 예언, 또는 어떤 능력을 행하지 못하는 사람은 수준 이하이며 성령이 없는 자들이라고 공격한다. 그들은 어떤 일을 얼마만큼 하느냐에 따라 성령이 임하였는지를 분간할 수 있다고 주장한다. 그런 사람들은 방언하고, 예언하며 큰 능력을 행하는 것을 성령의 임재로 본다.

그런데 그들은 하나님의 말씀을 공부하고 그 말씀에 따라 살아야 한다고 하면 지겨워하고 금방 싫증을 낸다. 다시 말해 그들은 말씀에 대한 식욕이 없다. 하지만 성령은 진리의 영이시다. 만일 말씀에 대한 식욕이 없다면 지금 병든 상태이거나 혹은 성령이 없는 사람일 수 있다. 예수님은 이렇게 말씀하셨다.

"내가 아직도 너희에게 이를 것이 많으나 지금은 너희가 감당치 못하리라. 그러하나 진리의 성령이 오시면 그가 너희를 모든 진리 가운데로 인도하시리니 그가 자의로 말하지 않고 오직 듣는 것을 말하시며 장래 일을 너희에게 알리시리라"(요 16:12~13).

거짓 교사들은 성령을 그렇게 강조하면서도 진리의 말씀과 다른 것을 가르친다. 분명히 다른 것을 가르치는데 사람들은 무엇이 다른지를 잘 모른다. 왜냐하면 성경을 환원주의적으로 해석하여 자신이 원하는 쪽으로 짜깁기해서 확대하고 과장하기 때문에 그것을 알아채지 못한다. 거짓 신자들은 성령님을 따른다면서도 성경을 배우려 하지 않는다. '예언 받는다! 방언 받는다!'라고 하는 곳에는 열심히 쫓아다니지만, 성경을 공부하는 자리에는 보이지 않는다. 설령 말씀을 공부하더라도 그 말씀을 자기에게 적용하지 않고 다른 사람에게 적용한다. 설교자들도 자기가 연구한 진리에 자신을 복종시켜 자기가 변화된 삶을 사는 것보다 설교하기 위해서만 공부하는 경우가 많다. 또 어떤 사람은 자신이 가진 지식으로 교만해져서 다 된 사람처럼 행동한다. 다른 사람의 신학 사상을 검증하고 비평하는 것을 업(業)으로 삼는 사람들이 많다. 그들은 자신이 진리의 기준인 것처럼 행동하면서 비판과 정죄를 서슴지 않는다.

말씀을 전하면서도 그 말씀에 자기 마음과 삶에 전혀 영향을 받지 못하는 사람들이 있다. 어떤 사람은 자기 직업적인 성공을 위해 교회의 직분을 활용한다. 그런 사람들은 세상 기준으로 목회 성공 여부를 평가한다. 스스로 생각하기에 성공했다 싶으면 교만하여 누구의 말도 듣지 않으려 하고, 실패했다고 생각하면 절망하면서 자기 방식으로 사역을 접기도 한다. 그들에게 무슨 문제가 있는 것일까? 하나님께서 교회의 직분자로 부르셨다면, 성령 안에서 지혜와 능력을 주시지 않았겠는가? 때론 성공적인 사역을 하는 사람들

속에서도 성령이 없는 경우가 있다. 그들은 화려하고 대단한 성공을 거둔 것처럼 보이지만, 성령의 열매는 맺지 못한다. 성공한 목사라고 존경받는 사람들에게서 성령의 열매가 아닌 육신의 일들이 현저하게 드러나는 경우도 있다. 그들의 열매는 자기 자랑과 자기 추구에 속한 것들이다. 성령의 열매들을 흉내는 낼 수 있을지 모르지만, 하나님과 분리되어 있다면 참된 열매를 맺지 못한다. 성령의 열매는 하나이다. 하지만 그것은 다이아몬드가 다각형인 것처럼 이렇게 사랑, 희락, 화평, 오래 참음, 자비, 양선, 충성, 온유, 절제로 나타난다. 성령의 열매는 성령적인 성품으로 하나님과 연합된 사람들에게서 나온다. 그 열매는 자신과 주변 사람들과의 관계에서 복되고 아름답게 성장해 간다.

사도들의 가르침에 집중하자!

교회 역사에는 거짓 교사들이 계속 출몰했다. 최초의 인간이 타락한 이래로 거짓 교사(신자)가 아예 없었던 때는 단 한 차례도 없었다. 거짓 교사들이 득세하여 진리의 빛이 사라질 위기가 왔을 때도 교회는 다시 사도들이 가르친 복음(신약 성경)을 붙잡고 이겨냈다. 영적 전쟁에서 숫자는 중요하지 않다. 누가 많은 숫자와 자원을 가졌는가가 아니라 누가 진리를 가졌는가가 승리의 가장 중요한 열쇠이다. 이는 우리 개인의 삶에서도 마찬가지다. 우리가 성공했느냐 실패했느냐는 우리의 소유나 우리 지위로 판단할 일이 아니다. 우리의 성공과 실패는 우리가 진리를 따라 살았는지 그렇지 않은지에 달려 있다. 온 세상을 가졌다 할지라도 진리의 길에서 떠났다면 그는 실패한 것이다. 오히려 가장 비참하고 불행한 사람이다. 하지만 세상에서 가장 실패한 사람처럼 보일지라도 우리가 주님의 진리를 따라 살고 있다면 우리는 지금부터 영원까지 성공한 사람이다. 따라서 우리는 이 세상의 평가에 일희일비하지 말고 당당하게 믿음의 길로 나아가자.

"문들아, 너희 머리를 들지어다! 영원한 문들아, 들릴지어다. 영광의 왕이 들어가시리로다!"(시 24:7)

시인은 메시아께서 승리하셨으니 더는 적에 대한 두려움이나 삶의 염려때문에 고개를 떨구지 말라고 한다. 영광의 왕이 승리하셨다.

"'잠시 잠깐 후면 오실 이가 오시리니 지체하지 아니하시리라. 오직 나의 의인은 믿음으로 말미암아 살리라. 또한 뒤로 물러가면 내 마음이 저를 기뻐하지 아니하리라' 하셨느니라. 우리는 뒤로 물러가 침륜에 빠질 자가 아니요, 오직 영혼을 구원함에 이르는 믿음을 가진 자니라"(히 10:37~39).

우리는 그리스도께서 영광의 왕으로 임하실 때까지 조금만 참고 견디면 된다. 완성될 하나님 나라의 관점에서 현재를 바라보자. 그러면 세상에 주눅 들지 않을 것이다. 우리 생명이 그리스도와 함께 하나님 안에 감추어져 있기에 세상은 우리를 부러워하지 않는다(골 3:3). 아니 세상은 우리를 무시할 것이다. 교회 안에 있는 거짓 신자들도 우리를 핍박하고 조롱할 것이다(마 24:45~51). 정욕을 추구하면서 기롱하는 자들이 교회 안에 있는 것은 지금이 종말의 때이기 때문이다. 그들이 계속해서 출몰하는 것을 이상한 일로 여기지 않아야 한다. 역사가 완성될 때까지 그런 자들은 계속 있을 것이다. 그런 일이 있으리라 하신 대로 지금 그런 일이 발생하고 있으니(딤후 3~4장), 정신을 차리고 깨어서 우리에게 주어진 일을 잘 감당해야 한다.

"악한 자들과 속이는 자들은 더욱 악하여져서 속이기도 하고 속기도 하나니 그러나 너는 배우고 확신한 일에 거하라. 네가 뉘게서 배운 것을 알며 또 네가 어려서부터 성경을 알았나니 성경은 능히 너로 하여금 그리스도 예수 안에 있는 믿음으로 말미암아 구원에 이르는 지혜가 있게 하느니라. 모든 성경은 하나님의 감동으로 된 것으로 교훈과 책망과 바르게 함과 의로 교육하기에 유익하니 이는 하나님의 사람으로 온전케 하며 모든 선한 일을 행하기에 온전케 하려 함이니라"(딤후 3:13~17).

우리는 "이미"와 "아직" 사이의 긴장 속에서 시대를 분별하면서 주어진 선교적 사명을 감당해야 한다. 이 종말의 시대는 교회의 선교를 위해 주어진 시간이다. 우리가 선교의 사명을 감당함으로써 하나님 나라의 영광에 참여할 기회가 주어진 것이다. 교회가 선교적 사명을 등한시한다면, 역사의 목적을 보지 못하고 사는 것이다. 또한, 이 시대는 배교가 광범위하게 일어나는 시대이다. 교회 안에도 믿음으로 살려는 사람을 조롱하는 사람이 있을 것이다. 동시에 교회는 마지막 때에 구속받은 공동체로 존재하지만, 여전히 불완전한 성도들의 모임이다. 우리는 성도들을 바라볼 때 하나님 안에서 새로운 사람이면서 여전히 불완전한 사람이라는 것을 인정해야 한다. 그래서 교회의 행보도 늘 완전할 수는 없다. 복음 전도와 교육, 목회적 돌봄과 훈련도 이런 긴장 관계를 고려해야 한다.

그리스도인은 완전한 사람이 아니라 용서받은 죄인이다. 우리는 형제의 연약함을 감당해야 하고, 그들을 돕는 사역에 용기 있게 나서야 한다. 우리가 연약한 형제자매를 돕기 위해서도 바른 분별력은 필수다. 어떤 사람이 거듭났지만 어린 성도인지, 이미 다 된 것처럼 하지만 육에 속한 성령이 없는 자인지를 분별해야 한다. 그래야 그들의 잘못된 교훈과 행실을 거부할 수 있다. 이 일은 직분자들뿐만 아니라 모든 성도의 의무이다. 다시 한번 생각해 보자. 우리에게도 기롱하는 자들이 있을 것이다. 당 짓는 자, 육에 속한 자, 성령이 없는 자가 있을 것인데 어떻게 분별할 수 있는가? "사도들이 미리 한 말을 기억하는 것", 즉 하나님 말씀을 열심히 공부하고 그 말씀에 비추어서 볼 때 발견할 수 있다.

2019. 02. 03.

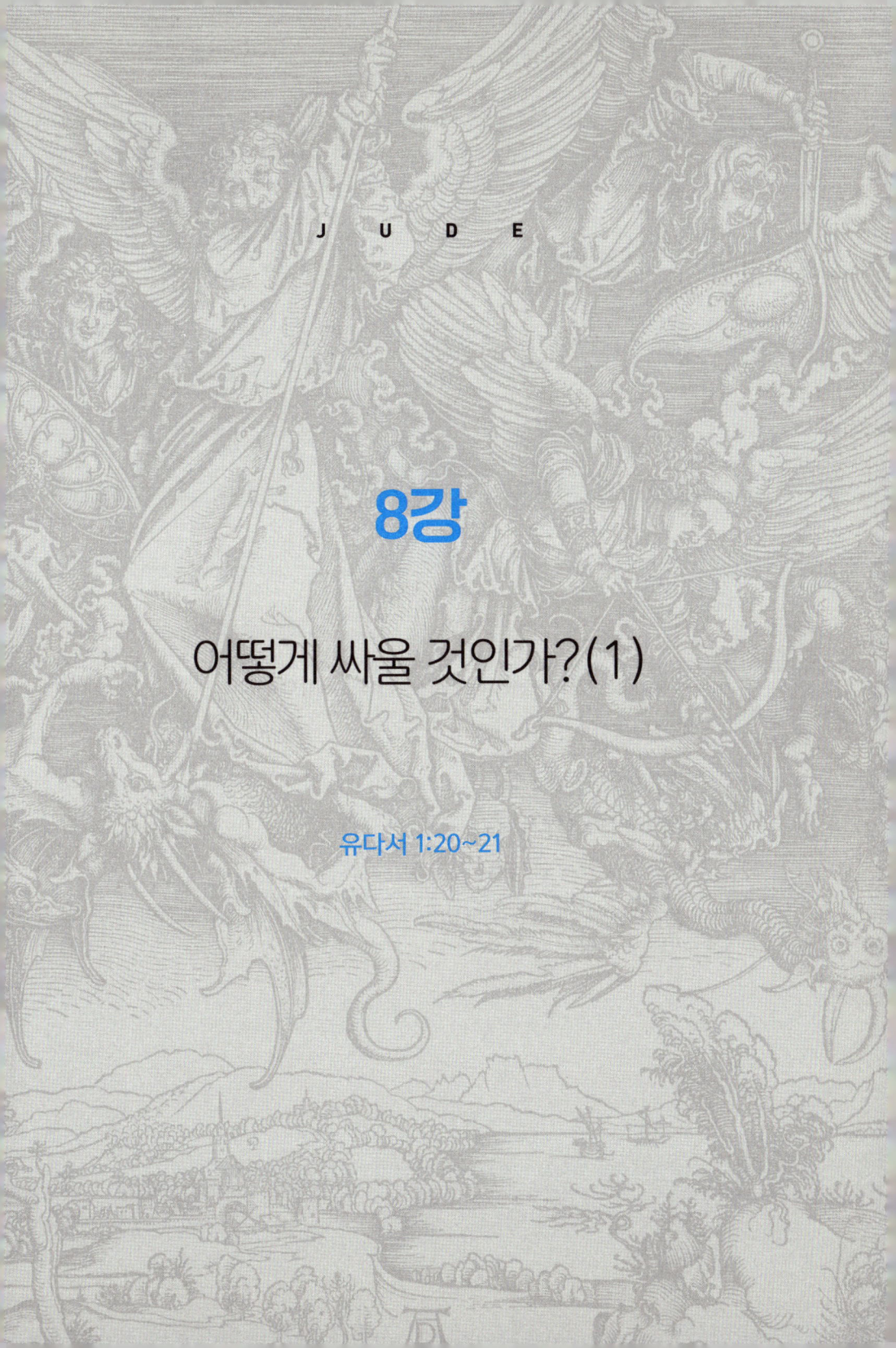

JUDE

8강

어떻게 싸울 것인가?(1)

유다서 1:20~21

8강

어떻게 싸울 것인가? (1)

유다서 1:20~21
설교 동영상

8강 구조

들어가며: "~을 ○○보다 중요시하는 인간은 우리의 밥이나 다름없어!"

1. 지극히 거룩한 믿음 위에 건축하라.

2. 성령으로 기도하라.

3. 하나님의 사랑 안에서 지키라.

4. 우리 주 예수 그리스도의 긍휼을 기다리라.

나가며: 힘과 진리, 어느 편에 설 것인가?

어떻게 싸울 것인가?(1)

유다서 1:20~21

20 사랑하는 자들아 너희는 너희의 지극히 거룩한 믿음 위에 자신을 세우며 성령으로 기도하며
21 하나님의 사랑 안에서 자신을 지키며 영생에 이르도록 우리 주 예수 그리스도의 긍휼을 기다리라

"~을 ○○보다 중요시하는 인간은 우리의 밥이나 다름없어!"

C.S. 루이스의 스크루테이프의 편지에 나오는 한 부분이다.

"그가 어떤 노선을 취하든 너의 주된 임무는 한 가지다. 애국심이든 평화주의든 자신이 믿는 종교의 일부로 생각하게 하거라. 그러다가 당파적 정신의 영향을 이용해, 그것이야말로 종교에서 가장 중요한 부분이라고 생각하게 하라구. 그리고 나서 조금씩 조금씩 비위를 맞춰가며, 종교가 '대의명분'의 일부로 전락하는 단계까지 몰아가야 한다. 그러면 기독교는 영국의 전쟁 수행이나 평화주

의에 유리한 논증을 탁월하게 제공하느냐에 따라 겨우 그 가치를 인정받는 지경에 처하게 될 거야.

네가 경계해야 할 것은 환자가 현세의 일들을 원수에게 순종할 기회로 삼게 되는 것이다. 어떻게 해서든 세상을 목적으로 만들고 믿음을 수단으로 만드는 데 성공한다면 환자를 다 잡은 거나 마찬가지지. 세속적 명분이야 어떤 걸 추구하든지 상관없다. 집회, 팜플렛, 강령, 운동, 대의명분, 개혁운동 따위를 기도나 성례나 사랑보다 중요시하는 인간은 우리 밥이나 다름없어. '종교적'이 되면 될수록(이런 조건에서는) 더 그렇지. 이 아래에는 그런 인간들이 우리 한가득 득실거리는 판이니 원한다면 언제든지 보여주마."(『스크루테이프의 편지』, 일곱 번째 편지의 마지막 부분, 50~51.)

C.S. 루이스가 통찰한 것처럼, 사단이 사람들을 믿음에서 떠나게 하는 방식은 다양하다. 그중에 부지중에 깜박 속게 하는 것은 교회와 여러 종교적인 일을 분주하게 하고 열심히 활동하게 함으로써 믿음의 길에서 떠나게 하는 것이다. 오늘날 우리 상황을 보여주는 것 같은 착각이 들 정도로 우리 시대 한국교회의 모습이다. 수많은 학회와 세미나가 열리고, 교회가 정치인들의 정략적 이해관계를 따라 이리저리 몰려다닌다. 교인들은 기계처럼 질서와 정확성을 가지고 종교 활동을 펼치지만, 마음이 없는 기계처럼 움직이는 것 같다. 종교 행사와 활동은 많지만, 삶과 교회의 개혁은 일어나지 않고 있다. 주님께 드리는 찬양은 없고, 음악만 존재한다. 찬

양이라고 하지만 자기 종교적 감성에 부합하는 노래를 부르고 있다. 예배가 습관처럼 계속되고, 매일 성경 읽기도 기계적으로 반복하고 있다. 교회의 수많은 활동에서 하나님의 영광을 말하지만 사람의 명분과 영광을 추구하고 있다.

우리 시대의 교회는 "마음"을 제외한 모든 것을 다 갖추고 있다. 루이스가 그의 책, 『인간 폐지』에서 머리와 가슴과 배를 들어 이야기한 것과 같다. 루이스는 사람들이 머리에 정보적인 지식을 가득 채웠지만, 가슴이 없다고 말한다. 즉 마음이 비어있다는 것이다. 그래서 다양한 지식이 있지만, 실제 행동하는 것은 "배" 즉 본능에 따라서 행동한다는 것이다. 그래서 배운 사람이나 못 배운 사람이나 노숙자나 의사나 변호사나 할 것 없이 똑같이 본능에 따라서 산다고 일침을 가한다. 이런 점에서 오늘날 교회도 마찬가지인 것 같다. 돈이 넘치고 큰 예배당에 모든 것들이 다 갖춰져 있지만, 가슴(마음)이 없다.

교회의 다양한 활동들은 다른 종교에 비해 월등히 많고 화려하지만, 마음이 담겨 있지 않다. 그래서 도움을 받은 사람들도 아무 감동을 받지 못하는 냉랭하고 형식적인 활동이 되어 버렸다. 그런 일에 참여하는 사람들은 자기 헌신을 자랑하면서 스스로 영광을 취한다. 청결하지 않은 마음으로 구제를 하고, 깨끗하지 않은 손으로 봉사를 한다. 그리스도의 마음을 닮은 간절함을 상실한 기독교는 빈껍데기일 뿐이다. 이런 기독교는 루이스가 말한 대로 사단의 "밥상"에 올려진 것이나 다를 바 없다.

모든 것이 다 있어도 그리스도의 마음을 닮은 사람들이 없다면, 교회는 빈껍데기일 뿐이다. 거짓 교사들은 교회가 많은 활동을 하게 하지만 주님을 닮도록 인도하지 못한다. 거짓 교사들은 열심히 활동하기 위해 당을 짓고, 사람들을 더 많이 얻기 위해 육신의 일을 장려한다. 그들은 성령을 강조하면서도 성령의 인도하심에 순종하도록 이끌지 않는다. 이런 사람들이 만들어 놓은 기독교는 겉으로 보기엔 화려하고 대단한 일을 하는 것처럼 보인다. 그러나 그곳에 주님의 마음을 가진 자들은 별로 보이지 않는다. 하나님의 성령으로 봉사하며 그리스도 예수로 자랑하고 육체를 신뢰하지 아니하는 신자들이 보이지 않는다(참고. 빌 3:3). 그런 곳에서는 거룩한 일들도 세상일처럼 속되게 진행한다. 거룩한 성례도 그 엄숙한 의미를 잃어버리고 하나의 종교의식으로 전락(轉落)했다.

오늘날 기독교 사역 전반에 거짓 교사들의 영향력이 광범위하게 퍼져 있다. 이런 시대에 교회는 어떻게 싸울 것인가? 유다는 일반으로 얻은 구원에 대해 편지하려는 마음이 간절하던 차에 가만히 들어온 거짓 교사들이 교회를 혼란에 빠뜨리려 하기 때문에 이 편지를 쓰게 되었다. 유다는 성도에게 단번에 주신 믿음의 도를 위하여 힘써 싸우라는 편지로 교회를 강권한다. 4~19절까지는 가만히 들어온 자들이 어떤 자들인지에 대해서 그들의 정체를 폭로하였다. 즉 거짓 교사들을 분별하는 방법을 제공해 주었다. 유다는 그들의 삶의 행태와 그로 인한 결과와 영향력에 대해 많은 분량을 할애해서 보여주었다. 왜냐하면 가만히 들어온 자들의 정체를 알아야만, 어떻게 맞서 싸울 수 있을지를 알 수 있기 때문이다.

우리는 먼저 피아(彼我)를 구분해야 한다. 이제 20~25절에서는 교회가 믿음의 도를 위하여 대적들과 어떻게 맞서 싸울 것인지를 가르친다. 짧지만 아주 탁월한 가르침이다. 전체적으로 세 가지 전략이 나오고 각각의 전략 안에 전술들이 나온다. 전략은 전쟁 전체, 즉 거시적 관점으로 전쟁의 상황을 보고 그때그때 어떻게 운용할 것인가를 말한다면, 전술은 그 전투에서 어떻게 승리할 것인가를 보여주는 실전의 기술이다. 첫 번째 전략인 20~21절은 네 개의 전술을 가르치면서 교회가 본질에 충실해야 함을 가르친다. 두 번째 전략인 22~23절은 세 개의 전술이 나오는데, 가만히 들어온 자들의 누룩에 감염된 타락한 신자들을 구원하기 위한 전략이다. 세 번째 전략인 24~25절은 축도이면서 마지막 전략으로 앞서 모든 전략과 전술을 통합하는 전략으로 하나님의 약속을 신뢰하는 것이다. 유다는 하나님이 그분의 영원한 능력으로 교회가 승리하도록 붙들고 있음을 장엄하게 선언한다. 오늘은 첫 번째 전략을 살펴보자.

1. 지극히 거룩한 믿음 위에 건축하라.

본문을 보자. "사랑하는 자들아! 너희는 너희의 지극히 거룩한 믿음 위에 자기를 건축하며 성령으로 기도하며 하나님의 사랑 안에서 자기를 지키며 영생에 이르도록 우리 주 예수 그리스도의 긍휼을 기다리라." 교회가 믿음의 도를 위해 힘써 싸워야 하는데 그 첫 번째 전략에서 네 가지 전술 명령이 주어진다. 첫째는 지극히 거룩한 믿음 위에 자신(교회)를 건축하라는 명령이다. 둘째는 성령으로 기도하라는 명령이다. 셋째는 하나님의 사랑 안에서 자기를 지키라는 명령이다. 넷째는 영생에 이르도록 주 예수 그리스도의 긍휼을 기다리라는 명령이다.

첫 번째 명령을 살펴보자. 먼저 누구에게 주어진 명령인지를 보자. 거룩한 믿음 위에 자기를 건축하라는 말씀에서 "자기"는 누구인가? 개인인가? 교회인가? 우리 시대는 개인주의가 만연하여서 우리 각자, 개인으로 해석하려고 하지만, 여기서 '자기'(ἑαυτοῦ)는 2인칭 복수 대명사이다. "But you, beloved, **building yourselves up** on your most holy faith; praying in the Holy Spirit;"[NASB] '자기를 건축한다'(building yourselves up)라는 말은 교회 공동체를 세운다는 말이다. 따라서 지극히 거룩한 믿음 위에 교회를 세우라는 말이다. 가만히 들어온 거짓 교사들의 궤계를 이기는 방법은 지극히 거룩한 믿음 위에 교회 공동체가 굳건하게 세워지는 것이다. 마치 성전이 견고하게 세워지려면 각각의 돌이 빈틈이 없이 조화롭게 잘 맞추어 쌓아 올려져야 하는 것처럼, 교회 공동체가 서로 연합하고 하나가 되어 견고하게 각자의 역할을 잘 할 수 있어야 한다. 교회는 하나님의 새로운 성전으로 주님이 거하시는 장소이다. 따라서 교회 공동체 안에 있는 성도들이 각자 사도적 가르침을 굳게 붙들고 그 진리에 합당한 삶을 살도록 서로 격려하라는 명령이다. 다시 말해 모든 성도는 공동체 전체의 성장을 위해 이바지하라는 것이다.

이것이 대적을 막아내는 첫 번째 전술 명령이다.

그리스도인이 변절할 때 보여주는 첫 번째 위험 신호는 공동체에서 멀어지는 것이다. 교회 공동체의 격려와 양육의 원천에서 떨어져 나가 홀로 행동하려는 경향을 보이는 것은 위험 신호이다. 목회자들도 성도들과의 교제에서 멀어지면 위험한 상태가 될 수 있다. 따라서 우리는 어떤 성도가 물리적, 심리적 거리가 멀어져 가는 것을 보게 된다면, 잘 살펴서 그들을 다시 붙잡아 주려고 노력해야 한다. 그렇게 해야만 거짓 교사들의 공격을 막아낼 수 있다. 하나님이 교회에 제공하신 위로와 기쁨을 누리지 못하는 성도가 있다면, 부드럽게 권면하여 돌아올 수 있도록 도와야 한다. 성도의 교통이 없는 사람들, 이를테면 자기 마음을 열지 않는 사람들은 자기만의 은밀한 죄를 즐기고 있을 가능성이 있다. 사랑하는 마음으로 공동체 안에 있는 성도들의 이런 면들을 유심히 살펴야 한다. 벽돌이 건축 현장에 있지 않으면 건물로 세워질 수 없듯이, 신자가 교회 공동체의 진실한 교제 가운데 있지 않으면 그리스도의 몸에 속한 성도에게 주어지는 복을 누리지 못할 것이다.

하이델베르크 요리문답 55문답을 보자.

제55문: "성도들의 교통"이라는 말이 당신에게는 무엇을 의미합니까?

답: 첫째로, 모든 신자들이 이 공동체의 지체들로서 그리스도의 한 부분이며, 그의 모든 보화와 은사들에 참여한다는 뜻이고, 둘째로, 각각

의 지체들이 자신의 은사들을 다른 지체들의 유익과 복지를 위해 기꺼이, 그리고 즐겁게 사용하는 것을 의무로 여겨야만 한다는 것입니다.

성도의 교통에 참여하지 않는 사람은 그리스도의 지체로 살지 않는 것이다. 따라서 그리스도께서 주시는 보화와 은사에 참여하지 못한다. 또한 성도들이 서로 사랑하고 섬김으로 누리는 하나님 나라를 경험할 수 없다.

다음으로 지극히 거룩한 믿음은 무엇을 말하는 것일까? 믿음은 교회가 처음 탄생할 때부터 가르침을 받고 믿었던 모든 교리에 합당하게 반응하는 것이다. 다시 말해 복음의 총체(總體)와 그에 합당하게 반응하는 사람의 지성, 그 진리에 찬동하는 정서, 진리를 따라 살려는 의지등을 모두 총괄한다(하이델베르크 요리문답 21, 22문을 보라). 그 믿음이 지극히 거룩한 이유는 사람들이 만들어 낸 것이 아니라 거룩하신 하나님으로부터 주어졌기 때문이다. 지극히 거룩한 믿음을 가진 사람들은 성도(거룩한 사람)가 된다. 지극히 거룩한 복음을 믿는 믿음은 참된 변화를 만들어 낸다. 복음은 진정한 영적인 변화를 가져온다. 만약 그런 변화가 없다면 어딘가에 문제가 있다는 증거다.

교회가 영적인 전투에서 첫 번째로 필요한 것은 지극히 거룩한 믿음 위에 공동체를 세우는 것이다. 사단과 거짓 교사들의 궤계를 대항하여 승리하기 위해서 교회가 먼저 해야 할 일은 이미 믿은 거룩한 믿음 위에 교회의 본질과 정체성에 맞게 건축해야 한다. 뻔뻔하고 강퍅한 말과 정욕을 부추기고 권위를 업신여기며 당을 짓고 육신을 추구하는 자들과 싸워 승리하는 길은 교회가 처음부터 받았던 복음 진리 안에서 견고하게 세워져 가는 것이다.

지극히 거룩한 믿음 위에 교회 공동체를 건설하는 실제적인 방법은 무엇일까? 그것은 일차적으로 복음을 두려움 없이 담대하게 전하는 것이다. 바울 사도는 디모데 목사에게 이를 이렇게 가르쳤다. 디모데전서 4장 13~16절을 보자.

"내가 이를 때까지 읽는 것과 권하는 것과 가르치는 것에 착념하라. 네 속에 있는 은사 곧 장로의 회에서 안수 받을 때에 예언으로 말미암아 받은 것을 조심 없이 말며 이 모든 일에 전심전력하여 너의 진보를 모든 사람에게 나타나게 하라. 네가 네 자신과 가르침을 삼가 이 일을 계속하라. 이것을 행함으로 네 자신과 네게 듣는 자를 구원하리라!"

교회의 말씀 사역자는 말씀을 가르치는 일에 전적으로 헌신해야 한다. 이 일에는 많은 방해가 있을 것이고, 반대와 거절이 있을 수 있다. 하지만 디모데 목사는 두려움 없이 이 일을 해야 했다. '전심전력하라'라는 말은 "네 자신을 전적으로 그것에 쏟아부어라"라는 말이다. '이 일에 너 자신을 푹 담가라. 마음과 영혼을 다해서 그것들에 너 자신을 헌신하라'라는 명령이다. 그렇다면 교회는 목사가 자기 본연의 직무에 전념하도록 모든 지원을 아끼지 않아야 한다. 그렇게 일할 때 교회는 지극히 거룩한 믿음 위에 견고하게 세워질 수 있다. 이것은 교회가 자신을 지키는 일이기 때문에 무엇보다 중요하다. 모든 전략이 탁월해도 이 첫 번째 전술 명령을 소홀히 하면 패하게 된다. 그래서 개혁교회는 말씀 사역자의 삶을 지지하는 일을 가장 중요하게 여긴다. 모든 것의 첫 번째 전술은 말씀을 믿음으로 받고 그 믿음 안에서 교회가 거룩하게 세워지는 것이다.

2. 성령으로 기도하라.

영적 전쟁에서 두 번째 무기는 성령으로 기도하는 것이다. 참 신자는 성령 안에서 거듭난 새 사람이다. 반면 거짓 교사들은 아무리 그럴듯해도 성령이 없는 자들이다. 참 신자는 성령 하나님의 인도하심 안에서 기도한다. 성령으로 기도하는 사람은 하나님의 말씀에 합당한 것을 구한다. 우리가 모든 선한 일을 다 하였다고 할지라도 성령 하나님의 도우심이 없이는 열매를 기대할 수 없다. 그래서 바울은 영적인 무장을 다 마친 성도들에게 "모든 기도와 간구를 하되 항상 성령 안에서 기도하라"(엡 6:18)라고 가르쳤다.

성령으로 기도하는 것은 자신의 열망과 목적을 위해 기도하는 것이 아니라 하나님 나라와 하나님의 뜻을 이루기 위해서 기도하는 것이다. 성령으로 기도하는 것은 자기 욕망을 내려놓기 위해서, 즉 자기를 부인하기 위해 기도하는 것이다. 성령으로 기도하는 것은 삶의 모든 영역에서 자기 영광이 아닌 주님의 영광이 나타나기를 기도하는 것이다. 성령으로 기도하는 것은 주님의 나라가 세상 끝까지 전진하기 위해 자신이 해야 할 일을 할 수 있게 해달라고 기도하는 것이다. 성령으로 기도하는 것은 부패한 육신의 정욕을 죽이고, 타락한 세상의 영향을 받지 않기 위해 기도하는 것이다. 성령으로 기도하는 것은 주님의 약속을 붙들고, 주께서 말씀하신 대로 이루어주시길 기도하는 것이다.

성령으로 기도하는 사람들은 교회 공동체를 지키는 파수꾼이다. 성령으로 기도하는 사람은 자기 삶 가운데서 복음의 영광을 구현한다. 성령으로 기도하는 사람들은 당을 짓거나 육신의 일을 도모하지 않는다. 그들은 하나님 나라가 극치에 이르게 될 날을 바라보면서 그 거룩한 역사의 목표를 이루는 데 쓰임 받기를 열망한다. 성령으로 기도하는 사람은 하나님의 영광과 교회 공동체의 유익을 위해 기꺼이 자신을 헌신하는 사람이다. 성령으로 기도하는 사람은 말씀의 원리를 따라 살기 위해서 생명도 아끼지 않는 사람이다. 성령으로 기도하는 사람은 사람의 힘과 지혜를 의지하지 않는다. 그는 성령 안에서 하나님의 능력을 힘입기를 갈망하면서 오랜 시간 주님 앞에 무릎을 꿇고 자기를 낮추는 사람이다.

성령으로 기도하는 사람은 겸손하고 온유한 사람이다. 겸손은 하나님 앞에서 마땅히 있어야 할 자리에 있는 것이다. 자신의 진정한 실상을 보면서 감히 하나님 앞에 설 수 없는 존재라는 사실을 인정한다. 바로 그런 자리에서 기도가 가능해진다. 겸손이 없으면 그리스도도 없고, 성령 하나님도 없다. 겸손이 없으면 성령 안에서 기도도 없다. 교만한 사람은 성령으로 기도할 수 없다. 바른 기도의 자리로 들어가고 싶다면 먼저 겸손해져야 한다. 구약의 성도들이 때로 기도하기 전에 머리에 먼지와 티끌을 뒤집어쓰고 베옷을 입고 금식 한 것은 그들이 낮아지고 겸손한 자리로 내려갔음을 나타내는 상징적인 행동이었다.

어떤 사람들은 기도를 많이 한다. 그런데 그들의 기도는 자기 욕망의 실현에 초점이 맞추어져 있다. 그것은 하나님께서 듣지 아니하시는 기도, 하늘이 아니라 천정도 통과할 수 없는 기도다. 그들의 기도는 하나님의 뜻이 아니라 자기 뜻을 이루기 위한 도구가 되어 있다. 기도의 사람이라고 불리는 E. M. 바운즈는 이렇게 말했다.

"성령의 도움이 없이는 아무도 예수를 그리스도라고 말할 수 없는 것처럼, 하나님의 영의 도움이 없이는 아무도 기도할 수 없다. … 성령은 우리 마음에 소원을 두시며 그 소원이 성령의 불꽃으로 불붙게 하신다. 우리는 단지 성령의 말할 수 없는 탄식에 우리의 마음과 입술을 드릴 뿐이다. 우리의 기도는 성령에 의해서 시작되며 그의 중보에 의해서 힘을 얻으며 거룩하게 된다. 성령이 우리를 위하여 우리를 통하여 우리 안에서 기도하신다. 우리는 성령의 도움으로, 성령을 통해 성령 안에서 기도한다. 성령은 우리 안에 기도를 주시고 우리는 마음과 언어를 준다. 성령이 우리를 도우실 때 우리는 항상 하나님의 뜻에 따라 기도한다. 성령은 오직 "하나님의 뜻대로" 우리를 통해 기도하신다."

교회가 거짓 교사들의 공격에 직면해 있을 때 성령 안에서 기도하는 것은 반드시 필요하다. 우리는 공동체 안에 있는 사람들이 하나님을 향한 믿음과 사랑에서 벗어나지 않도록 기도해야 한다. 우리가 소유한 영원한 소망에서 떨어져 나가지 않도록 기도해야 한다. 우리 성도들이 육신의 욕망이나 교리적 오류에 미혹되지 않도록 성령 안에서 기도해야 한다. 심지어는 오류에 빠진 사람들이라도 다시 돌아오도록 기도해야 한다.

3. 하나님의 사랑 안에서 지키라.

세 번째 명령은 하나님의 사랑 안에서 자기를 지키라는 말씀이다. 1절에서 유다는 이미 성도들이 하나님 아버지 안에서 사랑을 얻고, 예수 그리스도를 위하여 지키심을 받았다고 말했다. 이제 유다는 성도들에게 하나님의 사랑 안에서 자신을 지키라고 한다. 하나님은 우리 구원에 필요한 모든 것들을 주셨다. 우리는 구원받은 결과를 지키고 또 그것을 확장하기 위해서 부르심에 응답해야 한다. 언약적 사랑으로 구원하신 하나님에 대한 신실한 반응은 언약 백성들이 하나님의 사랑을 반영하는 삶에서 드러난다. 하나님의 사랑을 입은 자들은 당연히 그 사랑에 반응하도록 되어 있다. 교회는 하나님의 사랑을 입은 공동체이다. 동시에 교회는 하나님께 받은 그 사랑으로 하나님과 이웃을 섬기는 공동체이다.

하나님의 사랑을 받은 공동체는 주님의 말씀을 행하는 것으로 하나님을 향해 사랑을 표현한다. 어떤 교회가 강한 교회일까? 돈이 많은 교회? 사람이 많은 교회? 조직이 잘 되어 있는 교회? 아니다. 강한 교회는 사랑하는 교회이다. 진리 안에서 서로 사랑하는 교회보다 강한 교회는 없다. 예수님은 요한복음 17장에 있는 대제사장의 기도 마지막에 이렇게 말씀하셨다. "내가 아버지의 이름을 저희에게 알게 하였고 또 알게 하리니 이는 나를 사랑하신 사랑이 저희 안에 있고 나도 저희 안에 있게 하려 함이니이다"(요 17:26).

예수님은 성부께서 아들인 자신에 대해 가지고 있는 사랑이 교회 안에 있게 해달라고 기도하셨다. 대제사장적 기도의 마지막에 하신 결론적인 말씀이다. 예수님은 "나를 사랑하신 하나님의 사랑이 저희 안에 있고 나도 저희 안에 있게 하려"고 기도한다고 말씀하셨다. 저희 안에는 두 가지를 의미할 수 있는데, 교회 공동체 안에서 서로 사랑하는 것과 각 개인이 사랑하는 사람이 되게 하는 것을 포함한다. 각 사람이 사랑하는 사람이 되지 않고서는 공동체 안에서 서로 사랑하는 것은 불가능할 것이다. 하나님을 아는 것은 하나님을 닮아가는 것이다. 하나님을 닮아가는 것은 거듭남에서 시작된다. 전에는 사랑할 수도 없었고 오히려 해로운 행동만 했었다. 이제 거듭난 사람은 하나님의 생명을 가지고 있기에 사랑할 수 있게 되었다. 예수님의 기도의 요점은 이것이다. 신자들이 단지 하나님의 사랑의 대상이라고 말씀하신 것이 아니다. 하나님이 그들에게 예수님 자신을 알게 하셔서 변화되게 하셨다. 하나님은 아들에 대한 하나님의 사랑이 그들의 사랑이 될 것이라고 하신다. 다시 말해서 교회는 삼위일체 하나님 안에서 이루어지는 사랑을 맛보고 그 사랑으로 서로 사랑하는 법을 배우게 된다는 말씀이다(요 15:12~17절을 보라).

"내가 아버지의 계명을 지켜 그의 사랑 안에 거하는 것같이 너희도 내 계명을 지키면 내 사랑 안에 거하리라. 내가 이것을 너희에게 이름은 내 기쁨이 너희 안에 있어 너희 기쁨을 충만하게 하려 함이니라. 내 계명은 곧 내가 너희를 사랑한 것같이 너희도 서로 사랑하라 하는 이것이니라"(요 15:10~12).

예수님은 내가 너희를 사랑한 것 같이 너희도 서로 사랑하라고 말씀하셨다. 우리가 사랑해야만 하고, 또 사랑할 힘이 있기에 사랑하라고 하신 것이다. 성도들이 하나님을 사랑 한다면 그분의 아들인 예수님을 사랑을 하게 되고, 아들에 대한 사랑은 순종으로 이어진다. 예수님께 대한 순종은 '사랑하라'는 말씀대로 사랑을 실천함으로 확증된다. 하나님의 사랑 안에 거하는 것은 하나님의 계명을 지키는 것이다. 이는 우리에게 짐이 아니라 우리 기쁨을 충만하게 한다. 기쁨이 충만한 공동체보다 강한 공동체가 어디 있겠는가?

교회가 거짓 교사들이 획책하는 분열과 다툼, 육체의 정욕과 모든 강퍅한 말과 싸워 이길 수 있는 길은 사랑 안에서 서로 연합하는 것이다. 우리가 하나님의 사랑으로 하나님과 형제를 사랑하는 사람이 될 때, 가장 강한 사람이 된다. 사랑할 때 강한 사람, 강한 교회가 되고, 어떤 거짓 교사들도 이겨낼 수 있다. 교회가 이렇게 서로 사랑할 때 힘을 발휘할 수 있다. 하나님의 사랑 안에서 자신을 지키는 사람은 거룩한 사람이다. 그는 거룩한 열정으로 하나님께 속한 일을 하려고 한다. 하나님의 사랑 안에서 자신을 지키지 않는다면 가만히 들어온 사람들에게 미혹될 위험이 있다. 또한 육신의 정욕에 굴복할 것이다. 결혼한 부부가 서로 사랑할 때 어떤 유혹도 이겨낼 수 있다. 사랑이 식어갈 때 유혹이 시작된다. 사랑이 식으면 사랑하라는 계명을 소홀히 여기게 될 뿐 아니라 거짓 교사들의 말에 귀를 기울이게 된다. 그럴 때 거짓 교사들이 우리 안에 뿌리를 틀고 곰팡이가 퍼져나가는 것처럼 우리의 마음을 부패케 한다. 그러기에 우리가 하나님의 사랑 안에서 자신을 지킬 수 있도록 서로 사랑으로 격려하고 하나가 되어야 한다.

"그러므로 주 안에서 갇힌 내가 너희를 권하노니 너희가 부르심을 입은 부름에 합당하게 행하여 모든 겸손과 온유로 하고 오래 참음으로 사랑 가운데서 서로 용납하고 평안의 매는 줄로 성령의 하나 되게 하신 것을 힘써 지키라. 몸이 하나이요 성령이 하나이니 이와 같이 너희가 부르심의 한 소망 안에서 부르심을 입었느니라. 주도 하나이요 믿음도 하나이요 세례도 하나이요. 하나님도 하나이시니 곧 만유의 아버지시라. 만유 위에 계시고 만유를 통일하시고 만유 가운데 계시도다"(엡 4:1~6).

우리는 사랑하면 손해 볼 것처럼 생각하기 쉽다. 하지만 그것은 자기중심적인 생각이다. 거짓 교사들은 우리에게 자꾸 그런 마음을 심어 줌으로써 불평하고 원망하도록 우리를 부추긴다. 그것을 이겨낼 수 있는 비결은 우리가 사랑으로 하나 되는 것이다. 사랑은 우리 공동체를 보호하고 지키는 강력한 보호막이다. 바이러스와 같은 거짓 교사들의 가르침이 들어온다고 할지라도 그것을 방어할 수 있는 강력한 힘이 있다. 그것이 하나님의 사랑 안에서 우리를 지키는 길이다. 그 때에 예수님의 말씀대로 복음이 증거될 것이다. "너희가 서로 사랑하면 이로써 모든 사람이 너희가 내 제자인 줄 알리라"(요 13:35).

4. 우리 주 예수 그리스도의 긍휼을 기다리라.

네 번째 명령은 우리 주 예수 그리스도의 긍휼을 기다리라는 것이다. 하나님과 예수 그리스도의 긍휼은 현재를 지탱하는 은혜이다. 하지만 우리는 그 긍휼의 최종적인 결말, 구원의 완성을 기다려야 한다. 모든 상황이 교회에 불리하게 돌아가는 것처럼 보인다. 사단의 나라는 번성하는 것처럼 보이고, 교회마저도 진리의 길에서 멀어져 가는 것처럼 보인다. 말씀대로 사는 것이 현실에서 항상 승리를 보장하지 않는다. 오히려 진리를 따라 살기 때문에 불이익을 감내해야 한다. 우리가 진리를 따라 살고자 할 때 사람들은 "예수님의 재림이 어디 있느냐?"라는 말로 우리를 조롱할 것이다. 마치 주님의 강림이 없다고 조롱하는 자들의 말이 맞는 것처럼 예수님의 재림이 늦어지고 있다. 우리가 믿는 하나님 나라가 실체인지, 아니면 세상 나라와 권력자들이 실체인지 우리도 때로 의심이 들기도 한다. 이런 상황에서 우리가 현실만 바라본다면 낙심하게 될 것이다. 그래서 유다는 우리 눈을 종말에 완성될 하나님 나라로 옮겨서 훨씬 더 넓은 시야를 확보하라고 명령한다. 종말에 완성될 하나님 나라의 관점에서 텔레스코핑[1](telescoping)의 방식으로 현실을 재해석하고 우리 주 예수 그리스도의 긍휼을 기다리라고 말씀한다.

우리 주 예수 그리스도의 긍휼은 현실을 이겨낼 수 있는 은혜일 뿐만 아니라 우리가 고난을 겪고 설령 죽임을 당한다고 할지라도 절대 멸망하지 않으리라는 것을 확증해 준다. 요한계시록은 현실의 고통 속에서 믿음을 지키는 신실한 자들이 결국 승리하게 될 것을 보여준다.

"내가 들으니 보좌에서 큰 음성이 나서 가로되 '보라 하나님의 장막이 사람들과 함께 있으매 하나님이 저희와 함께 거하시리니 저희는 하나님의

---

1) 텔레스코핑(telescoping)은 다단식 통처럼 차례로 접어지는 현상을 말한다(망원경). 이를 신학적으로 적용하면 과거와 현재와 미래를 접어서 하나로 볼 수 있는 통전적 역사인식이다. 성경의 저자들은 이렇게 역사를 바라봤기 때문에 당대의 고난이나 압박에 굴하지 않았다. 장차 올 하나님 나라가 완성된 시점으로 현재를 해석했다. 이것이 오늘 우리 그리스도인들에게도 필요하다.

백성이 되고 하나님은 친히 저희와 함께 계셔서 모든 눈물을 그 눈에서 씻기시매 다시 사망이 없고 애통하는 것이나 곡하는 것이나 아픈 것이 다시 있지 아니하리니 처음 것들이 다 지나갔음이러라'"(계 21:3~4).

이때를 우리가 바라보는 것이다. 주님의 재림은 우리가 소망하는 하나님 나라의 극치를 가져온다. 우리를 긍휼히 여기시는 예수 그리스도께서 우리의 모든 눈물을 씻기시고, 고통과 사망을 제하시고 영원한 안식을 주실 것이다. 이것을 기억하는 것만으로도 우리는 인내로써 노아처럼 타락한 세상을 향해 복음을 증거할 수 있다.

노아 시대의 경건치 않은 사람들은 매일 방주가 건조되는 것을 보면서 심판이 임박했다는 진리를 눈으로 보았을 것이다. 그들은 노아가 방주를 짓는 동안 눈으로 보는 설교를 들었다. 그뿐만 아니라 노아가 전하는 임박한 심판을 피하라고 경고하는 설교를 들었다. 아마도 당대의 사람치고 노아를 모르는 사람이 없을 정도였을 것이다. 하지만 경건치 않은 자들은 방주를 짓는 노아를 조롱하였다(벧전 3:20). 그들은 방주를 만드는 노아를 조롱하면서 그 일을 방해하기까지 하였을 것이다. 방주를 만드는 기간이 120년이 걸렸다는 것은 상당히 많은 어려움을 겪었음을 짐작하게 한다. 배를 만들기 위해 재원을 마련하기 위한 어려움도 생각해 볼 수 있고, 그 배를 건조하는 데 주변의 많은 방해를 받았다는 것을 암시할 수도 있다. 경건치 않은 자들은 어떤 식으로든 노아의 사역을 방해하면서 조롱하고 노아를 해하려 하였을 것이다(참고. 벧전 3:20).

우리 시대도 마찬가지다. 우리가 개혁교회를 건설하고 기독교 학교를 세우는 일은 우리와 우리 자녀들을 구원하는 방주를 예비하는 일과도 비슷하다. 이 일을 하는 동안 우리는 복음을 전하며 심판의 때가 오기 전에 한 사람이라도 구원의 은혜 가운데로 들어오도록 간절히 호소한다. 하지만 예수님께서 재림하신다는 복음을 조롱하는 세상은 거짓된 평안 속에서 안주하다가 홍수에 수장된 사람들처럼 갑자기 멸망하게 될 것이다. 세상의 번영과 성공 때문에 역사의 목적을 보지 못하고 하나님을 모르는 사람들은 우리를 조롱할 것이다. 교회 안에서도 '그렇게 해서 무슨 학교를 할 수 있겠느냐? 공립학교와 경쟁이 되겠느냐?'라고 조롱하는 자들이 있을 것이다. 하지만 그들은 바로 그 행위로 인해 긍휼을 입지 못하고 홀연히 멸망하게 될 수 있다. "영생에 이르도록 우리 주 예수 그리스도의 긍휼을 기다리라." 이 말씀은 우리에게 큰 위로와 격려가 된다. 우리는 이미 낮에 속한 자들이며, 빛의 자녀들이다. 따라서 우리는 누가 조롱할지라도 주눅 들지 않고, 두려워하지 않는다. 우리에게 주어진 종말의 시간은 우리가 노아처럼 신실하게 말씀을 준행하여 충성되고 지혜로운 종임을 증명하는 기간이다. 우리에게 문제는 주님이 언제 오시는가가 아니라, 반드시 오실 주님을 언제든지 맞이할 준비가 되어 있는가이다. 이미 주님의 긍휼을 입은 사람은 그 긍휼의 완성을 기다리면서 인내하며 끝까지 전진한다. 긍휼의 역사가 완성될 날을 기다리면서 기쁨으로 맡겨진 사명을 수행하는 사람에게 복이 있다.

힘과 진리, 어느 편에 설 것인가?

유다는 우리가 믿음의 도를 위하여 어떻게 힘써 싸워야 할지를 간단하지만 명확하게 가르쳐 주었다. 유다가 가르치는 첫 번째 전략은 네 가지 전술적인 명령으로 주어진다. 짧지만 영적 전쟁에서 승리할 수 있는 포괄적인 전략과 전술이다. 이 명령에 따라 순종한다면 교회는 어떤 상황에서도 승리할 것이다. 가만히 들어온 자들을 단지 막는 것만으로는 승리를 보장할 수 없다. 교회가 건강하고 강해져야 한다. 우리 몸이 건강하다면, 어떤 바이러스가 병균이 들어 온다고 할지라도 쉽게 이겨낼 수 있다. 영적 전투에서도 마찬가지다.

첫 번째 전술은 지극히 거룩한 믿음 위에 자신(교회)을 건축하라는 명령이다. 하나님의 은혜를 떠난 가인 계통의 사람들은 인본주의의 문화와 제국을 건설해 왔다(참고. 창 4:17). 이런 문화들은 힘과 폭력에 의존하기 때문에 사람들의 피 위에 세워졌다(창 4:23~24). 힘은 경쟁상대를 제압하고 자기만의 제국을 건설하기 위해 사람들을 억압하고 상해(傷害)하며 죽인다. 그렇게 축적된 힘으로 세워진 제국, 피 위에 세워진 문화는 지속될 수 없다. 그런 문화는 발전할수록 두려움과 고통, 분열과 갈등을 조장한다. 그 속에 사는 사람들도 평화와 안식을 원하지만, 불안과 공포에 떨고 있다. 그래서 그곳에는 사랑으로 세워진 참된 공동체가 존재하지 않는다.

교회는 인본주의 문화에 둘러쌓여 있는 예수님의 제자 공동체이다. 세상의 문화와 인간 제국은 거의 모든 곳에서 하나님의 진리를 거부하고 조롱한다. 교회는 거룩한 말씀을 믿고 실천하기에 거룩한 공동체이다. 이런 인본주의 문화가 첨단을 달리며 압도적인 상황에서 교회는 어떻게 싸워야 할까? 세상과 같은 도구(힘과 문화)로, 세상과 같은 방식으로 싸워야 할까? 아니다. 유다는 하나님의 말씀을 믿는 거룩한 믿음 위에 자신을 세우는 것으로 싸우라고 명령한다. 우리는 말씀의 통치따라 불경한 세상에서 돌아서서 경건의 길로 나아가야 한다.

사도들의 가르침에 집중하고, 그 가르침 안에서 참된 예배로 하나 된 공동체를 만들어야 한다. 거룩한 믿음 위에 우리의 사상을 재구성하고 우리에게 맡겨진 사명을 기억하면서 삶의 패턴을 하나님의 나라에 맞추어 조정해야 한다. 예배를 통해 고양된 경건은 실제 삶의 현장 속에서 실천되어야 한다. 경건한 성도들은 삶의 현장에서 감사의 열매를 맺는다. "감사로 제사를 드리는 자가 나를 영화롭게 하나니, 그의 행위를 옳게 하는 자에게 내가 하나님의 구원을 보이리라"(시 50:23). 참된 예배자와 배교자 사이의 구별은 궁극적으로 감사에 달려 있다. 세상의 세계관을 붙들고, 자기 욕망을 추구하는 자가 하나님께 감사하는 삶을 지속할 수 없기 때문이다.

힘으로 세상을 구원할 수 없다. 하나님을 떠난 자들의 힘은 폭력으로 변질되기 때문이다. 세상의 방법으로 폭력을 치유할 수 없다. 하나님은 일반은총 가운데 폭력을 제한하기 위해서 세속정부를 주셨지만, 일반은총은 사람의 마음을 변화시킬 수 없다. 오직 복음 설교만이 폭력(힘)에 의존하는 사람들을 치유할 수 있다. 복음 설교만이 인간의 근본 문제(죄된 실상)를 보여줄 수 있고, 참된 치유를 제공하시는 예수 그리스도께 인도할 수 있다. 지극히 거룩한 믿음 위에 세워진 교회만이 힘과 폭력이 난무하는 세상 속에서 무참히 짓밟히고 희생당한 사람들을 구원으로 인도할 수 있다. 거룩한 믿음 위에 세워진 성도들만이 복음을 살아내는 증인으로서 잃어버린 영혼들을 구원할 수 있다. "대저 하나님께로 난 자마다 세상을 이기느니라. 세상을 이긴 이김은 이것이니 우리의 믿음이니라"(요일 5:4).

두 번째 전술은 성령으로 기도하는 것이다. 기도는 영적 전투에서 가장 필수적인 무기이다. E.M. 바운즈가 말한 것처럼 "우리는 성령의 도움으로, 성령을 통해 성령 안에서 기도한다. 성령은 우리 안에 기도를 주시고 우리는 마음과 언어를 준다. 성령이 우리를 도우실 때 우리는 항상 하나님의 뜻에 따라 기도한다." 우리는 너무 많은 활동을 해서 우리의 육체적 에너지뿐만 아니라 영적 에너지도 다 소진해 버린다. 이처럼 너무 많은 활동은 그것이 불가피한 측면이 있을지라도 우리 영혼이 무기력증에 빠지게 한다. 우리는 어떤 활동을 하기 전에 먼저 기도해야 한다. 조지 휫필드 목사님은 목회자들에게 이렇게 말했다. "기도 없이 연구하는 것은 무신론이며, 연구 없이 기도하는 것은 뻔뻔스러운 짓이다." 우리는 이를 이렇게 적용할 수 있다. "기도 없이 활동하는 것은 무신론이며, (무엇인가를 얻기 위해) 활동하지 않고 기도만 하는 것은 뻔뻔스러운 일이다."

참된 믿음은 성령으로 기도하게 한다. 우리는 참된 진리인 말씀을 받았다. 정말 거듭난 사람이라면 그 진리에 따라 살고자 노력한다. 하지만 자신의 힘으로는 그 말씀을 준행할 수 없다는 사실을 실패를 통해 깨닫게 된다. 이런 깨달음에서 참된 믿음을 가진 사람들은 자기의 한계를 알고, 말씀의 고귀함을 잘 알기에 기도하게 된다. 그래서 성령으로 기도하는 사람은 교만하지 않고, 정욕을 위해 육신의 일을 구하지 않는다(롬 13:14). 성령으로 기도하는 사람은 하나님의 영광에 집중하기에 자기에게 초점을 맞추지 않는다(요 3:30). 성령으로 기도하는 사람은 다른 사람을 지배하려 하지 않고 섬기려 한다(고후 12:15). 성령으로 기도하는 사람은 고난의 시기에도 불안해하거나 조급해하지 않고, 인내하면서 평안히 자기 일에 집중한다(행 14:1~3; 고전 15:32). 성령으로 기도하는 사람은 교회를 중심으로 생활하면서 교회가 이 시대에 맡겨진 사명을 어떻게 감당할 것인가를 생각한다. 그래서 그는 어떤 어려움 속에서도 하나님만 신뢰한다(고후 1:9). 안디옥 교회는 성령으로 기도하는 중에 세계 선교에 쓰임을 받았다(행 13:2). 성령으로 기도하는 교회는 어떤 도전에 직면해도 견고하여 흔들리지 않는다(고전 15:58).

세 번째 전술은 하나님의 사랑 안에서 자기를 지키라는 명령이다. 하나님께 받은 사랑으로 하나님과 이웃을 사랑하는 사람들이 모인 곳이 교회다. 교회를 악한 자들에게서 지키는 방법은 교회가 사랑으로 하나 되는 것이다.

"사랑은 오래 참고 사랑은 온유하며 투기하는 자가 되지 아니하며 사랑은 자랑하지 아니하며 교만하지 아니하며 무례히 행치 아니하며 자기의 유익을 구치 아니하며 성내지 아니하며 악한 것을 생각지 아니하며 불의를 기뻐하지 아니하며 진리와 함께 기뻐하고 모든 것을 참으며 모든 것을 믿으며 모든 것을 바라며 모든 것을 견디느니라"(고전 13:4~6).

이렇게 진리 안에서 사랑으로 하나 된 교회를 누가 무너뜨릴 수 있겠는가? 서로 오래 참아 주고 온유하며 서로 겸손히 섬기며 무례히 행치 않는 교회를 누가 분열시킬 수 있겠는가? 자기 유익이 아니라 공동체의 유익을 구하며 성내지 않고 악한 것과 불의를 미워하는 교회, 진리와 함께 기뻐하고 모든 것을 믿고 바라고 견디는 교회를 누가 깨뜨릴 수 있겠는가? 주님의 사랑으로 보호받는 교회, 주님의 사랑으로 서로 사랑하는 교회를 누가 대적하여 이길 수 있겠는가?

"내가 확신하노니 사망이나 생명이나 천사들이나 권세자들이나 현재 일이나 장래 일이나 능력이나 높음이나 깊음이나 다른 아무 피조물이라도 우리를 우리 주 그리스도 예수 안에 있는 하나님의 사랑에서 끊을 수 없으리라"(롬 8:38~39).

교회는 성삼위 하나님의 사랑에 싸여 보호받고 있고, 우리 안에 작동하는 성도의 사랑으로 서로 감싸고 있다. 이 사랑의 결속이 강할수록 우리 교회는 안전하게 보호된다. 주님의 거룩한 사랑으로 거짓 없이 사랑하는 사람들보다 아름답고 강한 사람들은 없다(벧전 1:22).

　네 번째 전술은 영생에 이르도록 주 예수 그리스도의 긍휼을 기다리라는 명령이다. 지금도 우리는 주님의 긍휼과 자비를 힘입어 살고 있다. 하지만 우리는 **예수님의 긍휼이 완전히 드러날 그 날을 기다린다. 예수님의 재림에 대한 기대와 기다림은 우리의 목표를 분명히 볼 수 있게 한다.** 역사의 목표를 볼 수 있어야 우리 인생의 목표를 정할 수 있다. 역사의 목표를 모르면 삶의 목표가 땅의 것에만 맞춰지게 된다. 역사의 목표가 하나님 나라의 완성에 있다면, 우리의 목표도 땅이 아니라 하나님 나라에 있어야 한다. 그러나 역사의 목표와 진행을 보지 못하는 사람들은 날마다 땅의 것, 현세의 일만 생각하면서 그것에 매몰되어 멀리 보지 못한다. **노아가 하나님의 말씀을 믿고 준행함으로 방주를 예비하였듯이 우리 주님께서 다시 오실 것이라는 말씀을 믿는 우리는 어떤 어려움 속에서도 이 소망을 붙잡고 올곧게 전진한다.** 바른 교회를 세우고 신앙의 상속을 위한 우리의 헌신을 조롱하는 사람이 있다. 가만히 들어 온 자들은 강퍅한 말로 교회의 거룩한 행보를 방해하고 어지럽게 할 것이다. 하지만 우리는 물러서거나 포기하지 않는다. 우리를 영생에 이르게 하실 우리 주 예수 그리스도의 긍휼을 기다리면서 넘어져도 다시 일어나 방주를 예비할 것이다. 이것을 위해 사는 것이 우리의 인생의 목표이자 특권이며 기쁨이기 때문이다(참고. 느 8:10). 우리 모두 이러한 기쁨을 누리며 하나가 되자.

홍수가 노아에게는 불경건한 세상에서 구원을 의미했던 것처럼, 최종적인 종말은 우리에게 불안과 두려움이 아니라 진정한 평안과 구원의 완성을 보장한다. 주님의 재림으로 말미암아 역사의 목적이 성취되면 우리 구원이 완성된다. 우리는 영원한 생명을 얻고, 새 하늘과 새 땅에 들어가게 된다. 우리는 그날을 간절히 바라며 기다린다. 우리는 영적으로 확고히 무장하여 하나님 나라의 전투에 임하자.

"주께서 호령과 천사장의 소리와 하나님의 나팔로 친히 하늘로 좇아 강림하시리니 그리스도 안에서 죽은 자들이 먼저 일어나고 그 후에 우리 살아 남은 자도 저희와 함께 구름 속으로 끌어 올려 공중에서 주를 영접하게 하시리니 그리하여 우리가 항상 주와 함께 있으리라. 그러므로 이 여러 말로 서로 위로하라"(살전 4:16~18).

"사랑하는 자들아! 너희는 너희의 지극히 거룩한 믿음 위에 자기를 건축하며 성령으로 기도하며 하나님의 사랑 안에서 자기를 지키며 영생에 이르도록 우리 주 예수 그리스도의 긍휼을 기다리라"(유 1:20~21).

2019. 02. 10.

JUDE

9강

어떻게 싸울 것인가?(2)

유다서 1:22~23

9강

어떻게 싸울 것인가? (2)

유다서 1:22~23
설교 동영상

9강 구조

들어가며: 덩케르크 정신

1. 의심하는 자들을 구조하라!

2. 불에 들어간 자들을 구원하라!

3. 옷을 더럽힌 자들도 긍휼히 여기라!

나가며: 우리 마음과 공동체에 CCTV를 달자.

어떻게 싸울 것인가?(2)

유다서 1:22~23

22 어떤 의심하는 자들을 긍휼히 여기라
23 또 어떤 자를 불에서 끌어내어 구원하라 또 어떤 자를 그 육체로 더럽힌 옷까지도 미워하되 두려움으로 긍휼히 여기라

덩케르크 정신

작전명 '다이나모'(Dynamo) 덩케르크 철수 작전이 있다. 때는 1940년이다. 제2차 세계대전에서 영국과 프랑스 연합군은 1939년에 독일에 선전 포고를 했지만 실제로 치열한 전쟁을 벌이지는 않는 상태를 유지하다가 1940년 5월 10일에 독일군이 먼저, 무려 123개 사단을 이끌고 서부전선으로 프랑스를 침공하기 시작했다. 이어서 독일군은 세력을 나누어서 북쪽으로는 네덜란드와 벨기에를 침공하고, 전방에서는 계속 프랑스군을 상대하면서 유럽을 장악하기 위해 계속 진군했다. 며칠 만에 독일 공군은 네덜란드 비행장을

공습하고 이어서 프랑스 깊숙이 침공해 들어갔다. 독일군은 예상보다 훨씬 더 빠르게 진격했다. 파죽지세로 진격하는 속도를 독일군 최고사령부 작전상황실에서 따라가기 힘든 상황이었다. 그러자 독일군의 수장인 히틀러는 진격을 멈추라는 명령을 내리게 된다. 이때 진격 중이던 독일 부대의 책임자였던 구데리안은 "나의 가장 힘겨운 적은 프랑스군이 아니라, 나의 공격을 중단하라는 사령부의 지시였다"라고 말했을 정도로 이해할 수 없는 명령이었다.

어쨌든 독일군 사령부는 구데리안이 솜므강의 교두보를 확보하자 1940년 5월 24일 12시 31분에 덩케르크 전방의 독일군 진격을 중지하라는 명령을 내린다. 이로 인해 독일군은 프랑스를 돕기 위해 허겁지겁 달려온 33만 명의 영국군을 포로로 잡을 기회를 놓치게 된다. 뒤늦게 5월 26일 16시 25분에 독일이 공격 명령을 재개하지만 이미 '다이나모' 작전으로 영국군들은 무사히 영국으로 탈출하였다.

물론 이 독일군을 막아야 할 영국 지원군들이 없어지자 결국 프랑스는 꽁삐에뉴에서 항복한다. 그러나 영국군은 독일군이 갑자기 공격을 멈춘 덕분에 무사히 탈출하여 추후를 도모할 수 있었다. 당시 영국군 사령관이었던 고트는 공격보다는 병사들을 구출하는 것을 목표로 독일군이 접근하지 못하게 저지선을 만든 후 영국군과 일부 프랑스군을 덩케르크 항구로 모아서 선박을 통한 탈출을 시도했다. 그런데 33만 명이 넘는 군인들을 탈출시키기엔 군함이 턱없이 모자랐다. 그때 영국은 어선들까지 총동원되어 무려 850척의 선박들이 군인들을 최대한 많이 실어 도버해협을 지나 덩케르크에서 33만 8,000여 명을 무사히 영국으로 탈출시켰다.

여기서 주목할 점은 나라가 위기에 처하자 국민들이 요트와 어선들까지 총동원하여 나서서 불가능했던 탈출 작전을 가능하게 만들었다는 점이다. **영국에서는 국가적 위기 상황에 국민들이 발 벗고 나서서 돕는 것을 덩케르크 정신이라고 부르면서 그날의 기적을 기리고 있다.** 덩케르크 작전은 민간인들이 개인 재산인 요트와 어선으로 위기에 처한 사람들을 구한 작전이다.[1]

세계 전쟁사에는 포로를 구출하는 유명한 구출 작전들이 많다. 이런 구출 작전들은 지금도 계속해서 영화로 만들어지고 있다. 그만큼 역동적이고 전율이 넘칠 뿐만 아니라 나라를 위해 싸우다가 포로가 된 사람들을 귀하게 여기기 때문이다. 물리적인 전쟁에서도 지휘관이 상황을 잘못 읽게 되면 포위 공격을 당해 포로가 되기도 하고 전사하기도 한다. 영적인 전쟁에서도 마찬가지다. 영적 전쟁에서 가만히 들어온 자들에게 포섭된 성도들도 포로가 될 수 있고, 신앙을 버리고 영적으로 사망하기도 한다. 물리적인 전쟁에서 포로가 되면 몸이 감금되거나 죽임을 당하지만, 영적인 전쟁에서 포로가 되면 사상(思想)이 감금되고 영혼이 죽임을 당하게 된다. 그래서 영적으로 포로된 자들을 구출하기가 훨씬 어렵다.

유다는 믿음의 도를 위하여 힘써 싸우라고 명령했다. 첫 번째

---

1) https://blog.naver.com/giantsbohun/221424016436 에서 요약 인용

전략은 교회가 본질에 충실해야 한다는 것이었다. 그 첫 번째 전략 안에 네 가지 전술 명령이 있었다. 지극히 거룩한 믿음 위에 자기(교회)를 건축하며, 성령으로 기도하며, 하나님의 사랑 안에서 자기를 지키며, 영생에 이르도록 우리 주 예수 그리스도의 긍휼을 기다리라. 교회와 성도들은 자신들의 영적인 지위를 확고하게 다진 후에 거짓 교사들의 누룩에 감염된 자들에게 손을 뻗어 구조해야 한다.

22~23절에서 **두 번째 전략을 주신다. 그 전략의 핵심은 긍휼히 여기는 것이다.** "긍휼히 여기는 것"이 영적 전쟁의 두 번째 전략이라는 점에서 우리는 의아해할 수 있다. '긍휼'이 어떻게 핵심 전략이 될 수 있을까라고 생각할 수 있다. 하지만 긍휼히 여기는 것은, 교회에 있다가 영적 전쟁에서 사단의 세력에게 포로가 된 사람들을 구출해 내는 중요한 전략이다. 가만히 들어온 거짓 교사들에게 동조하여 교회를 뒤흔든 사람들에 대한 미움이 클 것이다. 그러나 교회는 오히려 긍휼히 여김으로 사단의 나라를 무너뜨려야 한다고 가르친다. 이런 점에서 긍휼은 사단에 사로잡힌 사람들을 구출하는 핵심 전략이다. 이 두 번째 전략 안에는 세 가지 전술이 있다. 첫 번째 전술은 진리와 거짓 사이에서 머뭇거리면서 의심하는(약간 감염된) 자들을 긍휼히 여기는 것이다. 두 번째 전술은 불에 타버린 부지깽이 같이 되어버린 사람으로 이미 거짓된 자들에게 속아서 상당한 수준으로 이단 사상에 감염된 자들이다. 이런 자들을 불에서 끌어내어 구원하라는 명령이다. 세 번째 전술은 거짓 교사들과 자신을 동일시할 정도로 깊이 빠져 버린 자들이 있다. 이런 자들은 긍휼히

여기면서도 동시에 그들의 더러움에 감염되지 않도록 두려움 가운데서 구출하라는 명령이다.

교회는 하나님의 긍휼하심으로 인해 사단의 포로 상태에서 해방되어 새 생명을 얻은 공동체로 탄생했다. 하나님의 군대로서 교회의 특징은 하나님의 긍휼하심으로 싸우는 것이다. 이런 방식을 통해 하나님의 백성들을 구원하고, 하나님의 능력으로 사람들을 새롭게 한다. 이런 전략은 교회에 속하였다가 거짓 교사들에게 포로가 된 자들뿐만 아니라 세상 사람들을 대할 때도 동일하게 요청된다. 우리도 그들을 구출하기 위해 덩케르크 정신을 가지고 모든 하나님 나라의 백성들과 힘을 합쳐야 한다.

디도서 3장 3~7절을 보자.

"우리도 전에는 어리석은 자요 순종치 아니한 자요 속은 자요 각색 정욕과 행락에 종노릇 한 자요 악독과 투기로 지낸 자요 가증스러운 자요 피차 미워한 자이었으나 우리 구주 하나님의 자비와 사람 사랑하심을 나타내실 때에 우리를 구원하시되 우리의 행한 바 의로운 행위로 말미암지 아니하고 오직 그의 긍휼하심을 좇아 중생의 씻음과 성령의 새롭게 하심으로 하셨나니 성령을 우리 구주 예수 그리스도로 말미암아 우리에게 풍성히 부어 주사 우리로 저의 은혜를 힘입어 의롭다 하심을 얻어 영생의 소망을 따라 후사가 되게 하려 하심이라."

우리가 구원받은 것은 하나님께서 긍휼을 베풀어주셨기 때문이다. 우리도 세상 사람들과 전혀 다를 바 없던 사람이었다. 우리 역시 본성적으로 세상에서 가장 악한 사람들과 전혀 다르지 않았다. 성도는 이런 과거 자신의 영적 상태를 분명하게 알고, 그 사실에 근거하여 현재와 미래에 주어진 하나님의 긍휼하심에 감사한다. 사형수가 사면을 받은 것과 5만 원짜리 교통법규 위반 범칙금을 면제받은 것을 비교할 수 없다. 마찬가지로 자신의 과거 영적 상태가 어떠했는지, 그 형벌이 어떤지를 아는 만큼 우리가 하나님의 긍휼과 자비에 감사하는 정도는 달라진다(참고. 눅 7:36~50).

그렇다면 우리가 어떻게 긍휼히 여기는 사람이 될 수 있었을까? 예수님이 산상수훈 팔복에서 가르치신 긍휼히 여기는 사람은 어떤 사람일까? "긍휼히 여기는 자는 복이 있나니 저희가 긍휼히 여김을 받을 것임이요." 먼저 우리는 자기가 무엇을 했느냐보다 자신이 어떤 존재인지를 알아야 한다. 많은 사람이 무엇을 했기 때문에 스스로 그리스도인이라고 생각한다. 하지만 그리스도인답게 살 수 있는 것은 이미 예수님의 긍휼을 입어 예수님의 성품을 소유했기 때문이다. 우리는 순서를 바꿔서는 안 된다.

성경이 말하는 긍휼이란 죄로 인해 비참한 상황에 있는 사람에 대한 불쌍히 여기는 감정과 그 고통을 덜어 주고자 하는 열망이 합쳐진 것이다. 구약 성경에서는 '헤세드'가 사용되었고 이는 '인자와 자비, 긍휼'이라는 말이다. 영어 단어 compassion은 '불쌍히 여김, 깊은 동정심'을 말하는데, 이는 '함께 아픔을 나눈다'라는 의미로 함께 고통을 나누면서 그것을 해소한다는 의미다. 따라서 단지 동정하는 것만으로는 긍휼이라고 하지 않는다. 그 고통에서 벗어나도록 도와주는 것까지를 말한다. 이를테면 어떤 사람이 굶어 죽어가고 있는데 불쌍하게만 여기고 아무것도 하지 않는다면, 긍휼히 여기는 것이 아니다. 그 사람에게 먹을 것을 주고 아사(餓死) 직전의 상황에서 벗어날 수 있도록 하는 것이 긍휼히 여기는 것이다. 그래서 교회가 보여주어야 할 긍휼함은 이단에 빠져서 헤매고 있는 사람을 보면서 불쌍하다고 생각하는 것에 멈추는 것이 아니라, 그 사람이 그 자리에서 빠져나올 수 있도록 최대한 돕는 일을 하는 것이다. 이는 수동적인 일이 아니다. 무엇보다 역동적인 일이다. 최선을 다해 불 속에라도 들어가서 꺼내 오려고 시도할 정도로 적극적인 긍휼함이다. 우리가 그렇게 해야 하는 이유는 무엇인가?

그리스도인은 예수 그리스도의 긍휼로 영적 질병과 고통, 그로 인한 영원한 사망에서 해방된 사람이다. 그리스도인의 현재 지위는 오직 하나님의 긍휼하심에서 비롯되었다. 우리의 복된 지위는 우리의 공로나 행위에서 비롯된 것이 아니다. 우리는 하나님의 은혜와 긍휼하심으로 구원을 받았고, 하나님 나라의 복을 누리게 되었다. 따라서 그리스도인은 하나님의 긍휼하심으로 다른 사람을 긍휼히 여길 수 있게 되었다. 비록 악인들이 우리를 괴롭게 하고, 때로는 사랑했던 사람이 우리를 배반할지라도, 그들을 저주하는 것이 아니라, 그들의 영혼을 불쌍히 여기는 마음을 갖는 것이다. 우리가 할 수 있는 모든 것을 해서 하나님의 사랑 안으로 돌아올 수 있도록 도와주려고 하는 것이다. 이것이 긍휼히 여기는 것이다. 이렇게 진정으로 다른 사람을 긍휼히 여기는 사람이 하나님의 긍휼을 체험한 사람이다.

긍휼히 여기는 사람은 자신을 비롯하여 사람을 외모로 보지 않는다. 사람들은 어떤 외적인 조건들 때문에 불쌍하다고 본다. 하지만 우리는 그런 시각에서 벗어나야 한다. 그리스도인은 모든 것을 영적인 시각으로 본다. 그리스도의 마음과 그리스도의 시각으로 사람들과 상황을 본다. 심령이 가난하고, 애통하며, 온유하고 의에 주리고 목마른 사람만이 긍휼히 여기는 복을 누릴 수 있다. 그리스도인은 그리스도의 생명과 성품으로 죄에 빠진 사람들을 긍휼히 여길 수 있다. 그리스도인은 인간의 참된 실상을 알았기 때문에 어떤 사람도 이해할 수 있다. 그리스도인은 예수님의 마음을 닮았기 때문에 긍휼히 여길 수 있다. 예수 그리스도를 많이 닮을수록 그에게서 긍휼과 자비가 더 많이 흘러나올 것이다.

"아비가 자식을 불쌍히 여김 같이 여호와께서 자기를 경외하는 자를 불쌍히 여기시나니 이는 저가 우리의 체질을 아시며 우리가 진토임을 기억하심이로다. 인생은 그 날이 풀과 같으며 그 영화가 들의 꽃과 같도다. 그것은 바람이 지나면 없어지나니 그 곳이 다시 알지 못하거니와 여호와의 인자하심은 자기를 경외하는 자에게 영원부터 영원까지 이르며 그의 의는 자손의 자손에게 미치리니 곧 그 언약을 지키고 그 법도를 기억하여 행하는 자에게로다"(시 103:13~18).

여호와 하나님은 부모가 자식을 불쌍히 여기는 것처럼 우리를 불쌍히 여기셔서 우리를 구원해주셨다. 더 나아가 우리가 하나님 나라의 영광을 누리게 하셨다. 시인은 인생의 날은 한순간 존재하다 사라지는 풀과 들의 꽃과 같기에 이 땅에서 성공하고 번영하는 것들을 부러워하지 않았다. 오히려 주어진 것에 만족하면서 겸손하게 여호와를 경외하며 사는 것이 복되다고 노래한다.

이렇게 하나님의 긍휼을 입은 사람은 그 마음에 은혜와 기쁨이 충만하다. 그래서 강퍅한 사람들과 어리석은 사람들, 이기적이고 조롱하는 사람들마저도 긍휼히 여길 수 있다. 사람은 하나님의 긍휼을 맛보느냐 그렇지 못하느냐에 따라 영원한 운명이 달라진다. 이렇게 긍휼과 인자하심을 맛보고 누리는 성도가 영적 전투에서 실패하여 포로가 된 사람들을 긍휼히 여기면서 구조할 수 있다.

1. 의심하는 자들을 구조하라!

긍휼히 여기는 전략에는 세 가지 전술이 있다. 이는 거짓 교사들의 가르침에 빠진 정도가 다른 세 집단이 있기 때문이다. 유다는 거짓 교사들의 정체를 폭로하고, 그들의 가르침의 거짓됨과 그 결과가 멸망으로 이어진다는 것을 명확히 선언했다. 거짓 교사들에 대해서는 단호하게 대처하여 멀리해야 하지만, 거짓 교사의 가르침에 속아서 포로가 된 사람들은 어떻게 해서든 구조하라고 말씀한다.

첫 번째 전술은 진리와 거짓 사이에서 머뭇거리며 의심하는 자들을 긍휼히 여기는 것이다. 첫 번째 그룹은 의심하는 자들이다. "의심하다"라고 번역된 단어 '디아크리노'(διακρίνω)는 "논쟁하다, 정죄하다, 심판하다"라는 의미로 번역할 수 있다. 9절에서 천사장 미가엘이 모세의 시체에 관하여 마귀와 '다투어'라고 번역된 단어와 같다. 아마도 이들은 거짓 교사들의 가르침에 미혹되어 참된 진리에 의심을 품고 논쟁적으로 질문하는 사람들일 것이다. 이런 사람들은 진리에 견고히 서지 못해서 동정녀 탄생을 부정하거나, 영지주의에 영향을 받아서 육체는 더럽기 때문에 하나님의 아들이 실제로 성육신하신 것이 아니라 그런 것처럼 보였다고 하는 가현설(假現說)을 받아들인 사람일 수 있다. 이들은 성경과 사도적인 가르침에 확고하게 서지 못한 상태에서 거짓 교사들의 영향을 받은 사람들이다. 이들은 바른 가르침을 의심하면서 변론하고 다투는 사람들이다. 아마도 이들은 사도적인 가르침과 거짓 교사들의 가르침을 둘 다 들어보고 판단하겠다는 마음으로 거짓 교사들의 가르침을 듣다가 미혹되었을 것이다. 그런 사람들은 진리를 의심하여 엉뚱한 질문을 하면서 다투고 변론하려고 한다. 이때 우리는 그들의 말을 단칼에 자르지 말고, 긍휼히 여기며 의심하는 바를 진리로 잘 설명해 주고, 진리를 따라 사랑을 나타내야 한다.

믿음이 견고하지 못한 어린 신자들은 이런저런 교훈의 풍조에 흔들리기 쉽다. 이런 사람들은 거짓 교사들이 정욕을 부추기며 자랑하며 아첨하는 말에 미혹되어 진리를 의심하며 흔들리게 된다.

거짓 교사들은 어린 신자에게 선물을 주기도 하고, 감정적으로 잘해주면서 아첨한다. 어려움을 겪는 사람은 도움을 줄 것처럼 상냥하게 다가오는 사람을 천사처럼 생각하며 따를 수 있다. 사단의 사자들은 신자들의 약점을 잘 알기 때문에 각각의 신자들에게 맞춤식 미끼를 던진다(참고. 잠 5:3). 어린 신자들이 이런 미끼를 덥석 물게 되면 진리(참된 가르침)를 의심하게 된다.

이때 신실한 성도들은 그런 신자들을 내버려 둬서는 안 된다. 또한, 의심한다는 이유로 책망하거나 정죄하지 말고, 그들을 긍휼히 여기면서 구출해야 한다. 그들을 의심하게 만든 가르침의 모순과 잘못을 드러내 주어야 한다. 그리고 하나님의 말씀으로 바른 진리를 가르쳐 줌으로써 교정해주고 바른 신앙 안으로 돌아올 수 있도록 도와 주어야 한다. 왜냐하면 우리도 신앙이 어릴 때 그런 과정을 거쳤기 때문이다. 태어나자마자 어른이었던 사람은 아담뿐이었다. 예수님도 어린아이로 오셨다. 모든 사람은 적신(赤身)으로 나서 부모와 주변 사람들의 돌봄 가운데 성장하였다. 그리고 우리도 결혼하여 자녀를 출산하고 양육하면서, 구로(劬勞) 하는 수고를 하면서 우리가 얼마나 많은 긍휼을 입었는지를 깨닫게 되었다. 우리가 자녀를 오래 참아주고 사랑으로 양육하는 것처럼 어린 신자들을 인내하면서 사랑으로 섬겨야 한다.

어린 신자들은 외모로 판단했던 과거 습관에서 완전히 돌아서지 못했기 때문에 무엇이든 외모로 판단하는 경향이 있다. 그래서 세상이 인정하는 힘과 스펙을 가진 사람들을 좋게 보며 추종할 수 있다. 거짓 교사들은 그런 사람들을 노린다. 그래서 자신들의 지위와 영향력을 내세우면서 어린 신자들을 끌어들인다. 바울 사도를 배척했던 고린도 교회를 생각해 보라.

"너희는 지혜로운 자로서 어리석은 자들을 기쁘게 용납하는구나! 누가 너희로 종을 삼거나 잡아 먹거나 사로잡거나 자고하다 하거나 뺨을 칠지라도 너희가 용납하는도다!"(고후 11:19~20).

고린도 교회 성도들은 분명히 생명이 있는 신자들이었다. 그들은 하나님의 지혜를 가진 자들이었다. 하지만 그들은 거짓 교사들을 기쁘게 용납했다. 거짓 교사들이 자신들의 외모를 자랑하고, 신자들을 높여주면서 뺨을 치고 이용하는데도 그것을 따라갔다.

거짓 교사들이 자기를 자랑하고 어린 신자들의 정욕을 부추기며 높여주기 때문에 그들을 따르는 사람들이 많다. 그런 상황이 벌어질 때 우리는 어린 신자들을 정죄하면서 내쫓지 말아야 한다. 그들을 긍휼히 여기면서 진리로 모든 것을 분별할 수 있도록 도와야 한다. 이것이 하나님 나라를 흥왕하게 하고, 사단의 나라를 멸하는 방법이다. 교회의 선교적 목표는 사단의 왕국에 사로잡힌 사람들을 구출해 내는 것이다. 그런데 교회 공동체에 속한 사람마저 사단의 나라에 내주면 큰 손해가 된다. 물론 예외는 있다. 바울 사도는 자기 계모와 간음한 사람을 사단에게 내주었다고 선언한다(고전 5장). 또한 거짓 교사들도 사단에게 속한 자라고 폭로했다. 우리 역시 거짓 교사들을 끌어안고 있을 수는 없다. 하지만 교회의 어린 성도가 분별력이 없어서 의심한다면 긍휼히 여기면서 도와야 한다.

우리가 정통신앙을 계승한다고 하면서 연약함으로 실수한 사람들을 정죄 한다면, 누구도 우리 곁에 있지 못할 것이다. 정통신앙을 자랑하면서 고슴도치처럼 가시를 세우는 사람들이 있다. 그런 식으로 누구도 가까이할 수 없는 자기만의 성을 쌓는다면, 하나님 나라의 전진을 막는 장애물이 될 수 있다. 한번 생각해 보자. 예수님보다 정통신앙을 가진 분이 어디 있었는가? 예수님은 모든 면에서 절대적인 표준을 보여주신 분이셨다. 하지만 예수님은 당시 종교지도자들이 다 멸시하였던 사람들을 긍휼히 여기시면서 그들의 친구가 되셨다. 진리는 긍휼함과 함께 있을 때 힘을 발휘하고 감동을 주면서 역사(役事)한다.

어떤 목사들은 연약한 성도들의 정죄감을 이용하여 자기 이익을 추구 한다. 마치 자신은 완전한 교사이기 때문에 자기가 말하는 것은 항상 옳다고 주장하면서 자기 방식을 강요한다. 그런 사람은 말씀을 자신에게 적용하지 않는 특징이 있다. 그들은 새로운 지식을 얻으면, 그 지식을 자랑하면서 가르치려고 한다. 하지만 그런 자들은 얼마 지나지 않아서 위선이 드러난다. 하나님의 사람들은 처음에는 희미하게 보았더라도 차츰 영적인 눈이 밝아진다. 성장할수록 영적인 분별력이 명확해진다. 선악을 분별할 수 있는 능력이 생기면 그때는 그런 사람의 영향력 아래 계속 머물지 않는다. 따라서 우리는 어린 성도들이 진리 안에서 참된 분별력을 갖도록 긍휼히 여기면서 도와야 한다.

2. 불에 들어간 자들을 구원하라!

두 번째 전술은 이미 불에 들어간 사람을 구조하는 것이다. 이 부류의 사람들은 거짓 교훈을 믿고 더 깊이 빠져 들어간 사람들이다. 이런 사람들이 처한 위급한 상황을 잘 파악하여 신속하게 행동하여 끌어내 구원하라는 말씀이다. 이들은 실제로 '불'장난을 하는 사람들이다. 하나님의 은혜를 색욕 거리로 만드는 사람들과 함께 어울리기 시작한 사람들이다. 거짓에 미혹된 사람들은 불 속으로 날아가는 불나방과 같이 위험에 처해 있다. 우리는 그런 상황이 얼마나 치명적인지를 인식하고 최대한 빨리 그 속에서 끌어내야 한다. 소돔과 고모라가 불타려고 할 때 롯의 가족들이 모든 일을 제쳐두고서 빠져나와야 하는데 자꾸만 미련이 남아 머뭇거리고 있을 때 천사들이 그들의 손을 붙들고 나온 것처럼, 우리도 속히 행동하여 그들을 끌어내야 한다. 그런 상황에서 점잖게 논리적으로 설득할 수 없다. 그들이 거짓교사들과 함께 있는 것은 함께 불 타서 죽을 수 있음을 강력하게 전달하면서 끌어내야 한다.

그런 상황에서는 진리를 변증하는 것보다 이단적 가르침으로 인해 멸망할 것에 대한 위험을 경고하는 것이 빠르다. 그럴 때는 소방관이 불 속으로 들어가서 사람을 둘러 매고 나오는 것과 같은 단호한 방법을 사용해야 한다. 화재 현장에서 미처 상황을 파악하지 못하고, 불 속에 있는 사람들을 설득할 여유가 없다. 빨리 끌어내야 한다. 멸망이 눈앞에 있는데도 그것을 모르고 거짓 교사를 따른다면 같이 멸망한다.

그래서 바울 사도는 갈라디아서 1장 6~9절에서 위급한 심정으로 이렇게 강력하게 선언한다.

"그리스도의 은혜로 너희를 부르신 이를 이같이 속히 떠나 다른 복음 좇는 것을 내가 이상히 여기노라. 다른 복음은 없나니 다만 어떤 사람들이 너희를 요란케 하여 그리스도의 복음을 변하려 함이라. 그러나 우리나 혹 하늘로부터 온 천사라도 우리가 너희에게 전한 복음 외에 다른 복음을 전하면 저주를 받을지어다. 우리가 전에 말하였거니와 내가 지금 다시 말하노니 만일 누구든지 너희의 받은 것 외에 다른 복음을 전하면 저주를 받을지어다."

바울 사도는 강력한 선언으로 충격을 주고 있다. **"은혜의 복음을 떠나 다른 복음을 따르는 너희를 보면서 깜짝 놀라 죽을 지경이다**(이상히 여기노라)**."** 불 가운데서 건져내고자 하는 바울의 긴급한 심정을 엿볼 수 있다. 사랑의 사도의 입에서 '저주를 받으라'라는 말을 두 번씩이나 반복하고 있다. 상황이 심각할 때는 곧바로 강한 충격을 주어서 끌고 나와야지 그대로 두면 안 된다는 것을 보여준다. 바울은 가차 없이 다른 복음을 전하는 자는 저주를 받을 것이고,

그들이 전하는 다른 복음을 따르는 자도 저주를 받을 것이라고 강력하게 경고한다.

나에게 중학교 동창인 친구가 있었다. 청년 때 그를 전도하여 함께 교회를 나갔었다. 그런데 얼마간 그 친구와 따로 지내게 되었는데, 그 사이에 이단에 빠져 버렸다. 그 친구의 누나가 여호와의 증인이었다. 그래서 그는 누나와 함께 온 여호와의 증인들과 공부를 했었다고 한다. 그 말을 듣고 나는 위기를 직감했다. 그래서 시도 때도 없이 그 친구를 불러내서 만났고, 만날 수 없을 때는 공중전화를 붙들고 계속해서 그에게 이단들의 오류를 지적하면서 강력하게 경고했다. 그래서 그 친구는 다시 바른 신앙으로 돌아왔다. 그 친구는 나중에 이렇게 고백했다. "저 친구는 나보다 훨씬 바쁜 사람인데 나를 위해 이렇게까지 절박하게 시간을 투자하면서 강권하다니, 저 친구에게서 뭔가 진정성이 느껴지더라." 우리는 그 상황을 빨리 파악하여 그 상황에 맞는 전술을 사용하여 형제를 구출해 내야 한다. 긴급한 상황에서는 머뭇거리면 늦는다. 최대한 신속하게 행동해야 한다.

3. 옷을 더럽힌 자들도 긍휼히 여기라!

세 번째 전술 명령은 거짓 교리에 완전히 푹 빠진 사람들에 대한 것이다. 아마도 이런 자들은 거의 거짓 교사들과 같은 수준에

도달했을 수도 있다. "또 어떤 자를 그 육체로 더럽힌 옷까지도 미워하되 두려움으로 긍휼히 여기라." 이들은 가장 심각한 상태에 있는 사람들이다. '육체로 더럽힌 옷을 입었다.' 라는 말은 이미 거짓 교사들과 동일한 세계관을 갖게 되었다는 의미이다. 이런 자들은 다른 신자들에게 적극적으로 나쁜 영향을 미치는 사람이다. 그래서 이런 사람들은 앞선 두 그룹과 같은 전술을 사용할 수 없다. 우선 이들을 긍휼히 여기면서도 함부로 다가가서는 안 된다. 이들은 거짓 교사들에 버금가는 수준에 이른 고수(高手)들이다. 우리가 어설프게 접근하면 이들에게 오히려 해를 당할 수 있다. 그래서 유다는 "그 육체로 더럽힌 옷까지도 미워해야" 한다고 가르친다. 긍휼히 여기는 것과 미워하는 것이 어울리지 않는 것처럼 보일지 모른다. 하지만 여기서 유다가 가르치는 것은 그들이 이미 죄에 빠져서 그 육체로 더럽힌 것들을 미워하지 않으면서 그들에게 접근하는 것은 위험하다고 경고하는 것이다.

죄에 빠진 자들을 긍휼히 여긴다고 해서 그들의 죄를 인정해주고, 그들의 생활방식을 공유한다면 그 더럽힌 옷을 함께 입는 것이다. 성경에서 옷은 독특한 의미를 지닌다. 가령 창세기에는 옷이 한 사람의 지위와 신분에 대한 상징과 은유의 핵심으로 사용되었다. 창세기 2~3장의 옷의 흐름을 생각해 보라. 창세기 9장의 노아의 옷, 창세기 37장 이하의 요셉 기사에서 옷이라는 말이 얼마나 많이 나오는지 찾아보라. 모두가 그들의 신분과 삶을 보여주는 상징과 은유로 사용되었다. 그렇다면 "그 육체로 더럽힌 옷"은 성도들이 입어야 할 흰옷, 정결과 승리의 옷(계 19:8; 계 4:4)과 정반대의 죄로 더럽혀진 삶을 의미한다. 복음서는 천사들이 흰옷을 입었고, 예수님께서 변화 산에서 흰옷을 입고 계신 것을 보여주었다.

"그러나 사데에 그 옷을 더럽히지 아니한 자 몇 명이 네게 있어 흰옷을 입고 나와 함께 다니리니 그들은 합당한 자인 연고라. 이기는 자는 이와 같이 흰옷을 입을 것이요 내가 그 이름을 생명책에서 결코 지우지 아니하고 그 이름을 내 아버지 앞과 그의 천사들 앞에서 시인하리라. … 내가 너를 권하노니 내게서 불로 연단한 금을 사서 부요하게 하고 흰옷을 사서 입어 벌거벗은 수치를 보이지 않게 하고 안약을 사서 눈에 발라 보게 하라"(계 3:4, 5, 18).

특별히 요한계시록 3장 4절을 다시 보자. 예수님께서는 사데 교회에게 "그 옷을 더럽히지 아니한 자 몇 명이 네게 있어 흰옷을 입고 나와 함께 다니리니 그들은 합당한 자인 연고"라고 말씀하신다. 더럽힌 옷을 입은 자들은 전염성이 강한 질병을 앓는 사람처럼 다른 사람들에게 해를 끼칠 수 있는 자들이다. 거짓 교사들과 동일한 행동과 삶의 패턴을 가지고 있는 자들이다. 그런 자들은 성경을 교묘하게 해석해서 정욕을 추구하고 교회의 권위를 업신여기면서 강퍅한 말로 사람들을 유혹하며 자기 이익을 위해 아첨하는 자들이다. 우리는 이런 자들을 구원하겠다고 복음의 조건을 낮추거나 그들이 수용할 수 있을 정도로 기준을 낮추어서는 안 된다. 그렇게 하는 것은 그들의 더럽힌 옷을 미워하지 않고 사랑하는 것이다. 우리는 죄인은 긍휼히 여기지만, 그들의 더러운 행실을 미워하고, 그들이 회개할 수 있도록 강력하게 복음을 선언해야 한다.

옷을 더럽힌 사람들을 아무나 접근하여 구출할 수가 없다. 무턱대고 접근했다가는 오히려 그들에게 사로잡힐 위험이 있다. 따라서 전문적인 훈련을 받고 전반적인 상황을 입체적으로 두루 볼 수 있는 사람들이 나서야 그들을 구출할 수 있다. 군대에서 특수부대를 키우는 목적 중에 하나는 적진에 깊숙이 침투하여 요인(要人)을 구출하기 위함이다. 사람들은 일반적으로 다른 사람이 하는 일은 쉽게 생각한다. 그래서 어떤 일을 시키고도 일에 대해 정당한 대가를 지불하지 않으려는 경향이 있다. 하지만 그런 태도는 세상뿐만 아니라 교회에서도 문제를 일으킬 수 있다. 말씀을 가르치고 상담하는 일도 그렇다. 다른 사람이 하니까 자기도 할 수 있을 것 같고, 전문적인 신학 교육을 받고 훈련받은 목사보다 더 잘할 수 있을 것처럼 생각할 수 있다. 하지만 그런 사람들이 오히려 이단에게 먹혀서 이단의 앞잡이 노릇을 하는 경우가 많다.

세 번째 전술의 핵심은 거짓 가르침에 깊이 빠진 사람에게 섣불리 찾아가서 교정하려고 하지 말라는 것이다. 바로 이것이 "두려움으로 긍휼히 여기라"는 말씀의 의미다. 그들의 잘못된 사상과 부패한 삶의 영향력은 강하기 때문에 섣불리 접근했다가 그런 자들에게 설득당하여 오염되지 않도록 주의하라는 말씀이다. 역설적인 예가 사도행전 19장에 나온다. 유대인 마술사들이 악귀 들린 자들에게

'내가 바울이 전파하는 예수를 빙자하여 너희를 명하노라' 하였고, 유대의 한 제사장의 일곱 아들도 그렇게 하였더니 악귀가 '내가 예수도 알고 바울도 아는데 너희는 누구냐?'라고 하면서 그 사람들을 억제하여 밟아 버렸다. 그래서 그들이 상하여 벗은 몸으로 도망했다. 어설프게 복음을 안 것으로 다른 사람 흉내를 내는 자들은 결국 수치를 당하게 된다.

심지어 바울 사도는 디모데 목사에게도 이렇게 명령했다. "아무에게나 경솔히 안수하지 말고 다른 사람의 죄에 간섭하지 말며 네 자신을 지켜 정결하게 하라"(딤전 5:22). '아무에게나 경솔히 안수하지 말라'는 말은 신중하게 사람들을 시험해 보고, 직분자로 세워야 한다는 것이다. 당장에 직분자가 필요하다고 해서 준비도, 검증도 안 된 사람을 직분자로 세웠다가 교회가 엉뚱한 방향으로 흘러가는 경우가 많다. 우리는 신중해야 할 때 도리어 성급하고, 깊이 생각해야 할 때는 쉽게 결정해 버리는 경향이 있다. 이는 우리 교회에도 똑같이 적용해야 한다. 우리는 일을 재촉하다가 평생 후회 속에 사는 것보다는 결정을 내리기 전에 충분한 시간을 들이는 것이 좋다.

가령 우리는 교회에 새로 출석하는 성도의 영적인 상태를 너무 쉽게 속단하여 이런저런 처방을 내리려고 한다. 하지만 그 역시 도움이 되기보다 실패할 확률이 더 높다. 우리가 아파서 병원에 가면 이런저런 검사를 하라고 한다. 그럴 때 우리는 귀찮게 여기게 된다. 하지만 검사를 통해서 몸의 상태를 정확히 파악한 후에 진단하고 처방하는 것이 그냥 몇 마디 물어본 후에 처방하는 것보다 훨씬 더 좋은 결과를 낳게 된다.

다른 사람을 도울 수 있는 사람은 자기 눈에 있는 들보를 뺀 사람이어야 한다(마 7:5). 자기를 볼 수 없는 사람은 함부로 나서면 안 된다. 바울 사도가 디모데 목사에게 '다른 사람의 죄에 간섭하지 말며'라고 한 것은 다른 사람의 불미스러운 일에 휩쓸리지 말라는 것이다. 페이스북에 보면 어떤 분들은 온갖 말들을 쏟아내면서 논쟁하고 다툰다. 그 사람들은 직업이 페이스북에 글 쓰는 사람처럼 보일 정도다. 노상 그 일만 하는 것처럼 보인다. 그런 사람들을 우리가 고칠 수 없다. 이런저런 논쟁에 끼어서 진리를 사수한다면서 정죄하고 다투는 사람들, 매일 자기 일상을 중계하듯이 사진 찍어 올리는 취미를 가진 사람들을 어떻게 고칠 수 있겠는가? 바울 사도는 우리에게 너희는 그런 일에 끼지 말고 자신을 지켜서 정결케 하라고 말씀한다. 우리 자신을 정결하게 하는 일에 더 집중하라는 말씀이다. 동역자에게 계속 권면 했는데도 불구하고 계속해서 자기 중심적으로 헛된 짓을 한다면, 돌아서야 한다(참고. 고전 5:5; 딤전 6:20~21). 그가 돌아오면 형제를 얻은 것이지만, 돌이키지 않는 자를 고칠 수 없다.

"이단에 속한 사람을 한두 번 훈계한 후에 멀리 하라. 이러한 사람은 네가 아는 바와 같이 부패하여서 스스로 정죄한 자로서 죄를 짓느니라"(딛 3:10~11).

그들을 긍휼히 여겨야 하는 것은 그들이 복음을 듣고도 헛된 길로 간 것으로 인해 더 큰 형벌을 받을 것이기 때문이다. 그래서 우리는 그들을 위해서 기도 해야 한다.

우리 마음과 공동체에 CCTV를 달자.

제자는 사람들의 영혼을 긍휼히 여기는 사람이다. 팔복에서 보여주는 제자는 '의'에 주리고 목마른 사람이기에 이웃을 긍휼히 여기는 사람이다. 제자는 긍휼이 바탕이 되지 않는 정의, 긍휼이 바탕이 되지 않는 율법, 긍휼이 바탕이 되지 않는 종교를 거부한다. 제자는 하나님이 자신을 불쌍히 여겨주셨기 때문에, 자신도 이웃을 불쌍히 여기는 심정으로 대한다. 제자는 말과 행동, 재산과 지위, 달란트와 기회, 이 모든 것을 이용해서 긍휼을 드러내고 실천하는 사람이다. 이렇게 긍휼을 흘려보낼수록, 그는 더욱더 부요한 하나님의 긍휼을 누리게 된다. 지극히 작은 성도에게 베푼 긍휼함이 곧 주님을 섬기는 섬김이 된다(마 25장).

약한 자들을 강하게 하고, 영적으로 방황하는 자들을 바로잡아 주고, 낙심한 자들을 일으켜 세워 주며, 거짓 교사들에게 미혹된 자들을 끌어내는 사람이 참 제자이다. 이런 구조 사역은 교회 공동체에 주어진 사명이자 특권이다.

"내 형제들아! 너희 중에 미혹하여 진리를 떠난 자를 누가 돌아서게 하면 너희가 알 것은 죄인을 미혹한 길에서 돌아서게 하는 자가 그 영혼을 사망에서 구원하며 허다한 죄를 덮을 것이니라"(약 5:19~20).

야고보가 말씀한 것처럼 우리의 구조 활동은 힘들지만 복된 일이다. 형제 사랑과 책선(責善:친구끼리 옳은 일을 하도록 서로 권함)은 분리될 수 없다. 책선은 사랑의 의무이다. 더 나아가 형제가 죄에서 벗어나서 하나님의 은혜 안에서 살도록 인내하면서 진리를 가르쳐주고 기도하는 것이다. 형제를 사랑하는 가장 복되고 아름다운 일은 복음 진리를 더 분명하게 깨닫고 그 안에서 복을 누리도록 인도하는 것이다.

토마스 왓슨 목사님은 이렇게 말했다. "여러분은 자비로운(긍휼히 여기는) 사람이 되기 전에 먼저 새사람이 되어야 한다. 여러분은 스스로가 그리스도의 지체가 되기 전에 그리스도의 지체들을 도울 수가 없다." 정말 그렇다. 하늘의 시민권을 가진 사람만이 땅에서 허우적대는 사람을 긍휼히 여길 수 있다. 세상의 영광을 부러워하지 않는 사람만이 세상을 긍휼히 여길 수 있다. 긍휼히 여기는 사람은 자기 자랑을 하지 않는다. 긍휼히 여기는 사람은 강퍅한 말(원망과 불평, 자랑과 아첨하는 말)로 사람들을 선동하지 않는다. 긍휼히 여기는 사람은 '자기'가 아니라 하나님과 교회(형제)의 유익을 위해 일한다. 긍휼히 여기는 사람은 우는 자들과 함께 우는 사람이다. 긍휼히 여기는 사람은 오래 참는 가운데 형제가 다시 하나님과 화목하도록 지혜롭게 섬긴다. 긍휼히 여김으로 형제를 구출하는 자가 하나님의 통치에 참여한다. 섬기는 자가 왕이 된다(마 20:27). 진정한 왕권은 섬김을 통해 구현된다(참고. 엡 6:5~8).

하지만 섬김으로 하나님의 통치에 참여하는 것은 쉽고 순탄한 길이 아니다. 때로는 매우 어렵고 힘든 길이다. 그러나 하나님 나라가 극치에 이르게 될 때, 우리는 그리스도와 함께 온 세상을 통치하게 될 것이다. 그래서 우리의 소망은 섬김의 자리에서 도망하는 것이 아니라, 우리 죄의 속박에서 벗어나는 것이다. 긍휼은 하나님 나라에 속한 사람들이 갖는 성품이다. 우리가 하나님의 긍휼을 입었기에 하나님의 자녀가 되었다. 이것을 기억해야만 가난한 심령을 유지할 수 있다. 가난한 심령으로 시작된 그리스도인의 성품은 긍휼로 완성된다. 겸손히 섬기는 자, 긍휼히 여기는 자가 결국 왕이 되어 온 세상을 다스리게 된다. 이것이 기독교의 역설적인 진리다.

우리의 긍휼과 섬김은 앞뒤를 분간하지 않는 맹목적인 구제나 구조가 아니다. 예수님이 섬기는 자로서 가장 지혜롭게 사람들을 도왔던 것처럼 긍휼히 여기는 것은 상대의 상황을 정확히 파악하고, 그에게 가장 적절한 복음의 처방을 제시하는 것이다. 욥은 자신에 대해 잘못된 진단과 처방을 하는 친구들에게 이렇게 말했다. "너희는 거짓말을 지어내는 자요, 다 쓸모없는 의원이니라"(욥 13:4). 어떤 사람은 누군가를 열정적으로 상담해주고 조언하는 것을 좋아한다. 그런데 상대방은 그분의 조언은 자기 상황과 전혀 맞지 않을 뿐만 아니라, 그분에게서 긍휼함이나 사랑을 조금도 느낄 수 없었다고 말하는 것을 들은 적이 있다. 우리 자신을 돌아보자. 우리도 누군가를 열정적으로 돕고자 했으나 진단과 처방이 잘못되었다면, 긍휼한 마음이 없이 조언한다면, 거짓말하는 자요, 쓸모없는 의원이라는 책망을 듣게 될 것이다.

긍휼히 여기는 사람은 성도들의 상황을 정확히 파악하기 위해 노력하고, 그 상황에 맞게 바른 처방을 제시한다. 때로는 책망하고 징계할 수도 있다. "거역하는 자를 온유함으로 징계할지니"(딤후 2:25). 만약 우리가 사람들이 죄에 빠진 것을 보고도 내버려 둔다면 그것은 잔인한 짓이다. "너는 네 형제를 마음으로 미워하지 말며 이웃을 인하여 죄를 당치 않도록 그를 반드시 책선(責善)하라"(레 19:17). 직역하면 이런 말씀이다. "너희는 마음으로 형제를 미워해서는 안 된다. 이웃의 잘못을 서슴없이 꾸짖어야 한다. 그래야 너희가 그 사람 때문에 죄를 짊어지지 않는다." 이어서 하나님은 이렇게 말씀한다. "원수를 갚지 말며 동포를 원망하지 말며, 이웃 사랑하기를 네 몸과 같이 하라. 나는 여호와니라"(레 19:18). 이웃의 잘못을 간과하는 것은 그를 사랑하지 않는 것이다. 그것은 잔인한 자비이다. 하지만 책망하여 죄와 이단에 빠지지 않게 구출하는 일은 잔인한 것처럼 보이지만 자비한 행동이다.

우리가 형제를 책선(責善)하지 않는 이유 중 하나는 그 형제가 좋아하지 않을 것을 알기 때문이다. 불에서 끄집어내는 동안 상처 받지 않을 수 있을까? 불에 들어간 사람과 불에서 끌어내는 사람 모두가 상처를 입을 수 있다. 하지만 그렇게 입게 될 상처 때문에 불 속에서 타버리도록 버려두어야겠는가? 암을 제거하기 위해서 수술해야 하는 상황에서 수술이 두렵고 고통스럽다고 그냥 죽도록 해야 하겠는가? 불이 난 줄 모르고 자는 사람을 깨워주는 것이 자비인가, 그냥 두는 것이 자비인가? 죄(세상)에 빠져서 영적으로 잠들어 있는 사람을 깨우면서 경고하면 싫어한다. 그런 사람을 그냥 두는 것이 자비인가? 그에게 영원한 진노의 불이 끓어오르고 있는데, 그 사람이 나에게 잘해주기 때문에, 또는 우호적인 관계가 깨질 것을 우려해서 경고하지 않는 것이 옳은 선택인가? 우리가 어떤 사람의 영적 상태를 직시하면서도 침묵하고 있다면, 우리는 긍휼히 여기는 사람이 아니다. 아니 그 사람의 죽음에 책임이 있는 공범이 되지 않겠는가?

말씀을 전하고, 그를 위해 기도하는 일은 가장 중요한 긍휼의 사역이다. 그 일은 마귀의 요새를 쳐부수는 하나님의 손에 있는 강하고 영광스러운 무기이다. 말씀을 전하는 일은 어둠 속에 있는 영혼에 빛을 비추는 일이다. 말씀을 전하는 일은 죄를 죽이고 영혼을 살아나게 하는 법적인 선포다.

"또 내게 이르시되 너는 이 모든 뼈에게 대언하여 이르기를 너희 마른 뼈들아 여호와의 말씀을 들을지어다. 주 여호와께서 이 뼈들에게 말씀하시기를 '내가 생기로 너희에게 들어가게 하리니 너희가 살리라.' … 또 내게 이르시되 '인자야 너는 생기를 향하여 대언하라. 생기에게 대언하여 이르기를 주 여호와의 말씀에 생기야 사방에서부터 와서 이 사망을 당한 자에게 불어서 살게 하라 하셨다 하라.' 이에 내가 그 명대로 대언하였더니 생기가 그들에게 들어가매 그들이 곧 살아 일어나서 서는데 극히 큰 군대더라"(겔 37:4~5, 9~10).

우리가 주님의 말씀을 대언할 때, 그 전도를 통해서 죽어 있는 사람에게 하나님의 생명이 들어간다. 우리가 그리스도의 이름으로 기도할 때 생명이 살아나는 기적이 일어난다. 이 일은 누구도 그 무엇으로도 할 수 없는 초자연적인 기적이다. 오직 하나님의 백성들만이 할 수 있다. 이렇게 복된 사역이 우리에게 맡겨져 있다. 이 일을 소홀히 하는 사람(목사)은 자신이 긍휼히 여김을 맛보지 못한 사람일 가능성이 크다.

만약 우리가 긍휼히 여기는 사역을 하지 않고 있다면 책망을 듣게 될 것이다. 예수님은 율법사가 지식의 열쇠를 가지고 있으면서도 자신도 들어가지 않고 다른 사람도 들어가는 것을 막았다고 책망하셨다(눅 11:52). 우리가 사람들의 죄를 묵인해 주고, 지옥을 향해 달려가는데도 경고하지 않는다면, 나아가 우리 자녀들이 세상 세계관으로 빠져들어 가는 데도 못 본 체한다면 그것이 긍휼히 여기는 것일까? 자녀들이 롯처럼 세상의 번영을 선택하도록 가르치는 사람이 자녀를 진정으로 긍휼히 여기는 것일까? 영혼을 긍휼히 여기는 것은 죄와 사단의 세력에서 구출해 내는 것이다. 그 일은 쉽지 않은 일이다. 지혜가 필요하고, 불 속에 뛰어들어 가는 것도 불사할 만큼 용기가 있어야 한다. 동시에 주님의 능력으로 무장하기 위해 집중해서 기도해야 한다. 우리에게 심각한 더러움에 빠진 자를 끌어낼 수 있는 전문적인 식견과 능력이 필요하다. 하나님의 도우심을 의지하지 않으면 이 일을 감당할 수 없다. 긍휼은 상대방이 스스로 할 수 없는 것을 내가 대신 짊어져 주는 것이다. 주님의 긍휼함이 그 마음에 있는 사람과 공동체가 고통 가운데 있는 사람들에게 복음을 전할 수 있다.

이런 일은 힘들고, 수많은 반대를 무릅써야 한다. 세상은 금송아지뿐만 아니라 꿀 신(神)을 달라고 아우성친다. 그들은 부드럽고 달콤한 말을 원한다. 그들은 자기 내면에 감춰진 깊은 질병을 건드리지 말라고 한다. 그들에게 복음을 전하는 것은 아픈 상처에 소금을 뿌리는 것과 같다. 그러므로 우리가 긍휼을 품고 전하는 복음의 메시지에도 반대가 있다. 오히려 그런 비판적 반응이 없다면 소금이 빠져 있다는 증거일 수 있다. 악한 신자(목사)들은 진정으로 도움이 필요한 양들을 모르는 척 버려둔다. '악한 목사(신자)들은 잃어버린 양을 찾는 것이 아니라 양들의 재산을 찾는다'라는 말이 있다. 그들은 긍휼히 여기기 때문에 설교하는 것이 아니라 돈 때문에 설교한다. 어떤 사람은 다른 사람을 돕고 영혼의 안전과 유익을 위해서가 아니라 자기 의를 세우기 위해 열심을 낸다. 그런 사람들은 긍휼함이 없다. 그들은 형제의 명예와 양심을 짓밟으면서도 거침없이 말하고 행동한다.

긍휼히 여기는 일은 우리 모두에게 필수적인 일이다. 그렇다면 어떻게 그 일을 감당할 수 있을까? 먼저 우리 마음과 공동체에 영적인 CCTV를 달아 놓고 감시해야 한다. 물론 하나님은 다 보고 계신다. "사람이 하는 일은 여호와의 눈앞에 있으니 그분이 그 모든 길을 살피신다"(잠 5:21 우리말성경). 하지만 우리 눈에 보이지 않기 때문에 의식적으로 노력해야 한다. 우리 공동체 안에 거짓 가르침을 전하는 사람은 없는지, 의심에 빠진 사람은 없는지, 거짓 증거로 교회의 질서를 무너뜨리는 사람은 없는지, 불에 들어간 사람은 없는지, 더럽혀진 옷을 입고 있는 사람이 우리 가운데 활보하는 것은 아닌지를 살피자. 우리 마음속에서도 정욕과 권위를 업신여기며 훼방하는 강퍅한 말, 시기와 교만한 생각들이 분수처럼 쏟아 올라온다. 이것을 감시하고, 그것들이 입 밖으로 나오기 전에 막아내야 한다. 특별히 우리는 영광을 담지(擔持)한 성도들의 명예를 훼손하지 않도록 주의해야 한다(유 1:8). 우리 공동체 안에도 영적 CCTV가 밤낮 작동되고 있어야 한다(참고. 행 20:31). 우리 공동체 안에서 서로 존중하고 사랑하고 세워 주는 말을 통해 서로 긍휼함이 넘쳐흐르게 하자. 예수님의 긍휼이 우리 심령에 옮겨붙어 활활 타오르게 하자. 하나님의 긍휼이 우리 안에서 넘칠 때, 우리는 손익을 계산하지 않는다. 과거를 묻지 않는다. 외모로 보거나 판단하지 않는다. 공평과 정의도 긍휼로 감쌀 때 진정한 힘을 발휘한다. 긍휼히 여기는 공동체는 일보다 사람을 더 중시한다. 긍휼히 여기는 공동체가 복음을 담대하게 전할 수 있다.

우리의 긍휼히 여기는 사역은 우리 의를 세우거나 우리 영광을 위함이 아니라 주님의 이름과 영광을 위하는 일이다. 따라서 우리는 겸손과 감사로 이 일을 감당하기 위해 기도하자.

2019. 02. 17.

JUDE

10강

어떻게 싸울 것인가?(3)

유다서 1:24~25

10강

어떻게 싸울 것인가? (3)

유다서 1:24~25
설교 동영상

10강 구조

들어가며: 두려움 Vs 확신

1. 능히 보호하시고 거침이 없게 하실 것이다(24a).

2. 능히 그 영광 앞에 흠 없이 서게 하실 것이다(24b).

3. 영광과 위엄과 권력과 권세가 영원토록 우리 하나님께 있다(25절)

나가며: 하나님의 기쁨, 하나님의 노래!

어떻게 싸울 것인가?(3)

유다서 1:24~25

24 능히 너희를 보호하사 거침이 없게 하시고 너희로 그 영광 앞에 흠이 없이 기쁨으로 서게 하실 이
25 곧 우리 구주 홀로 하나이신 하나님께 우리 주 예수 그리스도로 말미암아 영광과 위엄과 권력과 권세가 영원 전부터 이제와 영원토록 있을지어다 아멘

두려움 Vs 확신

사람들이 두려워하고 근심하는 이유가 무엇일까? 최초의 두려움이 언제 시작되었는가를 생각해 보면 쉽게 답이 나온다. 아담과 하와는 하나님과 교제하면서 지고의 복과 즐거움을 누렸다. 하지만 그들이 하나님의 말씀을 배반하여 범죄 하였을 때, 그들은 최상의 복이었던 하나님의 임재가 도리어 견딜 수 없는 두려움이 되었다. 가장 복되고 행복했던 하나님과의 교제가 가장 견딜 수 없는, 고통과 두려움으로 변해 버렸다. 모든 두려움의 원천은 하나님을 떠남으로써 시작되었다. 다시 하나님께로 돌아가야 하는데, 돌

아갈 수조차 없게 되었다. 서늘할 때 동산에 거니시는 여호와의 음성을 들은 아담과 하와는 어찌할 바를 몰라서 나무 뒤에 숨어야 했다. 이런 두려움은 하나님을 떠난 사람들 속에 집단 무의식처럼 각인되어 있다. 이 두려움으로 전율하는 사람들의 절규가 성경 전체에 걸쳐 메아리치고 있다. 몇몇 구절들만 살펴보자.

"이스라엘의 죄 된 아웬의 산당은 파괴되어 가시와 찔레가 그 단 위에 날 것이니 그때에 저희가 산더러 우리를 가리우라 할 것이요, 작은 산더러 우리 위에 무너지라 하리라"(호 10:8).

범죄한 사람들은 하나님의 영광을 보는 것 자체가 가장 큰 두려움이고 괴로움이다. 이사야서를 보자.

"사람들이 암혈과 토굴로 들어가서 여호와께서 일어나사 땅을 진동시키시는 그의 위엄과 그 광대하심의 영광을 피할 것이라"(사 2:19).

예수님께서도 예루살렘의 멸망을 선언하시면서 이렇게 말씀하셨다.

"그때에 사람이 산들을 대하여 우리 위에 무너지라 하며 작은 산들을 대하여 우리를 덮으라 하리라"(눅 23:30).

사도 요한은 종말의 심판 상황을 이렇게 묘사한다.

"땅의 임금들과 왕족들과 장군들과 부자들과 강한 자들과 각 종과 자주자가 굴과 산 바위틈에 숨어 산과 바위에게 이르되 우리 위에 떨어져 보좌에 앉으신 이의 낯에서와 어린 양의 진노에서 우리를 가리우라"(계 6:15~16).

하나님을 떠난 자들은 본성 깊은 곳에 하나님에 대한 두려움이 있다. 이렇게 찾아온 두려움은 경외하는 두려움이 아니다. 삶에 대한 두려움, 죽음에 대한 두려움, 심판에 대한 두려움이다. 이 두려움이 다른 모든 두려움의 근원이다. 심판에 대한 두려움이 삶에 대한 두려움으로, 미래에 대한 두려움으로, 관계에 대한 두려움으로, 삶의 모든 영역으로 확장된다. 부자나 가난한 자나, 권력을 가진 자나 못 가진 자나, 지식이 있는 자나 없는 자나 할 것 없이, 하나님을 떠난 모든 사람은 이 두려움의 사슬에 몇 겹으로 결박되어 있다. 사람들이 이 두려움에서 벗어나고자 만들어 낸 방편들은 더 큰 두려움을 유발하여 오히려 고통을 가중시킨다. 두려움은 고통과 절망을 낳고, 그로 인해 영혼은 깨어지며 산산이 부서져 간다.

무엇으로 이 근원적인 두려움을 해결할 수 있을까? 어떻게 진정으로 평안과 기쁨과 안정감 속에서 살 수 있을까? 답은 하나다. 사람으로는 할 수 없다. 왜냐하면, 스스로는 죄에서 벗어날 수 없기 때문이다. **오직 하나님의 은혜만이 두려움을 없애준다.** 죄 사함의 은혜가 있어야만 우리가 다시 하나님 앞에 나아갈 수 있고 기쁨과 자유를 누릴 수 있다. 하나님을 반역한 죄로 인한 심판에 대한 근원적인 두려움이 해결되어야 한다. 그래서 하나님을 사랑하는 두려움(경외함)으로 바뀔 때 세상의 모든 두려움이 극복된다.

"보라, 하나님은 나의 구원이시라. 내가 신뢰하고 두려움이 없으리니 주 여호와는 나의 힘이시며 나의 노래시며 나의 구원이심이라"(사 12:2).

이렇게 여호와의 구원을 체험한 사람들은 세상에 대한 두려움이 없다. 다윗과 사울의 차이는 여기에 있다. 목동이었던 소년 다윗은 하나님을 경외하였기 때문에 골리앗과 블레셋 군대를 두려워하지 않았다. 하지만 이스라엘의 왕이었던 사울은 장신이였고 힘이 대단했지만, 하나님을 경외하지 않았기 때문에 골리앗을 두려워하였다. 하나님을 두려워하면 세상의 두려움에서 해방된다. 하나님을 두려워하지 않으면 세상의 두려움에 사로잡혀 살게 된다. 요한 사도도 이렇게 말씀했다.

"사랑 안에 두려움이 없고 온전한 사랑이 두려움을 내어 쫓나니 두려움에는 형벌이 있음이라. 두려워하는 자는 사랑 안에서 온전히 이루지 못하였느니라"(요일 4:18).

영적 전쟁의 세 번째 전략은 두려움 없이 믿음의 도를 위하여 힘써 싸우는 것이다. 다시 말하면 하나님을 신뢰하면서 하나님의 지키심을 확신하고 담대하게 우리에게 주어진 길을 가는 것이다. 하나님이 어떤 분이신지를 알고, 그를 경외하며 담대하게 주어진 사명을 감당하는 것이다. 구원의 확신은 자기 마음의 감정이나 어떤 생각에 있는 것이 아니고, 자신의 행위에 있는 것도 아니다. 오히려 영원 전부터 우리를 선택하시고 우리를 끝까지 붙들고 지키시는 하나님의 은혜와 능력을 믿기에 확신할 수 있다. 만약 우리가 두려워하고 있다면, 우리는 지금 하나님을 알지 못하여 신뢰하지 못하고 있는 것이다. 이를 기억하고 오늘 본문을 통해서 하나님을 신뢰하는 사람, 그래서 두려움 없이 담대하게 영적 전쟁에서 승리하는 사람들이 되자.

1. 우리를 보호하사 거침이 없게 하실 주님(24a)

유다는 편지 서두에서(1~2절) 수신자들을 "부르심을 입은 자 곧 하나님 아버지 안에서 사랑을 얻고 예수 그리스도를 위하여 지키심을 입은 자"라고 말했다. 그리고 성도들에게 '긍휼과 평강과 사랑이 더욱 많을지어다'라고 축복했다. 이제 유다는 편지를 마무리하면서 하나님이 "우리를 '능히' 보호하사 거침이 없게 하시고, '능히' 그 영광 앞에 흠이 없이 기쁨으로 서게 하실 것"이라고 선언한다. 이 말씀은 신약 성경에서 가장 격려가 되는 송영이면서 동시에 영적 전쟁에서 승리할 수 있는 강력하고 중요한 전략이다.

24절에는 두 가지 하나님의 보장이 소개된다. 첫째는 능히 너희를 넘어지지 않게 보호하실 것이다(소극적 측면). 둘째는 능히 너희로 그 영광 앞에 흠이 없이 즐거움으로 서게 하실 것이다(적극적 측면). 하나님은 우리를 위해 위대한 능력을 행사하고 계신다. 따라서 우리는 그분의 능력을 신뢰하는 가운데 어떤 상황이든 담대하게 전진해야 한다. 가나안 정복 전쟁을 앞둔 여호수아에게 하나님은 이렇게 말씀하셨다.

"'마음을 강하게 하라. 담대히 하라. 너는 이 백성으로 내가 그 조상에게 맹세하여 주리라 한 땅을 얻게 하리라. 오직 너는 마음을 강하게 하고 극히 담대히 하여 나의 종 모세가 네게 명한 율법을 다 지켜 행하고 좌로나 우로나 치우치지 말라. 그리하면 어디로 가든지 형통하리니 이 율법책을 네 입에서 떠나지 말게 하며 주야로 그것을 묵상하여 그 가운데 기록한 대로 다 지켜 행하라. 그리하면 네 길이 평탄하게 될 것이라. 네가 형통하리라. 내가 네게 명한 것이 아니냐? 마음을 강하게 하고 담대히 하라. 두려워 말며 놀라지 말라. 네가 어디로 가든지 네 하나님 여호와가 너와 함께 하느니라' 하시니라"(수 1:6~9).

여호수아는 평생의 스승이자 위대한 지도자 모세가 자기 곁을 떠난 상황에서 가나안 정복이라는 민족적 대과업을 이루어야 했다. 40년 전에 정탐꾼들이 보았던 것처럼(민 13~14장) 가나안 족속들은 여전히 네피림으로 강한 용사였고, 철병거를 가진 강력한 군대가 있었다. 그들의 성은 철옹성처럼 견고했다. 그런 가나안 백성들을 어떻게 정복할 것인지 두려움이 앞설 수밖에 없었다. 바로 그런 상황에서 하나님께서 그에게 말씀하셨다. "마음을 강하게 하라. 담대하라. 말씀대로만 하면 승리할 것이다. 모세가 네게 명한 율법을 다 지켜 행하고 좌로나 우로나 치우치지 말라. 그리하면 어디로 가든지 형통하리라."

하나님은 첨단 무기를 주시면서 그들을 몰아내라고 말씀하시지 않았다. 하나님은 가나안 사람들보다 더 큰 경제력이나 군사력을 주시면서 그들을 정복하라고 명령하시지 않았다. 오히려 하나님께서는 "모세에게 주셨던 율법을 따라 행하라, 그러면 평탄케 되리라"라고 말씀하셨다. 오늘날 우리 전쟁의 승패(勝敗)도 여기에 달려 있다. 우리에게도 하나님은 많은 돈을 주시거나 권력을 주셔서 전쟁하도록 하신 것이 아니다. 여호수아처럼 받은 말씀을 준행하라고 명령하신다. 그러면 형통할 것이라고 약속한다. 사람들은 이렇게 말한다. "아니 저렇게 스펙이 좋고 대단한 사람들이 있는데, 내가 거기에 합격할 수 있을까요? 제가 그 자리에 들어갈 수 있을까요?" 그런 상황에서 하나님은 "그런 걱정은 하지 마라. 너는 여호와의 말씀을 따라가면 된다. 네가 합격하는 것이 망하는 길일 수도 있고 오히려 지금 안 되는 길이 승리하는 길일 수 있다. 말씀대로만 하라! 그러면 형통하리라." 그것을 유다가 가르치는 것이고, 오늘 우리에게 말씀하시는 것이다. 우리가 더 많이 가졌다고, 더 많이 배웠다고 승리하는 것이 아니다. 우리의 승패는 우리가 하나님의 말씀을 따라 여호와를 신뢰하고 있는지에 따라 결정된다. 따라서 우리는 어떤 전쟁의 상황이든 여호와 하나님을 믿고 그분의 말씀대로 하면 된다. 우리의 문제는 하나님보다 눈에 보이는 것을 의뢰하는 것이다.

시편 91편도 보자. 지존자의 은밀한 곳에 거하는 자에게 모든 필요한 보호를 약속하고 있다.

"내가 여호와를 가리켜 말하기를 '저는 나의 피난처요 나의 요새요 나의 의뢰하는 하나님이라' 하리니 이는 저가 너를 새 사냥군의 올무에서와 극한 염병에서 건지실 것임이로다. 저가 너를 그 깃으로 덮으시리니 네가 그 날개 아래 피하리로다. 그의 진실함은 방패와 손 방패가 되나니 너는 밤에 놀램과 낮에 흐르는 살과 흑암 중에 행하는 염병과 백주에 황폐케 하는 파멸을 두려워 아니하리로다. 천인이 네 곁에서, 만인이 네 우편에서 엎드러지나 이 재앙이 네게 가까이 못하리로다. 오직 너는 목도하리니 악인의 보응이 네게 보이리로다. 네가 말하기를 '여호와는 나의 피난처시라' 하고 지존자로 거처를 삼았으므로 화가 네게 미치지 못하며 재앙이 네 장막에 가까이 오지 못하리니 저가 너를 위하여 그 사자들을 명하사 네 모든 길에 너를 지키게 하심이라. 저희가 그 손으로 너를 붙들어 발이 돌에 부딪히지 않게 하리로다. 네가 사자와 독사를 밟으며 젊은 사자와 뱀을 발로 누르리로다"(시 91:2~13).

하나님은 택하신 자, 곧 자기 보호 아래 있는 사람을 그 누구도 넘어뜨릴 수 없게 보호하신다. 이런 하나님의 보장을 믿는 사람은 담대하다. 그들은 오늘 당장 죽을 것 같은 고통이 있다 해도 두려워하지 않는다. 한 치 앞도 볼 수 없는 상황에서도 두려워하지 않는다. 마치 안개 속을 걷는다고 할지라도 여호와께서 우리를 지키신다는 것을 믿는다면, 여호와의 뜻과 율례를 따라 행한다면, 우리는 안전할 것이다. 교회가 그래서 강한 것이다. 세상을 이길 힘은 돈에 있는 것도, 힘에 있는 것도 아니다. 오직 여호와를 신뢰하는 것에 있다. 성경에 나오는 믿음의 영웅들은 여호와를 신뢰하는 것으로 나라들을 이기기도 했고, 왕국들을 무너뜨리기도 했다(참고, 히 11장). 교회는 이런 사람들이 많을 때 강한 군대가 된다. 강한 군대로서 교회는 주님의 그늘에(능력 안에) 안연히 거하며 은혜를 누린다. 그는 여호와를 피난처로 삼고, 지존자를 거처로 삼고 있기 때문이다. 하나님은 이런 사람을 영원토록 보호하신다.

에베소서 3장 20~21절도 보자.

"우리 가운데서 역사하시는 능력대로 우리의 온갖 구하는 것이나 생각하는 것에 더 넘치도록 능히 하실 이에게 교회 안에서와 그리스도 예수 안에서 영광이 대대로 영원무궁하기를 원하노라. 아멘."

하나님이 구원하신 백성들을 하나님의 사랑에서 끊어내는 것은 불가능하다. 우리 안팎에 하나님의 능력을 가로막는 수많은 장애물이 있을지라도 그것은 목표를 이룰 수 없다. 그것이 대단해 보여도 하나님의 능력에 비하면 먼지보다 못한 것이다. 우리를 지키시는 하나님의 능력을 막을 수 있는 것은 아무것도 없다. 그러므로 우리는 최악의 상황에서도 결코 넘어져서 완전히 망하는 일은 발생할 수 없다. 온 우주를 붙들고 계신 하나님의 능력이 우리를 보호하고 계시기 때문이다.

바벨론으로 끌려간 포로들에게 하나님께서 약속한 말씀을 보자.

"내가 그들에게 한 마음과 한 도를 주어 자기들과 자기 후손의 복을 위하여 항상 나를 경외하게 하고 내가 그들에게 복을 주기 위하여 그들을 떠나지 아니하리라 하는 영영한 언약을 그들에게 세우고 나를 경외함을 그들의 마음에 두어 나를 떠나지 않게 하고 내가 기쁨으로 그들에게 복을 주되 정녕히 나의 마음과 정신을 다하여 그들을 이 땅에 심으리라. 나 여호와가 이같이 말하노라. 내가 이 백성에게 이 큰 재앙을 내린 것같이 허락한 모든 복을 그들에게 내리리라"(렘 32:39~42).

하나님은 모든 능력을 동원해서 언약 백성들과 그 자녀들이 복을 받도록 모든 것을 섭리하실 것이다. 하나님께서 마음의 할례를 베푸셔서 거듭나게 한 자들은 결코 하나님의 축복에서 떠나는 일이 없을 것이라고 선포한다.

예레미야 33장 20~22절도 보자.

"'나 여호와가 이같이 말하노라. 너희가 능히 낮에 대한 나의 약정과 밤에 대한 나의 약정을 파하여 주야로 그때를 잃게 할 수 있을진대, 내 종 다윗에게 세운 나의 언약도 파하여 그로 그 위에 앉아 다스릴 아들이 없게 할 수 있겠으며 내가 나를 섬기는 레위인 제사장에게 세운 언약도 파할 수 있으리라. 하늘의 만상은 셀 수 없으며 바다의 모래는 측량할 수 없나니 내가 그와 같이 내 종 다윗의 자손과 나를 섬기는 레위인을 번성케 하리라' 하시니라."

하나님의 말씀은 이런 의미다. '만약 내가 너희에게 언약한 그 약정을 없앨 수 있다면, 너희들이 밤과 낮을 바꾸거나, 이 우주 법칙을 바꿀 수 있다면 내가 내 백성들에게 복 주고 보호하시는 것을 막을 수 있을 것이다. 그러나 그런 일은 결코 일어날 수 없다.' 언약 백성들에 대한 하나님의 보장은 영원하다. 우리는 영원히 안전하다. 따라서 현재의 고난이나 어려움 때문에 절망하거나 낙심하지 말자. 당당하게 하나님을 신뢰하면서 능히 우리를 보호하셔서 영원한 영광에 들어가게 하실 하나님께 영광을 돌리면서 계속해서 전진하며 나아가자(롬 8:28). 우리가 역사의 주류다. 다른 모든 것들은 비계(飛階), 곧 건물(하나님 나라)을 세우기 위한 보조 구조물과 가림막처럼 도움을 주는 엑스트라일 뿐이다.

2. 우리를 능히 그 영광 앞에 흠이 없이 서게 하실 주님(24b)

두 번째는 더 적극적인 말씀이다. "(능히) 너희로 그 영광 앞에 흠이 없이 즐거움으로 서게 하실 자." 여기에도 '능히'가 들어간다. 하나님의 영광 앞에 가는 것은 인생에게 최고의 복이다. 에덴동산에서 하나님과 함께 있었을 때 가장 복된 상태였던 것처럼, 새 하늘과 새 땅에서 하나님과 함께 거할 때가 가장 복된 상태다. 우리는 어떤 경우에도 "그 영광 앞에" 서게 될 것이다. 우리는 모든 심판을 이기고 주의 영광의 보좌 앞으로 인도될 것이다. 우리의 모든 흠을 그리스도의 보혈로 정결하게 하시고, 영광의 하늘 보좌로 나아갈 수 있도록 인도하실 것이다. 우리가 우리 자신을 잘 알듯이 우리 삶의 행실을 본다면 이것은 불가능한 일이다. 우리의 힘과 노력만으로는 자신의 부패성을 극복할 수 없다.

필자가 처음 믿었을 때 이렇게 생각했다. '시간이 흐르면(적어도 10년 정도 신앙생활 하면) 죄에 대한 면역이 생겨서 죄도 줄어들고 경건의 능력도 강해져서 넘어지지 않고 신앙생활을 잘 하게 되겠지.' 하지만 이런 생각은 아직 죄와 심각하게 싸워보지 않은 상태에서 갖는 미숙한 생각이었다. 믿은 지 33년이 지난 지금은 생각이 바뀌었다. 만약 잠시라도 방심한다면, 언제든지 그냥 천 길 낭떠러지로 떨어질 수 있음을 알게 되었다. 잠시 졸다가 지하철역에서 잘못 환승하여 반대 방향으로 가게 되지 않는가? 지하철을 수십 년 동안 타고 다녔다고 해서 자동으로 환승이 되는 것이 아니다. 집중해서 환승으로 인도하는 표지판을 따라가야 한다. 우리가 오랫동안 신앙생활을 해 왔지만, 하나님이 은혜로 붙잡아 주지 않으면, 우리는 한순간에 은혜에서 벗어나게 된다. 잠깐의 방심으로 끝이 보이지 않는 절망의 심연(영적 침체)으로 떨어질 수 있다. 하지만 하나님께서 우리를 보호하사 거침이 없게 붙드신다. 우리는 하나님의 보호하시는 은혜로 인해 우리의 죄와 정욕에 이끌려 아주 넘어지지 않는다. 우리는 은혜 안에서 점점 더 깨끗하게 성장하며, 그리스도의 사람으로 새롭게 변화되어 간다.

우리가 죄 사함을 받은 것은 죄책으로부터 해방되었을 뿐만 아니라 우리 본성이 죄의 오염된 상태로부터 깨끗하게 되는 과정에 들어선 것이다. 우리는 때로 우리의 연약함(지적인 연약함, 감정의 연약함, 의지의 연약함) 때문에 죄의 유혹을 받기도 하고 죄에 넘어져 낙심하기도 한다. 그럴 때, 우리는 자신의 구원에 대해 의심하면서 영적 침체에 빠지기도 한다. 하지만 히브리서 기자는 이렇게 선언한다.

"염소와 황소의 피와 및 암송아지의 재로 부정한 자에게 뿌려 그 육체를 정결케 하여 거룩케 하거든 하물며 영원하신 성령으로 말미암아 흠 없는 자기를 하나님께 드린 그리스도의 피가 어찌 너희 양심으로 죽은 행실에서 깨끗하게 하고 살아 계신 하나님을 섬기게 못하겠느뇨?"(히 9:13~14)

그리스도의 보혈이 우리의 모든 오염과 죄악들을 다 씻어서 하나님께 나아갈 수 없게했던 장애물을 제거하셔서 우리를 새롭게 했다. 그리스도의 보혈이 우리 과거와 현재, 미래의 죄에서 우리를 해방하였다. 따라서 우리는 날마다 은혜 가운데 우리를 붙드시는 하나님의 손길을 붙잡고 다시 회개하고 돌아올 수 있다. 하나님의 은혜는 우리의 비참한 실상을 보여주면서 동시에 더욱 주님을 의뢰하도록 이끈다. 하나님의 은혜로 우리는 자신에 대해서도 인내하는 법을 배우고, 하나님 나라의 백성답게 살도록 훈련을 받으며 성장한다. 우리는 계속해서 자기를 부인하는 훈련을 하면서 주님의 사랑으로 성장한다. 자기 발견은 은혜의 중요한 표징이다.

우리는 하나님의 보호하심 안에 있기에 죄와 사단의 압제 아래 살지 않는다. 우리는 더는 죄와 사망의 종으로 살지 않는다. 때로 우리가 어리석어서 마귀의 유혹에 넘어지기도 하지만, 오히려 그런 과정을 통해서 마귀의 전략과 전술을 터득하면서 더 견고한 믿음의 용사가 된다(참고, 고후 2:11). 하나님의 은혜는 마귀의 궤계와 참소로 인해서 넘어질지라도 다시 주님의 말씀을 붙들고 일어서도록 우리를 인도하신다.

"하나님께서는 우리를 거슬러 대적하는 조문들이 담긴 채무 증서를 제거하시고 그것을 십자가에 못 박아 우리 가운데서 없애 버리셨습니다. 또한 십자가로 권력들과 권세들을 무장 해제시키시고 그들을 공개적인 구경거리가 되게 하셨습니다"(우리말 성경, 골 2:14~15).

사단이 참소할 때 우리는 "웃기지 마! 예수님께서 죽으실 때 나의 죄에 대한 모든 채무문서가 다 사라졌어! 동이 서에서 먼 것처럼, 나의 죄를 멀리 옮기셨기 때문에 나는 이제 너의 정죄와 참소의 대상이 아니다. 네가 말한 것처럼, 나는 실수했고, 죄를 지었고 잘못을 범했다. 그렇지만 그 모든 죄도 주님께서 옮겨 주셨다. 그래서 나는 더는 정죄함이 없다! 그래서 나는 주님을 영원히 붙잡고 살 거다."라고 선언해야 한다.

우리는 주님 앞에 흠 없는 제물로 죽으신 그리스도의 은혜를 힘입어 하나님의 보좌로 담대하게 나아갈 수 있게 되었다. 교회사에는 가만히 들어온 거짓 교사들이 쓰나미처럼 교회를 잠식했던 때가 있었다. 하지만 그들은 결코 교회를 무너뜨릴 수 없었다. 하늘의 천사들도 귀신들의 우두머리인 사단도 하나님 안에 있는 교회를 깨뜨릴 수 없었다. 교회는 하나님의 장중에 붙들려 있기 때문이다. 하나님께서 능히 우리를 지키시고 영광으로 인도하신다.

하지만 사단은 스가랴 3장에서 보여주는 것처럼, 세상이 끝나는 날, 곧 주님 앞에 서는 날까지 우리를 참소할 것이다. 사단은 바벨론 포로에서 귀환했던 대제사장 여호수아가 합당하지 못한 자라고 참소했던 것처럼, 그렇게 우리의 부족함을 나열하면서 참소할 것이다. 하지만 여호와께서 우리의 더러운 옷을 제하여 버리셨다. 우리를 대신하여 그리스도께서 심판을 받으셨다. 우리는 더러운 옷을 벗고 예수 그리스도로 옷 입었다. 따라서 대제사장 여호수아에게 주셨던 그 말씀이 우리에게도 동일하게 적용된다. "내가 네 죄과를 제하여 버렸으니 네게 아름다운 옷을 입히리라"(슥 3:4). 이 말씀은 그리스도 안에서 우리에게 궁극적으로 성취되었다. 우리는 그리스도로 옷을 입었다(갈 3:27). 우리는 깨끗함과 거룩함으로 주님의 보좌에 기쁨으로 서게 될 것이다. 우리뿐만 아니라 하늘의 천사들도 기뻐하면서 주님의 은혜를 찬양할 것이다. 우리보다 앞서 간 성도들과 천사들이 하나님을 향해 우리 머리에 면류관을 씌워달라고 간청하는 소리가 들리는가? 우리도 영광의 면류관을 쓰고 주님의 영광에 참여하게 될 것이다. 바울은 자신의 사역을 다 마치고 소천할 날을 바라보면서 이렇게 고백했다.

"내가 선한 싸움을 싸우고 나의 달려갈 길을 마치고 믿음을 지켰으니, 이제 후로는 나를 위하여 의의 면류관이 예비되었으므로 주 곧 의로우신 재판장이 그 날에 내게 주실 것이니, 내게만 아니라 주의 나타나심을 사모하는 모든 자에게니라"(딤후 4:7~8).

바울 사도의 고백이 우리의 고백이 되게 하자. 바울을 지키고 보호하셨던 주께서 우리도 지키시고 보호하시며 영원한 영광 앞에 서게 하실 것이다. 그러므로 우리를 영광 앞에 흠 없이 서게 하실 그 하나님을 담대하게 신뢰하는 것으로 우리는 이 영적 전쟁에서 승리하며 나아가자.

3. 영광과 위엄과 권력과 권세가 오직 하나님께 있다(25절).

"곧 우리 구주 홀로 하나이신 하나님께 우리 주 예수 그리스도로 말미암아 영광과 위엄과 권력과 권세가 만고 전부터 이제와 세세에 있을지어다. 아멘." 이 말씀은 주기도문의 결론과 유사하다. "대개 나라와 권세와 영광이 아버지께 영원히 있사옵나이다." 주님께 영광과 위엄과 권력과 권세가 영원히 있기에 우리의 구원은 확정되었고, 우리의 기도는 땅에 떨어지지 않고 효력이 있다. 우리 기도가 당장 응답되지 않을지라도, 금대접에 담겨 하나님의 보좌로 올려지고 있다. 성삼위 하나님이 교제하는 자리에 우리가 기도로 참여하는 영광을 누린다. 그러니 우리가 기도하는 것은 얼마나 놀라운 특권인가? 우리의 영적 전쟁과 평생의 삶이 의미 있게 되는 것은 모든 영광과 위엄과 권세가 오직 하나님께 있기 때문이다. 하나님 한 분만이 창조와 섭리와 구원과 심판의 주님이시기 때문이다.

여러분에게 힘(돈)이 생긴다면 누구를 위해 쓰고 싶은가? 가장 먼저 떠오르는 사람이 누구인가? 예수님인가? 아니면 남편인가? 자녀인가? 자신인가? **아마도 가장 사랑하는 사람을 위해 힘(돈)을 사용하고자 할 것이다.** 여러분의 마음이 있는 곳에 보물도 있다. 그렇다면, 하나님은 어떠실까? 하나님은 자신의 영광과 위엄과 권력과 권세를 누구를 위해 사용하려고 하실까? **하나님도 자신이 가장 사랑하는 자들을 위해 위엄과 권세를 사용하실 것이다.** 하나님은 우리를 지극히 사랑하셔서 자기 독생자를 주시고 우리를 사셨다. 그런 하나님이 무한하신 능력으로 사단의 압제와 영원한 사망에서 우리를 해방하셨다. 하나님은 권능으로 우리를 죄와 사망으로부터 구원하셨다. 하나님은 이미 우리를 하나님의 보좌에 앉히시고 영원한 영광을 주셨다(참고. 엡 2:6). 그런 하나님께서 무엇인들 주시지 아니하겠는가?(롬 8:32)

하나님은 지극히 크고 위대한 능력을 자기 백성을 위해 사용하시길 바라신다. 우리가 구하는 것이나 생각한 것보다 훨씬 더 풍성히 우리에게 주시길 원하신다. 하나님은 자신의 능력을 당신님의 영광과 우리의 유익을 위해서 제한없이 사용하시길 원하신다. 이 얼마나 놀라운 일인가? **교회는 하나님의 창조 사역 가운데 최고의 걸작품이다**(참고. 엡 2:10). 하나님의 무한한 사랑과 능력으로 인간의 죄와 분열을 제거하시고 온전히 연합된 새로운 공동체를 만드셨다(엡 2:11~19). **따라서 교회만큼 하나님의 영광과 위엄, 권세와 능력을 잘 보여주는 것은 없다.** 교회는 하나님께서 이루신 위대한 기적의 결과물이다. 세상은 교회를 통해서 하나님의 각종 지혜를 알게 된다(엡 3:10). 심지어 영적인 세력들마저도 교회를 통해 하나님의 영광과 위엄과 권세와 권력을 알게 된다.

교회는 만물을 통일하시는 하나님의 우주적 통치가 이루어지는 곳이다(참고. 엡 1:10). 교회 안에 있는 우리 모두에게 하나님의 영광과 위엄과 권세와 권력이 만고(萬古) 전부터 이제와 세세토록 있을 것이다. 하나님은 그리스도 안에서 교회를 통해 구원 역사를 시작하시고 완성하시면서 자신의 무한하신 능력과 사랑을 나타내신다. 그런 교회가 무너질 수 있겠는가? 무엇이 교회를 넘어뜨릴 수 있겠는가? 하나님께서 눈동자처럼 보호하시면서 교회를 지키신다. 따라서 우리는 더는 주눅들지 말고 머리를 들고, 세상을 향해 하나님의 영광과 위엄과 권세가 우리 하나님께 영원히 있고, 그 하나님의 능력 안에서 우리가 보호되고 있다는 사실을 증거하며 선언하자(시 24편을 보라).

기독교는 타락한 세상에서 도피하여 내세로 숨는 종교가 아니다. 기독교는 하나님의 능력 안에서 세상을 향해 복음을 담대하게 증거하는 가장 아름답고 힘 있는 증인 공동체다. 예수님은 누구보다 이 세상을 잘 아셨지만, 세상을 피하지 않으셨다. 어떻게 보면 예수님은 가이사의 나라 가운데 홀로 하나님의 나라를 가지고 오셨다. 그분은 왕으로 오신 것이 아니었다. 나사렛 목수의 아들로 오셨다. 그래서 스펙이 좋은 사람들은 그리스도를 조롱했다. 예수님의 제자들도 그저 평범한 사람들이었다. 하지만 예수님은 로마의 총독과 유대 기득권자들 앞에서 담대하셨다. 그분은 사람들의 조롱과 비웃음에도 아랑곳하지 않고, 확신 있게 메시야의 길을 갔다. 그는 죽음보다 강한 사랑과 담대함으로 하나님 아버지께서 맡기신 사명을 감당하셨다. 바로 예수님의 인격과 삶에서 하나님의 영광과 위엄과 권력과 권세가 확증되었다.

우리가 그리스도의 멍에를 매는 것은 그분의 가르침을 달게 받고, 그 말씀을 삶에서 구현하는 것이다. 그런데 더 놀라운 일은 주님의 멍에를 맬 때 우리가 그분의 영광 안으로 들어 올려진다는 것

이다. 적당히 타협하면서 사는 사람이 아니라 주님의 멍에를 매는 사람이 주님의 영광과 위엄, 권력과 권세를 부여받는다. 그 어떤 세상 권세도 사단도 천사들도 우리를 무너뜨릴 수 없다(롬 8:39). 그러한 권세와 영광이 우리에게 주어진 것이다. 이렇게 놀라운 사실을 3천 년 전에 다윗은 이미 알고 있었다. 다윗이 쓴 시편 149편을 보자.

1. 할렐루야 새 노래로 여호와께 노래하며 성도의 회중에서 찬양할지어다.
2. 이스라엘은 자기를 지으신 자로 인하여 즐거워하며 시온의 자민은 저희의 왕으로 인하여 즐거워할지어다.
3. 춤추며 그의 이름을 찬양하며 소고와 수금으로 그를 찬양할지어다.
4. 여호와께서는 자기 백성을 기뻐하시며 겸손한 자를 구원으로 아름답게 하심이로다.
5. 성도들은 영광 중에 즐거워하며 저희 침상에서 기쁨으로 노래할지어다.
6. 그 입[목]에는 하나님의 존영이요[찬양]. 그 수중에는 두 날 가진 칼이로다.[영적 전쟁을 위함-의인들의 칼은 하나님의 말씀이다.]
7. 이것으로 열방에 보수하며 민족들을 벌하며
8. 저희 왕들은 사슬로, 저희 귀인은 철고랑으로 결박하고
9. 기록한 판단대로 저희에게 시행할지로다. 이런 영광은 그 모든 성도에게 있도다. 할렐루야!"

우리가 이런 사람이다. 그리스도의 멍에를 매는 사람들이 그리

스도와 함께 통치할 것이다. 이 얼마나 놀라운 일인가? 그리스도의 승리로 인해 교회가 구원을 얻고 영광스러운 지위를 얻게 되었다. 교회는 목청껏 하나님을 찬양하면서 영적 전쟁을 수행한다. 하나님의 말씀은 두 날 가진 칼로서 사단과 세상의 환원주의적인 세계관의 허구를 드러내고 그것에 사로잡힌 자들을 구원해 낸다(고후 10:4~6). 열방과 민족들, 왕과 귀인들의 헛된 추구를 폭로하고, 그들이 받게 될 심판을 선언하면서 구원으로 나오도록 요청한다. 이것이 교회에 주어진 영광과 특권이다. 문제는 우리가 이것을 알고 행하는가이다. 이런 영광을 가진 교회가 세상의 허접한 것들에 짓눌려 살아서 되겠는가? 그것 때문에 두려워하고 비굴하게 타협하면 되겠는가? 오히려 주님의 은혜를 선포하면서 확신 가운데서 주님의 영광과 위엄과 권세와 권력이 영원하다는 것을 만방에 증거하자.

하나님의 기쁨, 하나님의 노래!

어린이 독서캠프에서 C.S. 루이스의 나니아 연대기 첫 번째 책 『마법사의 조카』를 어린이들과 함께 보았다. 그 책에 보면 사자(아슬란)가 노래를 부르자, 초목들을 비롯하여 만물들이 만들어진다. 루이스는 땅에서 생물과 동물들이 만들어지는 장면들을 특유의 재치 있는 필체로 장면을 묘사한다.

"풀이 자라난 평평한 땅이 냄비에 담긴 물처럼 보글보글거리는 광경을 상상할 수 있겠는가? 이렇게 말하는 이유는 지금 일어나고 있는 현상을 놓고 이와 같이 묘사할 수밖에 없기 때문이다. 사방에서 혹이 봉곳봉곳 솟아나고 있었다. 그 혹들은 크기가 천차만별이었다. 두더지가 파 올린 흙 두둑만한 것, 외바퀴 손수레만한 것, 오두막집 두 배만한 것도 있었다. 자꾸자꾸 부풀어 오르던 혹들은 이내 "팡" 터지면서 알알이 바스러진 흙과 함께 저마다 동물들을 품어 냈다."

창세기 1장에서 동물들이 창조되는 장면을 작가의 상상력으로 이렇게 묘사한다. 마치 달걀 껍데기를 벗고 병아리가 나오는 것처럼, 동물들이 창조자의 노랫소리에 따라 각자의 모양대로 세상에 나오는 장면이다.

필자가 지금까지 성경에서 하나님이 노래하시는 장면을 발견한 것은 이곳뿐이다. 바로 스바냐 3장 17절이다. "너의 하나님 여호와가 너로 말미암아 기쁨을 이기지 못하시며 너로 말미암아 즐거이 부르며 기뻐하시리라"(습 3:17). 스바냐서는 언약 백성들의 죄와 열방에 대한 심판을 선언하고 있다. 이방인과 다를 바 없었던 유다와 예루살렘에 심판이 내려진다. 심판 선언이 확정된 후에 때(여호와의 날)가 되면 하나님께서 열방과 언약 백성을 구원하시겠다는 약속이 나온다.

"그때에 내가 열방의 입술을 깨끗케 하여 그들로 다 나 여호와의 이름을 부르며 일심으로 섬기게 하리니, 내게 구하는 백성들 곧 내가 흩은 자의 딸이 구스 하수 건너편에서부터 예물을 가지고 와서 내게 드릴지라. 그 날에 네가 내게 범죄한 모든 행위를 인하여 수치를 당하지 아니할 것은 그 때에 내가 너의 중에서 교만하여 자랑하는 자를 제하여 너로 나의 성산에서 다시는 교만하지 않게 할 것임이니라"(습 3:9~11).

이어서 스가랴 3장 14~16절에서는 구원받은 공동체가 하나님을 찬양하도록 가르친다. 왜냐하면, 여호와께서 그들 가운데 거하심으로 결코 두려워할 필요가 없기 때문이다.

"여호와가 너의 형벌을 제하였고 너의 원수를 쫓아내었으며 이스라엘 왕 여호와가 너의 중에 있으니 네가 다시는 화를 당할까 두려워하지 아니할 것이라"(습 3:15).

우리는 여기서 유다가 가르치는 것과 같은 송영을 발견한다. 그 송영이 신약 백성들에게 현실이 되었다. "그때"와 "그 날"(여호와의 날, 종말의 날)이 예수 그리스도의 오심으로 성취되었다. 이제 여호와께서 우리와 함께하시며, 보호하시며 거침이 없게 하시고 하나님의 영광 앞에 흠 없이 서게 하실 것이다. 하나님을 떠나는 것은 두려움을 유발하고, 하나님의 임재는 담대함과 영원한 확신을 준다. 이제 우리는 세상의 그 어떤 것도 두려워하지 않아도 된다. 하나님을 경외하는 사람에게 그 모든 것들이 복으로 주어질 것이다.

우리를 향한 하나님의 사랑의 깊이와 넓이를 아는가? 그 사랑이 얼마나 큰지 알고 있는가? "너의 하나님 여호와가 너로 말미암아 기쁨을 이기지 못하시며 너로 말미암아 즐거이 부르며 기뻐하시리라"(습 3:17). 우리는 하나님의 가장 큰 희생을 통해서 구원을 받았다. 우리는 하나님의 최고의 걸작품이다(엡 2:10). 우리가 연약할지라도 하나님은 우리를 기뻐하시며 그 기쁨과 사랑을 이기지 못하여 노래하시는 분이시다. 당신은 그분의 노래가 들리는가? (나니아 연대기의 마법사처럼 이것을 듣지 못하는 사람들은 정말 불행한 사람이다.) 여호와께서 우리를 사랑하시며, 우리를 보시면서 기쁨을 이기지 못하신다는 그 사랑의 노래를 듣는 사람은 세상을 두려워하지 않고, 영원한 확신 가운데서 주님을 위해서, 주님의 영광을 위해서 전진한다.

구원받은 우리가 기쁨으로 여호와를 찬양할 때, 여호와께서도 우리와 함께 거하시면서 기쁨을 이기지 못하여 즐거이 노래하신다. 우리 구원의 확신을 이보다 더 아름답게 표현할 수 있겠는가? C.S. 루이스는 첫 창조를 사자의 노래로 표현했다. 그는 아마도 이것을 알았을 것이다. 여호와께서는 새 노래(영적 전쟁에서 이기신 예수 그리스도의 그 노래)로 우리를 새롭게 창조하셨다. 우리는 영원히 안전하게 보호될 것이다. "우리 구주 홀로 하나이신 하나님께 우리 주 예수 그리스도로 말미암아 영광과 위엄과 권력과 권세가 만고 전부터 이제와 세세에 있을지어다." 우리를 위한 하나님의 노래다. 우리의 영적 전쟁의 세 번째 전략은 바로 하나님의 보장을 확신하면서 두려움 없이 말씀을 따라 사는 것이다. 우리는 이제 죽을 수도 없다. 왜냐하면, 우리는 이미 죽음을 이긴 영원한 생명을 받았기 때문이다. 우리는 결코 하나님의 사랑에서 분리될 수 없다. 우리의 안에 있는 죄와 부패성도, 세상의 유혹도, 사단의 강력한 힘도 예수 그리스도 안에 있는 우리를 끊을 수 없기 때문이다.

장차 주께서 다시 오셔서 세상을 심판하실 때 우리도 주님과 함께 세상을 심판할 것이다(참고. 고전 6:1~3). 우리가 천사도 세상도 심판할 것이다. 따라서 우리는 두려워하지 말고, 이 땅에서 주님의 영광과 권력을 담지(擔持)한 백성답게 당당하게 살아가자. 우리는 '이미'와 '아직 아니'의 긴장 관계 속에서 이 종말의 날에 우리에게 주어진 영적 전쟁과 전투를 성실하게, 그리고 담대하게 수행해 가자. 그리스도의 재림을 기다리는 세 가지 부류의 사람들이 있다. **첫 번째 사람들은 승리주의자들이다.** 그들은 이 세상을 그리스도의 왕국으로 변화시키기 위해 노력해야 한다고 말한다. 다시 말해 이 세상을 더 복음으로 변화시켜야 한다고 말한다. 그들은 그리스도께서 재림하시기에 더 적합한 곳으로 만들어야만 예수님이 오실 것이라고 믿는다.

둘째는 수동주의적인 패배주의자들이다. 이들은 말세에 처한 세상으로부터 자기 영혼을 구원하기 위해서 노력해야 한다는 것이다. 세상은 점점 더 악해질 것이다. 따라서 우리는 하나님의 은혜를 붙들고 잘 버티면서 마지막을 기다려야 한다고 말한다. 이들은 믿음으로 순종하기 위해 의도적으로 노력하는 것은 자기 의존을 드러낼 수 있다고 두려워한다. 선한 일을 위한 거룩한 도전을 '육신으로 하려는 것'이라고 치부하면서 성령께 맡기기만 하면 된다고 말한다. 그들은 세상으로부터 오염되지 않기 위해서 자신들만의 성을 쌓아두고 그 안에서 안전하게 거하고자 한다. 첫 번째와 두 번째 방식은 비교적 쉬운 길이다. 하지만 과연 그렇게 사는 것이 예수님이 가르치신 종말관(마 24:36~25:46)과 맞는 것일까?

세 번째는 주님의 증인으로 사는 사람들이다. 이것이 우리가 취하는 개혁파의 입장이다. 우리는 그리스도께서 다시 오시는 날까지 복음을 증언하는 증인으로 살아야 한다. 성경 몇 구절만 확인해 보자.

"예수께서 나아와 일러 가라사대 '하늘과 땅의 모든 권세를 내게 주셨으니 그러므로 너희는 가서 모든 족속으로 제자를 삼아 아버지와 아들과 성령의 이름으로 세례를 주고 내가 너희에게 분부한 모든 것을 가르쳐 지키게 하라. 볼지어다. 내가 세상 끝날까지 너희와 항상 함께 있으리라' 하시니라"(마 28:19~20).

"저희가 모였을 때에 예수께 묻자와 가로되 '주께서 이스라엘 나라를 회복하심이 이때니이까?' 하니 가라사대 '때와 기한은 아버지께서 자기의 권한에 두셨으니 너희의 알 바 아니요, 오직 성령이 너희에게 임하시면 너희가 권능을 받고 예루살렘과 온 유대와 사마리아와 땅끝까지 이르러 내 증인이 되리라' 하시니라. 이 말씀을 마치시고 저희 보는 데서 올리워 가시니 구름이 저를 가리워 보이지 않게 하더라"(행 1:6~9).

"이러므로 너희도 예비하고 있으라. 생각지 않은 때에 인자가 오리라. 충성되고 지혜 있는 종이 되어 주인에게 그 집 사람들을 맡아 때를 따라 양식을 나눠 줄 자가 누구뇨? 주인이 올 때에 그 종의 이렇게 하는 것을 보면 그 종이 복이 있으리로다. 내가 진실로 너희에게 이르노니 주인이 그 모든 소유를 저에게 맡기리라. 만일 그 악한 종이 마음에 생각하기를 주인이 더디 오리라 하여 동무들을 때리며 술친구들로 더불어 먹고 마시게 되면 생각지 않은 날 알지 못하는 시간에 그 종의 주인이 이르러 엄히 때리고 외식하는 자의 받는 율에 처하리니 거기서 슬피 울며 이를 갊이 있으리라"(마 24:44~51).

우리는 가정에서, 학교에서, 직장에서 예수 그리스도의 증인으로 살도록 파송을 받았다. 우리가 증인으로 살지 않으면 편하고 쉬운 길을 갈 수 있다. 직장에서는 직장의 원리대로 살고(참고. 롬 12:1~2), 불신 가정에서 제사를 드릴 때는 제사하는 데도 참여하고(참고. 고전 10:20~22), 학교에서는 진화론을 전제한 학문을 다 수용하면 거칠 것이 없을 것이다(참고. 벧후 3:3~7). 어떤 사람들은 로마에서는 로마법을 따르라고 했으니, 이 직장에 계속 다니려면 회사의 방식을 따를 수밖에 없다고 말한다. 그들은 세상과 타협하면서 제자의 삶을 포기한다. 가정에서도 부모님과 부딪히지 않아야 하니깐 부모님 원하는 대로 조상에게 제사하고 세상의 방식과 적당히 타협한다면 누구나 쉽게 갈 수 있다. 그렇게 타협하는 사람은 충성되고 지혜로운 종이 아니라 악한 종일 가능성이 크다. 자신에게 미칠 불

이익(또는 위협) 때문에 주님의 이름을 부인하는 사람은 증인이 될 수 없다. 그렇다면 누가 주를 부인하지 않고 증인의 길을 갈 것인가? 누가 수많은 불이익과 고난을 감내하면서 주님을 증거할까? 복음과 그분의 은혜를 경험한 사람이다. 참 신자는 그리스도의 증인으로 살면서 그분을 증언하기 때문에 고난을 겪고, 힘든 싸움을 한다. 하지만 그는 주님의 영광과 위엄과 권세와 능력이 영원히 우리와 함께 있다는 사실을 믿기 때문에 어떤 고난과 반대에도 굴하지 않고 증인의 길을 간다.

두려워하여 증인의 길에서 벗어난 자들은 천국 문을 잡고 있을지라도 그 안으로 들어갈 수는 없다.

"이기는 자는 이것들을 유업으로 얻으리라. 나는 저의 하나님이 되고 그는 내 아들이 되리라. 그러나 두려워하는 자들과 믿지 아니하는 자들과 흉악한 자들과 살인자들과 행음자들과 술객들과 우상 숭배자들과 모든 거짓말하는 자들은 불과 유황으로 타는 못에 참예하리니 이것이 둘째 사망이라"(계 21:7~8).

사도 요한이 열거한 사람들은 교회와 전혀 무관한 삶을 살았던 사람들이 아니다. 교회 안에 있으면서도 두려워서, 자기 이익을 위하여 이런저런 방식으로 타협하고, 거짓 교사들의 교리를 받아들여 종교적으로 음행한 사람들이다.

유다서는 우리 공동체 모든 구성원들이 '믿음의 도를 위해 힘써 싸우라'라고 가르친다. 그 싸움은 교회 공동체 안에서 시작된다. 교회 안에서 진리를 위해 싸워야 한다. 먼저 교회 공동체가 본질을 회복하기 위해 싸워야 한다. 거룩한 믿음 위에 자기(교회)를 건축하며, 성령으로 기도하고, 하나님의 사랑 안에서 자기를 지키며 영생에 이르도록 주 예수 그리스도의 긍휼을 기다려야 한다. 둘째는 거짓 교사들의 사상에 포로가 된 자들을 긍휼히 여김으로 그들을 구출해야 한다. 각자의 상황을 잘 분별하여 거짓 사상들을 제거할 수 있는 긍휼과 지혜를 겸비해야 한다. 셋째는 바로 이 하나님의 보장을 믿고 두려워하지 말고 믿음의 확신과 능력 가운데 증인의 삶을 살아야 한다.

우리는 공동체 안에서 각자가 맡은 소임이 있고, 자신만의 영적인 위치와 장소를 가지고 있다. 이런 영적인 위치와 장소는 다른 사람을 주장하라고 주신 것이 아니라 겸손히 섬기도록 주어졌다. 우리는 말씀과 성령 안에서 서로 의존되어 있다. 각자에게 주어진 은사는 그리스도의 몸을 세우고 몸 된 교회가 받은 사명을 실천하기 위해 사용될 때만 의미가 있다. 복음은 우리가 하나 되어 서로 사랑하면서 지켜주도록 이끈다. 진리와 사랑으로 하나가 된 공동체가 힘이 있다. 그런 공동체는 어떤 도전도 막아낼 수 있고 어떤 견고한 진도 파할 수 있다. 하나가 된 공동체가 복음으로 세상을 섬기며 이웃사랑을 실천할 수 있다. 시편 149편이 가르치는 것처럼, 이것이 우리의 존영이며 영광이자 특권이다.

"하나님이 우리에게 주신 것은 두려워하는 마음이 아니요 오직 능력과 사랑과 근신하는 마음이니, 그러므로 네가 우리 주의 증거와 또는 주를 위하여 갇힌 자 된 나를 부끄러워 말고 오직 하나님의 능력을 좇아 복음과 함께 고난을 받으라"(딤후 1:7~8).

2019. 02. 24.